400 个
环球艺术之旅

Around the World in 400 Immersive Experiences

Yolanda Zappaterra

[英] 约兰达·扎帕特拉 ●编著　　秦文 ●译

广西师范大学出版社
·桂林·

400 个
环球艺术之旅

［英］约兰达·扎帕特拉 编著

詹姆斯·佩恩、露丝·贾维斯、萨拉·盖伊、凯西·菲利普斯、保罗·墨菲撰稿

秦文 译

第一章

北美洲　　　　　　　8—57

加拿大、美国、墨西哥、
古巴、尼加拉瓜

特色线路

北美洲大地艺术地图　　26—27

追寻乔治亚·欧姬芙远方的足迹——
新墨西哥州　　　　　　38—39

第三章

欧洲　　　　　　　　82—193

冰岛、爱尔兰、英国、葡萄牙、
西班牙、法国、比利时、荷兰、
德国、瑞士、意大利、马耳他、
奥地利、挪威、丹麦、瑞典、
芬兰、捷克、波兰、斯洛伐克、
匈牙利、立陶宛、俄罗斯、土耳其

特色线路

西班牙的委拉斯凯兹　　110—111

毕加索的许多面孔和许多有毕加索
的地方　　　　　　　　126—127

罗马教堂里最出色的宗教艺术
　　　　　　　　　　　152—153

在妮基·桑法勒的众神与怪兽间行
走　　　　　　　　　　174—175

第二章

南美洲　　　　　　　58—81

哥伦比亚、厄瓜多尔、秘鲁、
玻利维亚、巴西、巴拉圭、
阿根廷、智利、乌拉圭

特色线路

参观南美洲前哥伦布时期艺术的
最佳景点　　　　　　　66—67

目录

第五章

亚洲 218—265

土耳其、阿塞拜疆、叙利亚、以色列、约旦、卡塔尔、阿拉伯联合酋长国、伊朗、乌兹别克斯坦、哈萨克斯坦、印度、斯里兰卡、中国、韩国、日本、泰国、越南、马来西亚、新加坡

特色线路

把你的头放在一张充满艺术气息的床上，第二部分 240—241

第六章

大洋洲 266—281

澳大利亚、新西兰、巴布亚新几内亚

特色线路

澳大利亚土著岩石艺术 276—277

第四章

非洲 194—217

摩洛哥、阿尔及利亚、突尼斯、埃及、马里、塞内加尔、加纳、尼日利亚、埃塞俄比亚、肯尼亚、博茨瓦纳、南非

特色线路

把你的头放在一张充满艺术气息的床上，第一部分 212—213

引言	6
索引	282
图片出处	286
作者简介	287
作者致谢	288

引言

几十万年以来，人类一直在创作视觉艺术，用形象的手法再现现实与神话，以表现、描绘和反映我们的世界、情感及信念。到了现代社会，抽象主义、象征主义和表现主义又从岩画、雕塑、湿壁画和壁画，到摄影、多媒体和装置艺术，为世界各地的博物馆和美术馆所记录的三万多年的艺术史增添了新的内容。然而，博物馆和美术馆只讲述了故事的一半。

艺术故事的另一半同样存在于一些能激发创造力的地点、感受和体验，以及几个世纪以来不断涌现出来的意想不到的艺术宝库之中。因为艺术史不仅会通过世界各地的博物馆和美术馆里收藏的绘画、雕塑和实用艺术作品展现，而且还会通过艺术家曾经走过的街道和景观，他们曾经居住过的房屋，他们曾经经历过的时代，他们曾经去过的特别或平凡的地方，那些曾经让他们着迷和难忘的奇异景观，那些在他们之前出现并能激发他们创作灵感的同样技艺非凡的艺术家，或者是那些对他们的生活和工作有着深远影响的恋人、家人和朋友来讲述的。

把艺术作为一种美术馆内外的体验结合起来，就是我想在《400个环球艺术之旅》一书中表达的内容。作为一本能给每一个对艺术感兴趣的人带来启发和相关知识的旅游指南，本书汇集了世界各地数百种艺术体验，目的在于让我们所有人在旅行中去了解新地方和新文化，并欣赏与之相关的艺术。

当你发现书中没有提及一些举世闻名的艺术作品，或只是顺带提及一下时，你可能会感到惊讶，但我并不想为此表示歉意。艺术欣赏是具有主观性的，因此在为本书确定最后的入围作品时，我的选择也同样带有主观性。我问自己："在阅读这个作品、来到这个空间或地方时，是不是每个人，无论他们是对艺术无所不知，还是从未踏进过美术馆半步，都能在书中发现一些精美绝伦、非同寻常、引人注目或是令人难忘的东西，一些让他们想去亲身体验的东西呢？"这是一个非常重要的问题。

问题的答案往往就在参选作品中，这些作品提供了一种不同的方式，来与美术馆和机构中的艺术作品建立联系，或是突出强调小型博物馆及其特色展品。许多参选作品根本不是传统意义上的美术馆或博物馆；在不止一座城市里，建筑物的墙壁以及它们所矗立的地面已经成为艺术家的画布，他们决心改变城市居民的命运和生活水平。在罗马，在世界上最伟大的宗教艺术和古罗马遗迹中，一群难民和艺术家共同占用了一座建筑，他们在这里居住并一起工作，如今，这座建筑已经具有足够的政治影响力，使其成为两者的避风港。在一座大型博物馆或一些世界级藏品中，人们往往会把关注

上图　由一系列地下展厅组建而成的中国UCCA沙丘美术馆（见第237页）
扉页图　斋浦尔的纳哈加尔堡（见第231页）

的焦点投向一件被忽视的艺术品，而不是那些尽人皆知、已无新意的作品。这在某种程度上提供了一种新的体验，这种体验可能与精神层面更为接近，而站在举世公认的重磅作品面前是很难找到这种体验的。

　　我们可以在一些空间中找到不同类型的"画廊"，像收藏着马克·夏加尔（Marc Chagall）的独特作品的肯特郡（Kent）的小教堂（见第105页），或者在法国的一处石壁上有旧石器时代的绘画作品的洞穴（见第134页），还有在中国北戴河阿那亚黄金海岸的沙丘美术馆里连绵起伏、形似洞穴的空间（见第237页）。在自然界里，花园、海滩、公园、葡萄园和峡谷不仅拥有艺术品，而且还能以一种最让人意想不到的方式成为一件艺术品，这就为艺术的概念，以及我们对艺术的理解开辟了一条令人激动的新道路。这也是本书所选作品的目标，就是为了让任何一个热爱艺术的旅行者都可以走进这些地方，去接触这些体验。我希望通过对它们的描述能激发你去参观它们当中的一些地方，去寻找、体验一个艺术的世界，这一定会丰富你的生活，超越你的想象。

引言

第一章

北美洲

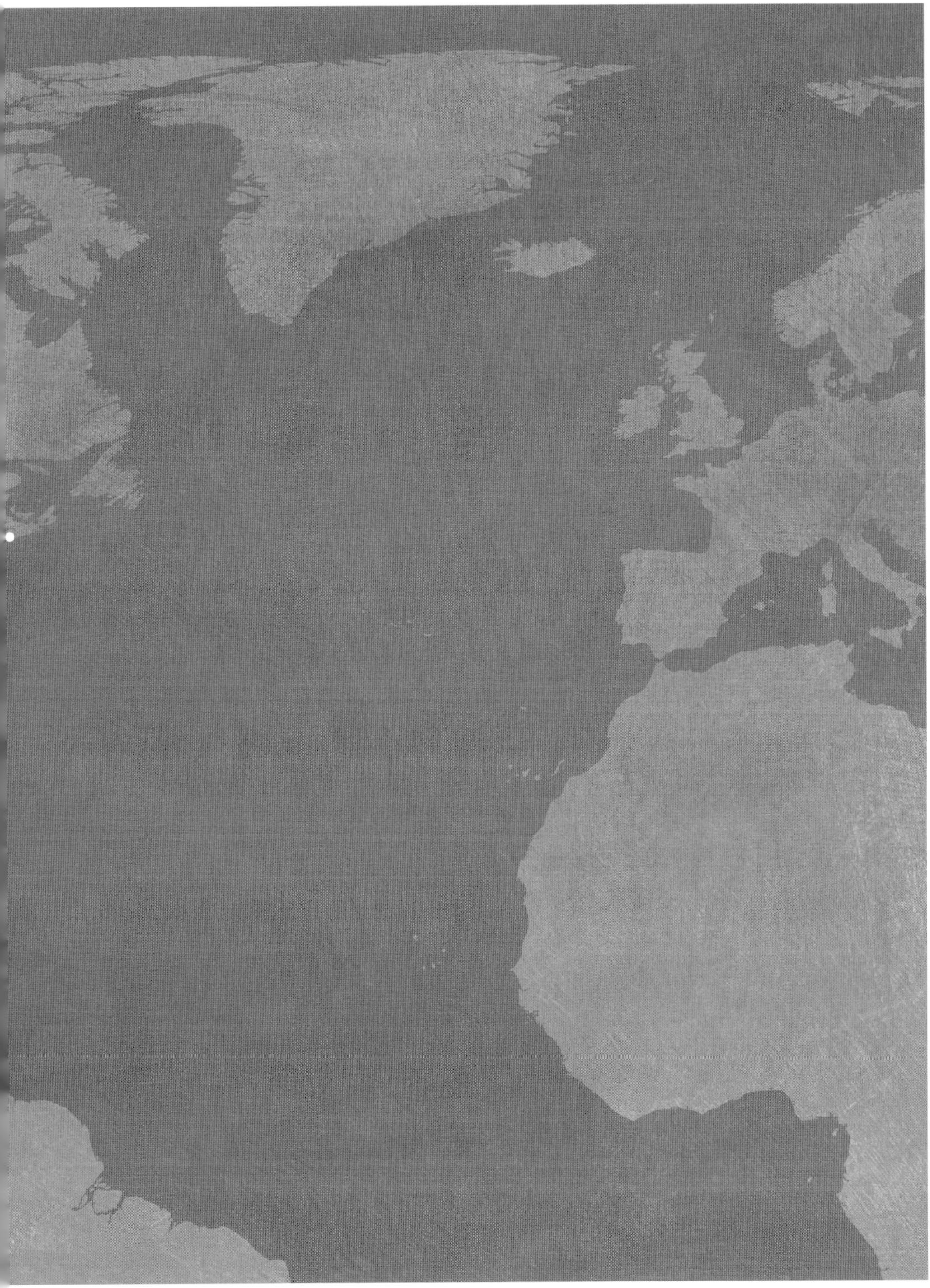

不同地点的壁画作品
Murals in various locations
*thegroupofseven
outdoorgallery.com*

麦克迈克尔加拿大美术馆
加拿大安大略省克兰堡镇伊斯灵顿大街10365号，
邮编：L0J 1C0
McMichael Collection of Canadian Art
10365 Islington Avenue,
Kleinburg, ON L0J 1C0,
Canada
mcmichael.com

在安大略省的自然栖息地徒步旅行，欣赏艺术

喜欢远足和艺术吗？从安大略省的慕斯科卡（Muskoka）地区到阿冈昆公园（Algonquin Park）有一条风景独特的户外小径，一路有90多幅复制自加拿大著名的"七人画派"（Group of Seven）和启发他们创作的艺术家汤姆·汤姆森（Tom Thomson）的壁画。最初的七位画家——富兰克林·卡尔米歇尔（Franklin Carmichael）、劳伦·哈里斯（Lawren Harris）、A. Y. 杰克逊（A. Y. Jackson）、弗兰克·约翰斯顿（Frank Johnston）、阿瑟·利斯麦尔（Arthur Lismer）、J. E. H. 麦克唐纳（J. E. H. MacDonald）和弗雷德里克·瓦利（Frederick Varley）——都相信加拿大的艺术运动可以在与大自然的直接接触中建立和发展起来，因此把壁画全都放在创作原画的地点是非常合适的。这些壁画按照原画等比例放大了很多倍，却与原画完全匹配，这就为欣赏它们所复制的20世纪早期艺术家的创作技艺、壁画本身，当然还有美丽的绘画内容提供了一个绝佳的机会。要想看到许多真实的作品，可以前往位于安大略省克兰堡小镇的麦克迈克尔加拿大美术馆。

爱上艾米丽·卡尔的不列颠哥伦比亚风景画

温哥华美术馆
加拿大不列颠哥伦比亚省温哥华市霍恩比街750号，
邮编：V6Z 2H7
Vancouver Art Gallery
750 Hornby Street,
Vancouver, BC V6Z 2H7,
Canada
vanartgallery.bc.ca

或许你从未听说过她，可是出生在不列颠哥伦比亚的艺术家和作家艾米丽·卡尔（Emily Carr）却在许多领域取得了第一：她是世界上第一批关注环境问题的画家之一，也是她的国家第一批采用现代主义和后印象派绘画风格的画家之一，这些"第一"是她通过20世纪初外游欧洲所积累的丰富经验来实现的。艾米丽·卡尔的创作植根于她对加拿大非常广泛的兴趣，从温哥华岛尤克卢利特（Ucluelet）半岛上的土著村庄，到她数十年来一直挚爱的不列颠哥伦比亚省的地貌风景，因此她的作品充满了明亮的色彩，这在她的四幅标志性绘画作品中可见一斑：《大乌鸦》（*Big Raven*，1931）、《红雪松》（*Red Cedar*，1931）、《被鄙为木材，被天空恩宠》（*Scorned as Timber, Beloved of the Sky*，1935）以及《砾石坑上的蓝天》（*Above the Gravel Pit*，1937），这些作品赞美了大自然的盎然生机，展现出对沿海热带雨林强烈的个人愿景。

对页图　莫德·刘易斯的房屋内景，新斯科舍省艺术馆

艺术在哪儿，家就在哪儿

新斯科舍省艺术馆
加拿大新斯科舍省哈利法克斯市霍利斯街1723号，
邮编：B3J 1V9
Art Gallery of Nova Scotia
1723 Hollis Street, Halifax, NS B3J 1V9, Canada
artgalleryofnovascotia.ca

　　加拿大民间艺术家莫德·刘易斯（Maud Lewis）在偏远的新斯科舍省过着穷困潦倒的生活，她仅以几块钱的低廉价格就把自己的画作卖给了公路旅行者，直到20世纪60年代中期，她才取得了一定的成功。莫德天生就有身体缺陷，幼年还患有类风湿性关节炎，这使得她的一生都过得非常痛苦和艰难，然而，她在画作中所描绘的却是充满了欢快和幽默气氛的新斯科舍省及其人民。她和她的丈夫埃弗雷特（Everett）最后一起生活、居住的房子是217号公路上的一个狭小的单间隔板楼，她却用怪诞的艺术把房子装饰得熠熠生辉；门口的一个标牌（现已成为一个标志）上写着"画作待售"。莫德于1970年去世，之后埃弗雷特又在1979年离开了人世，这个标志性房屋开始慢慢坍塌。一群当地人聚在一起，决定挽救这座具有里程碑意义的房子。房子最终被卖给了位于哈利法克斯（Halifax）的新斯科舍省艺术馆，今天它依然矗立在那里，成为一座纪念杰出女性的纪念碑。

给你自己涂上戴尔·奇胡利的欢乐色彩

奇胡利玻璃艺术园
美国华盛顿州西雅图市哈里森街305号，邮编：98109
Chihuly Garden and Glass
305 Harrison Street, Seattle, WA 98109, USA
chihulygardenandglass.com

　　在观看这个展览的某个时刻，你一定会说："哇哦！"这些玻璃雕塑非常引人注目，技术难度也相当的高，更不用说它们有多么美丽了，想不看都做不到。由戴尔·奇胡利（Dale Chihuly）及其团队创作的令人称奇的作品有一种超凡脱俗的风格，这些作品，从优雅的叶状体到神秘的球状物，有着许许多多的规格、色彩和形状。展览被放在高耸入云的太空针塔（Space Needle）附近的黄金地段举行，一共有八个色彩鲜亮的房间，还有一个玻璃温室，里面放置着奇胡利较大的悬浮雕塑之一。这是一个由红色、橙色和黄色的精致花朵形状组成的流动雕塑。其中一个最可爱的地方是花园，在那里你有机会看到玻璃工艺是如何与自然发生互动的。在塔科马玻璃博物馆（Tacoma's Museum of Glass，见第12页）和俄克拉何马州（Oklahoma）的城市艺术博物馆（City Museum of Art）你还能看到更多令人惊叹的玻璃作品，那里的埃莉诺·布莱克·柯克帕特里克纪念塔（Eleanor Blake Kirkpatrick Memorial Tower）是世界上最高的奇胡利玻璃雕塑。

▲ 塔科马玻璃博物馆，令人震撼

玻璃博物馆
美国华盛顿州塔科马市船坞街1801号，邮编：98402
Museum of Glass
1801 Dock Street, Tacoma, WA 98402, USA
museumofglass.org

　　在有些人看来，与玻璃博物馆有关的优秀艺术作品其实并不在这座建筑里——甚至事实上，都不属于其中的一部分。这件作品就是在2002年正式开放的奇胡利玻璃桥（Chihuly Bridge of Glass）。这座把塔科马闹市区和博物馆连接在一起，长152米的步行长桥是受塔科马市委托建造的。步行长桥由在本地出生的玻璃艺术大师戴尔·奇胡利设计的三个装置组成，其中包括由2364块人工吹制而成的玻璃方格板块组成的屋顶，这会让人觉得回到了充满迷幻色彩的20世纪60年代，此外还有两座高12米的水晶塔。博物馆馆内的突出元素包括一个迷你森林和一个热车间（Hot Shop）圆形展馆，客座玻璃艺术家可以在热车间炽热的熔炉里制作玻璃艺术品，展示他们的技艺。如果想看到更多种类的玻璃作品，可以入住穆拉诺酒店（Hotel Murano），那里的展品中有用彩绘玻璃制成的北欧海盗船和用压铸玻璃制成的及地长袍。

在明尼阿波利斯看无形变成有形

沃克艺术中心
美国明尼苏达州明尼阿波利斯市瓦恩兰街725号，
邮编：55403
Walker Art Center
725 Vineland Place, Minneapolis, MN 55403, USA
walkerart.org

　　既可用小写的"p"，也可用大写的"P"为首字母的Politics（政治）一词，是克里·詹姆斯·马歇尔（Kerry James Marshall）艺术创作的核心，他在沃克艺术中心的作品就是其中的完美典范。在那里展出的他的17幅作品只是所有藏品中的一小部分，而这些藏品读起来就像一份星光灿烂的国际当代艺术家的名单。在撰写本书时，艺术中心只展出了两幅马歇尔的作品，而这两幅作品都表明他一直想让几个世纪以来在艺术世界无法看到的东西显露出来，即黑色的皮肤。马歇尔的作品探索了美国的种族和殖民统治下的不公正问题。当你第一次看到它们的时候，作品的力量之强会让你为之震撼，而且无论在哪里见到它们，都会让你大为惊叹；芝加哥当代艺术博物馆（Museum of Contemporary Art）和洛杉矶布罗德博物馆（The Broad Museum，见第35页）是另外两个能欣赏到他更多作品的好地方。

在明尼阿波利斯庆祝东西方艺术的完美结合

明尼阿波利斯艺术博物馆
美国明尼苏达州明尼阿波利斯市第三大街南2400号，
邮编：55404
Minneapolis Institute of Art
2400 Third Avenue South, Minneapolis, MN 55404, USA
new.artsmia.org

　　你可能从未听说过谢赫·扎因-丁（Sheikh Zain-al-Din），但一旦看过他的艺术作品，你肯定不会忘掉这个名字。这位18世纪印度艺术家的毕生之作是收录在明尼阿波利斯艺术博物馆（Minneapolis Institute of Art）《英庇画册》（Impey Album）里的杰出作品。这本画册是以英国殖民地官员伊利亚·英庇爵士（Sir Elijah Impey）和他的妻子玛丽夫人（Lady Mary）命名的，他们委托艺术家把他们在加尔各答的私人动物园编入目录。扎因-丁创作的是一本素描集，作品赏心悦目，空灵飘逸的美来自英国植物插画与华丽的莫卧儿（Mughal）艺术风格的迷人组合。它们是遗赠给博物馆的画册里的十一幅画像中的一部分。这座博物馆收藏了90000多件藏品，它的馆藏珍品中不仅有许多南亚和东南亚的艺术精品，而且还有文森特·凡·高（Vincent van Gogh）、亨利·马蒂斯（Henri Matisse）和尼古拉·普桑（Nicolas Poussin）的作品。

对页图　夜晚的塔科马玻璃博物馆华灯溢彩

本页图　《黑头黄鹂与菠萝蜜树桩上的昆虫》（*Black-hooded Oriole and Insect on Jackfruit Stump*，1778），谢赫·扎因-丁，选自《英庇画册》

美国　13

提前策划一次旅行，去看看最伟大的现代艺术博物馆

纽约现代艺术博物馆（简称MoMA）
美国纽约州纽约市曼哈顿区第53街西11号，邮编：10019
Museum of Modern Art (MoMA)
11 West 53rd Street, Manhattan, New York, NY 10019, USA
moma.org

纽约现代艺术博物馆里总是人山人海，它的藏品按年代次序涵盖了现代艺术史的五个层面，确实令人叹为观止，所以，作为一种艺术体验，它必须被列入本书。如果你想在一个免费入场的晚上（撰写本书时，免费入场时间是周五下午4:00—晚上8:00）去参观，当人们都簇拥在如贾斯培·琼斯（Jasper Johns）的《旗帜》（Flag，1954—1955）、巴勃罗·毕加索（Pablo Picasso）的《亚威农少女》（Les Demoiselles d'Avignon，1907）、杰克逊·波洛克（Jackson Pollock）的《第31号》（Number 31，1950）以及文森特·凡·高的《星空》（The Starry Night，1889）这些经典名作的周围时，你也许可以换个视角，去看看那些不太出名的作品，这些作品可能会在未来的几年里跟那些名作一样大受欢迎。譬如说卡拉·沃克（Kara Walker）的《40英亩的骡子》（40 Acres of Mules，2015），他用一幅大型炭画三联画记录了一段黑暗的历史，把与美国内战和种族主义相关的图腾、图像分层堆叠成一个满是强权和屈辱的可怕场景。它是一幅深奥难懂的作品，却至关重要。

在迪亚比肯美术馆，为花园和其他更多的东西而疯狂

迪亚比肯美术馆
美国纽约州纽约市比肯区比克曼街3号，邮编：12508
Dia:Beacon
3 Beekman Street, Beacon, New York, NY 12508, USA
diaart.org

迪亚比肯美术馆是菲利帕·曼·德尼（Philippa de Menil）等艺术赞助人共同创立的艺术基金会的一部分。美术馆坐落在哈德逊河（Hudson River）岸边的一座20世纪30年代的低矮建筑里，这座建筑曾经是纳贝斯克（Nabisco）的纸盒印刷工厂。这里有25个自然光线充足的画廊，设计时他们想在每个空间里只放置一位艺术家的作品，因此到了最后，画廊里就只展出了25位艺术家的作品。这些艺术家中有丹·弗莱文（Dan Flavin）、理查德·塞拉（Richard Serra）、迈克尔·海泽（Michael Heizer）、沃尔特·德·玛利亚（Walter De Maria）和唐纳德·贾德（Donald Judd）。美术馆非常壮观，由罗伯特·欧文（Robert Irwin）设计的花园和广场，作为室内空间的延伸也同样壮观。行走在这些非自然的设计空间之中，你会明显感受到它们与画廊里作品的关系，而当你在探寻宁静的空间时主动去建立与它们之间的这种联系，就会得到一种乐趣。在得克萨斯州，欧文为辛那提基金会（Chinati Foundation）设计的作品《黎明到黄昏》[Dawn to Dusk，2016（见第44页）]是加利福尼亚光与空间艺术家的又一杰作。

布鲁克林博物馆
美国纽约州纽约市东公园大道200号，邮编：11238-6052

Brooklyn Museum
200 Eastern Parkway, New York, NY 11238-6052, USA
brooklynmuseum.org/exhibitions/dinner_party

与历史上的伟大女性同席而坐

朱迪·芝加哥（Judy Chicago）的《晚宴》（The Dinner Party）于1979年首次公开展出，一些人认为这是第一件史诗级的女性主义艺术作品，但一直以来作品都饱受争议。它被国会贴上"淫秽作品"的标签，被一些批评家说成是"拙劣的艺术品"，甚至还被斥责为"低俗的艺术作品"，但它根本不像他们所说的那样，相反，它是一件强而有力的混合媒介作品，芝加哥创作它的目的是打破男性在历史上占据的绝对优势，突出那些被忽略或被轻视的女性。《晚宴》是一张三角形的桌子，桌上摆放着39套餐具，是专门为杰出女性准备的，在地板上还写着其他99位女性的名字。这是一件历时五年，由400人共同完成的作品。它使用了被忽视和被低估的具有女性特征的艺术媒介，如陶瓷工艺、编织和刺绣。所有这些作品都是手工制成的，每个盘子上都画着能代表一位特定女性的非写实性的生殖器官，她们当中有乔治亚·欧姬芙（Georgia O'Keeffe）、弗吉尼亚·伍尔芙（Virginia Woolf）和玛丽·沃斯通克拉夫特（Mary Wollstonecraft）。

古根海姆博物馆
美国纽约州纽约市第五大道1071号，邮编：10128

Guggenheim
1071 5th Avenue, New York, NY 10128, USA
guggenheim.org

在纽约的古根海姆博物馆走过被隐藏的米洛壁画

如果你曾经去过弗兰克·劳埃德·赖特（Frank Lloyd Wright）设计的纽约地标性建筑古根海姆博物馆，那么你一定知道斜坡上第一个隔间的白色长墙通常都是放置展览开幕作品的主要位置。然而，你可能不知道的是，就在那面墙的背后放着胡安·米罗（Joan Miró）于1966年创作的《艾丽西亚》（Alicia），它是一幅由190块瓷砖组成的6米×2.5米的壁画。1967年，作品首次亮相，它标志性的旋转、粗略的黑色背景，外加点缀其中的黄色、蓝色及红色，使其成为一篇精彩而又非常引人注目的博物馆"前言"。太引人注目了！在作品展出后的两年里，它被一面"临时性"白墙遮掩起来，以安抚那些认为作品会有碍后续艺术和展览的策划人。2003年，为了举办"从毕加索到波洛克：当代经典艺术"（From Picasso to Pollock: Classics of Modern Art）的展览，遮盖物被揭开，作品重新展现出来，这在博物馆的近代历史上是仅有的一次，那么它一定还会再次走出重围吧？

对页图　《40英亩的骡子》（2015），卡拉·沃克

美国　15

▶ 在哈德逊山谷来一次神奇的邂逅

暴风之王艺术中心
美国纽约州新温莎市博物馆路1号，
邮编：12553
Storm King Art Center
1 Museum Road, New Windsor, NY 12553, USA
stormking.org

位于芒廷维尔（Mountainville）的暴风之王艺术中心因邻近暴风王山（Storm King Mountain）而得名，它优美的环境使其在一年中的任何时候都能成为一个重要的艺术胜地。在秋天，当哈德逊山谷（Hudson Valley）被染成一片金黄时，在美国较大的当代户外雕塑收藏地中的百余座雕塑和现代雕塑装置周围散步或骑车，就会有一种非常特别的感觉。把看似自然的作品——林璎（Maya Lin）的《暴风王波浪地》（Storm King Wavefield，2007—2008）里起伏的山峦，帕特里夏·约翰逊（Patricia Johanson）的《念珠藻II》（Nostoc II，1975）里的石头小径，曼纽尔·布朗伯格（Manuel Bromberg）的《卡茨基尔》（Catskill，1968）里的岩石混合体——与像马克·迪·苏维罗（Mark di Suvero）的《母亲平安》（Mother Peace，1969—1970）里亮丽的红色、亚历山大·利伯曼（Alexander Liberman）的《伊利亚特》（Iliad，1974—1975）里亮橙色的椭圆形和圆形这些非自然却充满活力的作品并置，可以确保在每一个角落、每一个季节都有可以欣赏的东西。其他一些作品，比如乌尔苏拉·凡·吕丁斯瓦德（Ursula von Rydingsvard）以蜂窝模式创作的《为保罗》（For Paul，1990—1992/2001）以及安迪·高兹沃斯（Andy Goldsworthy）的《暴风王墙》（Storm King Wall，1997—1998），虽然形式、构造非常清晰明了，却与周围的环境十分协调，令人着迷。

右跨页图　耸立在暴风之王艺术中心空地上的塔尔·斯特里特（Tal Streeter）的《无尽之柱》（Endless Column，1968）

美国

用三天的时间去感受五千年的艺术，去试试吧

大都会艺术博物馆
美国纽约州纽约市第五大道1000号，邮编：10028
Metropolitan Museum of Art
1000 5th Avenue, New York, NY 10028, USA
metmuseum.org

　　要想把世界上最受欢迎的一家博物馆提供的所有展品都看个遍，该从哪里开始呢？在大都会艺术博物馆从世界各地收集而来的跨越5000年艺术和文化的200多万件藏品中，有许多非常杰出的作品：江户（Edo）时代的雕像和面具，17世纪日本的陶瓷工艺品，一个希腊和罗马雕塑展厅，以皮埃尔–奥古斯特·雷诺阿（Pierre-Auguste Renoir）、保罗·塞尚（Paul Cézanne）、文森特·凡·高、乔治·布拉克（Georges Braque）和亨利·马蒂斯的作品为代表的欧洲藏品……你可能在这儿待上几天时间也没法看完所有的展品（幸运的话，能拿到一张连续三日有效的入场券）。如果我们不得不只选择一件作品，那它必然是2000多年前在埃及尼罗河河岸修建（可用象形文字来证明这一点）的丹铎神庙（Temple of Dendur）。神庙被放置在一个高高耸立的特制空间里，里面有一片象征着尼罗河的小小的水域。

在修道院艺术博物馆与独角兽来一次交流

大都会艺术博物馆
美国纽约州纽约市崔恩堡公园玛格丽特·科尔宾车道99号，邮编：10040
Metropolitan Museum of Art
99 Margaret Corbin Drive, Fort Tryon Park, New York, NY 10040, USA
metmuseum.org/visit/plan-your-visit/met-cloisters

　　纽约的大都会艺术博物馆是艺术爱好者的必游之地，然而鲜为人知的是，在它位于华盛顿高地（Washington Heights）的分馆修道院艺术博物馆（Met Cloisters）里，收藏着一件伟大的艺术品。这个大都会艺术博物馆的分馆有四个回廊，各空间以回廊命名。那里是一个适合沉思的场所，一个适合收藏从12世纪到15世纪的欧洲建筑、雕塑和装饰艺术精品的空间。在这些藏品中，《独角兽挂毯》（The Unicorn Tapestries）或被称为《猎捕独角兽》（The Hunt of the Unicorn，1495—1505）的大型挂毯是那一时期最令人震撼的纺织艺术中的经典案例。挂毯是用银线和镀金线，还有细羊毛和丝绸编织而成的，而且就像它们的名字所表示的那样，挂毯描绘的是猎捕神出鬼没的神奇独角兽的场景。在一个如此美丽的空间里能看到这般精巧的手工技艺，真让人感动。

耶鲁大学英国艺术中心
美国康涅狄格州纽黑文市教堂街1080号，邮编：06510
Yale Center for British Art
1080 Chapel Street, New Haven, CT 06510, USA
britishart.yale.edu

▼ 在康涅狄格州重温英国文化的黄金时代

思念家乡的英国人或热心的亲英派人士肯定会喜欢耶鲁大学英国艺术中心（Yale Center for British Art）。它是英国国外收藏英国艺术品数量最多、范围最广的机构，从油画、雕塑，到素描、印刷品、珍贵书籍和手稿，涵盖了英国艺术和文化500多年的发展历史。这里仅油画就有2000多幅，主要是从1967年威廉·荷加斯（William Hogarth）出生，到1851年 J. M. W. 透纳（J. M. W. Turner）去世这段时期的作品，但是它也没有忽略其他领域的收藏品；艺术中心还收藏了多达2万幅素描和水彩画，以及4万幅版画，其中有威廉·布莱克（William Blake）和华特·席格（Walter Sickert）的作品。所有这些作品都被保存在由路易斯·康（Louis Kahn）于20世纪70年代设计的一座经典的现代主义建筑里。这是路易斯·康设计的最后一座建筑，也是他成功的职业生涯的完美标志，因为它的位置正好就在他第一次受委托设计的建筑——耶鲁大学美术馆的对面。

对页图　在纽约大都会艺术博物馆里展出的丹铎神庙
本页图　耶鲁大学英国艺术中心里的长廊

美国

波士顿美术馆

美国马萨诸塞州波士顿市亨廷顿大街465号，艺术大道，邮编：02115

Museum of Fine Arts Boston
Avenue of the Arts, 465 Huntington Avenue, Boston, MA 02115, USA
mfa.org

▼ 在波士顿走进哈里特·鲍尔斯的世界

有很多理由会让你想去参观著名的波士顿美术馆，其中包括那里有日本的艺术作品和陶器，这是日本本土以外收藏量最大的地方，但是我们会建议你直接去参观非裔美国奴隶、民间艺术家和来自乔治亚州（Georgia）乡村的棉被制造商哈里特·鲍尔斯（Harriet Powers）的作品《拼图被》（*Pictorial Quilt*，1895—1998）。鲍尔斯在缝制棉被时，使用了传统的缝饰技术，这一风格在其完成后的一个多世纪后仍然让人感觉很时尚，而且很有价值，因为被子上所描述的内容都取材于这位自学成才的艺术家读过的许多故事，其中有《圣经》故事和当地传说，还有一些历史事件。这是19世纪南方被褥缝制的一个精彩范例，一旦看过，就难以忘怀。

史密森尼美国艺术博物馆
美国华盛顿哥伦比亚特区第八街和F街西北,唐纳德·W.雷诺兹美国艺术与肖像中心,邮编:20004
Smithsonian American Art Museum
Donald W. Reynolds Center for American Art and Portraiture, 8th and F Streets NW, Washington, D.C. 20004, USA
americanart.si.edu

在华盛顿饱览乔治亚风格的色彩

阿尔玛·托马斯(Alma Thomas)的绘画作品和她的生活一样不同寻常,令人称奇。这位于1891年出生在乔治亚州的非裔美国教师教书育人35年,一直把艺术搁置其后,直到70多岁退休后她才开始关注自己的艺术事业。很难想象这么多年来她是如何控制住自己的创作激情的,因为当她真正开始展示她的标志性风格时,那极具表现力的、大胆而抽象的作品就像一场爆炸,充满了由令人瞠目结舌的色彩组成的马赛克般的碎片。她的作品以前曾为白宫增添了不少色彩,但它们在华盛顿的其他地方更是广为人知,譬如美丽的《华盛顿的三色紫罗兰》(Pansies in Washington,1969)就在美国国家艺术博物馆里永久展出。在美国艺术史的背景下来看她的作品就会发现,史密森尼美国艺术博物馆里的非裔美国人及拉丁裔美国人创作的艺术藏品真是令人赞叹,不可错过。

对页图 《拼图被》(1895—1898),哈里特·鲍尔斯
本页图 《重复的视觉》(Repetitive Vision),草间弥生

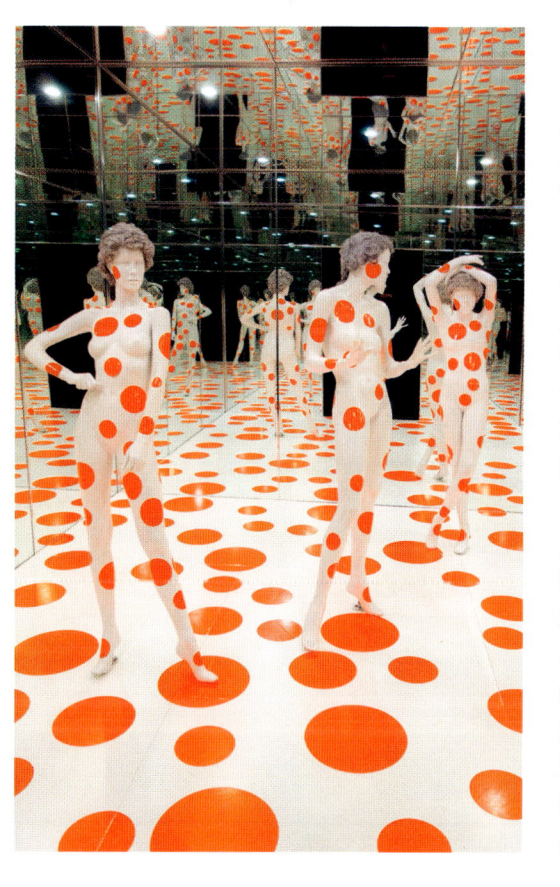

在一个非同寻常的艺术场所来一次沉浸式体验

床垫工厂
美国宾夕法尼亚州匹兹堡市桑普森尼亚路500号,邮编:152112
The Mattress Factory
500 Sampsonia Way, Pittsburgh, PA 152112, USA
mattress.org

40多年来,这个以前的床垫工厂经过艺术家们的设计改造,变成了一个特定场域作品的空间,里面一直在展出一些世界上最好的沉浸式体验、视频以及行为艺术作品,共有750多件。在临时性作品和永久性作品的完美组合中,你也许会发现临时展出的奇奇·史密斯(Kiki Smith)、克里斯蒂安·波坦斯基(Christian Boltanski)或草间弥生(Yayoi Kusama)的作品,你也肯定会找到几个永久展厅,里面专门展出草间弥生的作品,还有詹姆斯·特瑞尔(James Turrell)早期的灯光装置作品,以及比尔·伍德罗(Bill Woodrow)和罗尔夫·尤利乌斯(Rolf Julius)的作品。这一切创造了一种美妙的艺术体验,而沿着街道一直走到疯狂的兰迪乐园(Randyland)又会使这种体验变得更为强烈。这个色彩丰富的房子,经过兰迪·吉尔森(Randy Gilson)的设计,转变成了一个巨大的域外艺术作品,一个充满了各种诡异色彩的非同寻常的空间。

追踪百万移民的足迹

菲利普斯收藏馆

美国华盛顿哥伦比亚特区第二十一街西北1600号，邮编：20009
Phillips Collection
1600 21st St NW, Washington, D.C. 20009, USA
phillipscollection.org

邓肯·菲利普斯（Duncan Phillips）的旧居，在它那其貌不扬的红色砖墙的背后，有着一件或许多件令人惊奇的东西。作为一名艺术评论家，菲利普斯在20世纪20年代把现代艺术引进美国的行动上发挥了重要的作用。他建立了一个一流的艺术收藏体系，从弗朗西斯科·戈雅（Francisco Goya）、埃尔·格列柯（El Greco）和爱德华·马奈（Édouard Manet）开始，到亨利·马蒂斯和巴勃罗·毕加索，再到乔治亚·欧姬芙和马克·罗斯科（Mark Rothko）。这间旧居的特别之处在于它是保存这些藏品的私密空间，它拒绝仅仅停留在"一个收藏伟大但已成为过去的艺术大师作品宝库"的荣誉上。对许多人来说，收藏馆最精彩的是雅各布·劳伦斯（Jacob Lawrence）创作的60组叙事画系列作品《黑人的迁徙》（The Migration of the Negro，1940—1941）。这组作品描绘了在第一次世界大战爆发后，一百多万非裔美国人从南方向北方各州迁徙躲避战争的历史。这一系列作品生动描绘了历史上移民的艰难挣扎，以及更个人化的非裔美国人的经历，因为劳伦斯自己就是移民的后代。

向风格独特的《苦路十四站》表示敬意

美国国家艺术博物馆

美国华盛顿哥伦比亚特区宪法大街西北，邮编：20565
National Gallery of Art
Constitution Avenue NW, Washington, D.C. 20565, USA
nga.gov

巴尼特·纽曼（Barnett Newman）在1958年到1966年间创作了15幅抽象画系列作品——《苦路十四站：为什么你要把我抛弃》（The Stations of the Cross: Lema Sabachtani[①]），它们锯齿状、凹凸不平的垂直切口和用黑白颜料将原始画布一分为二的裂缝，向人们提出了耶稣受难之前问过的问题，而这个问题对于人类的状态来说也是至关重要的。纽曼在作品的目录注释中写道："Lema Sabachtani（为什么你要把我抛弃）"——为什么？为什么你抛弃了我？为什么要抛弃我？目的是什么啊？为什么啊？这是耶稣受难记（Passion）。这是耶稣的呐喊。这不是走上了可怕的苦难之路（Via Dolorosa），而是一个没有答案的问题。从《第一站》（First Station）到《第十四站》（Fourteenth Station），以及展厅里唯一有点色彩的第十五幅油画《存在 II》（Be II）可以看出，这个系列的作品完美表达了死亡的痛苦和绝望。在这个奇妙的博物馆的其他展厅，不要错过列奥纳多·达·芬奇（Leonardo da Vinci）的《吉内薇拉·班琪》（Ginevra de' Benci，1474—1478），这是美洲仅有的一幅列奥纳多的作品。

---

① 译者注：Lema Sabachtani是阿拉姆语，意为"为什么你要把我抛弃"。阿拉姆语是《旧约》后期书写时所用的语言，耶稣就是用这种语言进行传道的。

希尔伍德庄园、博物馆和花园
美国华盛顿哥伦比亚特区林奈大道西北4155号,邮编:20008
Hillwood Estate, Museum & Gardens
4155 Linnean Avenue NW, Washington, D.C. 20008, USA
hillwoodmuseum.org

在华盛顿哥伦比亚特区与俄罗斯的杰作共享野餐

　　华盛顿哥伦比亚特区有许许多多的博物馆和美术馆,规模大到可以组成一个大型购物广场。远离这些令人着迷又让人倍感疲惫的1英里(约1.6千米)长的博物馆和美术馆,来到希尔伍德庄园、博物馆和花园,你会看到一个令人惊奇的景象——一些欧洲之外最好的俄罗斯肖像作品。这些收藏品是玛荷丽·梅莉薇德·波斯特(Marjorie Merriweather Post)在20世纪50年代创作的,另外还增添了一些令人赞叹的18世纪的法国装饰艺术藏品,所有这些藏品都被放置在占地10公顷的宁静的花园和自然林地里。一旦看够了法国展室里的法贝热彩蛋(Fabergé eggs)和精美的天蓝色塞夫尔瓷器(Sèvres porcelain),还有俄罗斯画廊(Russian Gallery)里神圣的俄罗斯东正教圣像、圣杯和纺织品,你就可以去参观一个专题展览。以前曾经展出过的作品中有日本的装饰派艺术(Art Deco)作品和比利时艺术家伊莎贝尔·德·博什格拉夫(Isabelle de Borchgrave)用混凝纸设计制作的高级时装作品。

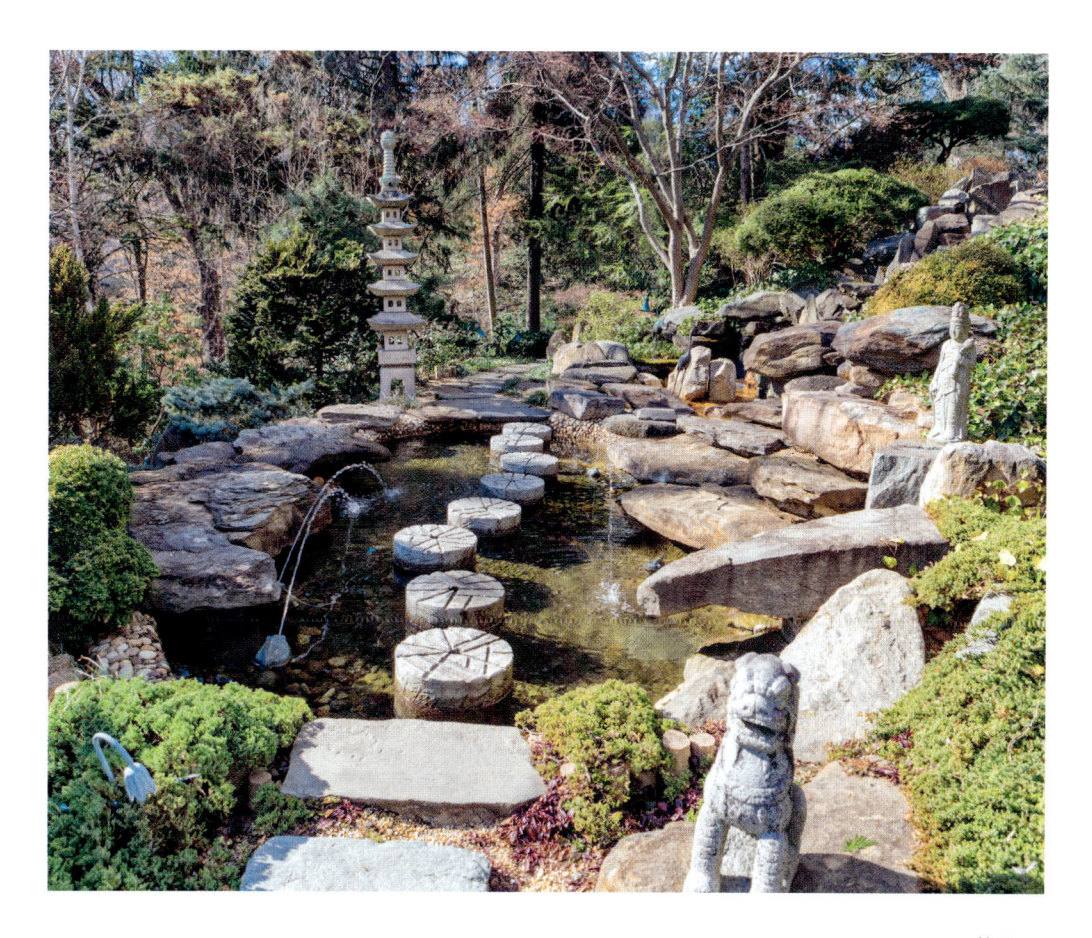

对页图　桑特大楼(Sant Building)里的画廊是菲利普斯收藏馆的一部分
本页图　希尔伍德庄园、博物馆和花园里的日式花园

出城去探寻芝加哥真正的艺术

斯马特美术馆
美国伊利诺伊州芝加哥市南格林伍德大道5550号,芝加哥大学
Smart Museum of Art
The University of Chicago, 5550 S. Greenwood Avenue, Chicago, IL 60637, USA
smartmuseum.uchicago.edu

在芝加哥的市中心有许多可供观赏的艺术作品,因此很容易把斯马特美术馆给忽略掉。如果真的把它轻易忽略,这就大错特错了。斯马特美术馆里有不止15000件藏品,其中最精彩的作品包括委内瑞拉艺术家阿图罗·埃雷拉(Arturo Herrera)创作的各种各样讨人喜欢的半卡通、半艺术作品,约翰·张伯伦(John Chamberlain)的破碎汽车雕塑[令人难以置信的是,还有更多此类作品,作为在马尔法(Marfa)的辛那提基金会藏品的一部分进行展出,见第44页],克里·詹姆斯·马歇尔(Kerry James Marshall)那引人注目的《慢舞》(Slow Dance,1992—1993),以及很多当地艺术家的作品,其中包括芝加哥意象派艺术家怪物名册(Monster Roster)中的艺术家,以及像亨利·达戈(Henry Darger)和李·歌蒂(Lee Godie)这些自学成才的艺术家的作品。所有这些藏品会使参观成为一趟非常愉快的体验,而在芝加哥大学的美丽校园里,用石灰岩覆盖的现代主义建筑和环境也会令你难忘。对了,还有弗兰克·劳埃德·赖特设计的"罗比住宅"(Robie House),原来的餐厅家具,没错,也在斯马特美术馆里。

一座雕塑就能让你尽享无穷乐趣

千禧公园
美国伊利诺伊州芝加哥市东伦道夫街201号,邮编:60601
Millennium Park
201 E. Randolph Street, Chicago, IL 60601, USA
choosechicago.com/articles/tours-and-attractions/the-bean-chicago

安尼施·卡普尔(Anish Kapoor)的狂热的仰慕者,无论是在挪威的峡湾边缘、伦敦的奥林匹克公园(Olympic Park)、耶路撒冷的以色列博物馆(Israel Museum)的外面,还是在意大利波里诺国家公园(Pollino National Park)的里面看到他的雕塑,都会被他创作的充满趣味性的互动作品所打动,其中最有趣的一件作品肯定是在芝加哥闪闪发光的不锈钢雕塑《云门》(Cloud Gate,2004)。这座雕塑之所以取名《云门》,是因为它有80%的表面能扭曲地反射出天空的倒影,而因为一些显而易见的原因,当地人还把它亲切地称为"豆子",它能让游客在拍摄美丽的城市天际线的同时,也把自己置身于画面之中。你会发现自己很难说出为什么会对它如此着迷,但你就是喜欢它,而且和其他许多雕塑不同的是,把你的手指放在它上面(至少在新型冠状病毒出现之前的世界里是可以放的)的感受也很好——每天都有人把雕塑从上到下清洗两次,特别是下面的那部分,每天都会清洗多达七次。

在芝加哥的大屏幕上观看艺术

一直以来，在美术馆围墙外的大屏幕上观看艺术都是令人难忘的经历，尤其是当那个屏幕的面积有1公顷大的时候。集市上的艺术（Art on the MART）是由芝加哥市和一个名为"集市"（the MART）的私人资助机构共同发起的有关视觉和听觉的倡议活动，而它所提供的正是这种体验。从3月到12月，每周三到周日的晚上，都会有两小时的数字艺术被投射在芝加哥商品市场（Merchandise Mart）的标志性建筑的外墙上，这是用34台投影仪提供的首个无广告、永久性大型投影装置作品展。安排好你的观光时间，让自己同时还可以去参观一下每年9月举行的芝加哥山博会（Expo Chicago），这样你就可以沉浸在整个城市的艺术氛围之中。在酒店和公共空间，还有城市里那些会给人留下深刻印象的大型美术馆和独立画廊里也会举办艺术体验活动。

集市上的艺术
美国伊利诺伊州芝加哥市西威克大道278–294号，邮编：60606
Art on the MART
278–294 W Wacker Drive, Chicago, IL 60606, USA
artonthemart.com

本页图　投射在芝加哥商品市场大楼上的作品是由乌赫工作室（Ouchhh Studios）创作的《谐波人工智能》（*Harmonic AI*）
对页图　《云门》（2004），安尼施·卡普尔

特色线路：北美洲大地艺术地图

大地艺术（Land Art），从广义上讲，被认为是一种利用自然景观和材料来创建特定场域的建筑、艺术形式以及雕塑作品的艺术，乍一看，它可能会让人有点疑惑。混凝土空心管和框架，或是横跨景观的沟渠和小路，经常会让游客感到困惑，而不是大为惊奇……一开始往往都会这样，但是多花点时间和这些图腾作品待在一起，让它们的短暂性以及它们与周围环境发生互动而发挥出神奇的魔力，你就会发现自己产生一种强烈的反应，这种反应提供的正是美术馆里的作品所能提供的一切——甚至还会更多。大地艺术将其理念植根于无法出售的艺术，它把所有关于艺术的争论提升到了一个完全不同的高度。以下是我特别喜欢的一些美国大地艺术作品，这一艺术形式出现在20世纪60年代，是对艺术商品化做出的反应。

《双重否定》，迈克尔·海泽尔
靠近内华达州奥弗顿镇
Double Negative by Michael Heizer
near Overton, Nevada

"那里一无所有，但它仍然是一座雕塑。"迈克尔·海泽尔在谈及1969年建成的两个沟渠时这样说道。这两个沟渠是世界上著名的大地艺术作品之一。正如作品名称所暗示的那样，这件作品是关于被移走的土地和被创建的负空间的问题的。

《城市》，迈克尔·海泽尔
内华达州汉科小镇附近
City by Michael Heizer
near Hiko, Nevada

这座自1972年开始设计创作，长1.9千米的雕塑甚至比《双重否定》更具有纪念意义。如果能够竣工，那么它将成为有史以来规模最大的雕塑作品。

《罗登火山口》，詹姆斯·特瑞尔
亚利桑那州弗拉格斯塔夫市附近
Roden Crater by James Turrell
near Flagstaff, Arizona

经过数十年的修建后，这座位于亚利桑那州的死火山也许有一天会被举世闻名的光线艺术家变成一个高183米的土石方天空展望台。

《古冢象征雕塑》，迈克尔·海泽尔
伊利诺伊州渥太华市附近
Effigy Tumuli by Michael Heizer
near Ottawa, Illinois

海泽尔的另一件大受欢迎的作品，是从20世纪80年代中期开始设计创作的，雕塑位于芝加哥西南方向137千米处，是由五个动物造型组成的一系列土丘。

《螺旋形防波堤》，罗伯特·史密森
犹他州罗泽尔角
Spiral Jetty by Robert Smithson
Rozel Point, Utah

见第32页。

《七魔山》，乌戈·罗迪纳
内华达州拉斯维加斯市外
Seven Magic Mountains by Ugo Rondinone
outside Las Vegas, Nevada

事实证明，瑞士艺术家乌戈·罗迪纳于2016年搭建而成的七个荧光色的巨石堆很受游客们的欢迎，因此在本该被移走的几年后，在内华达州的沙漠里它们仍然是引人关注的焦点。

《闪电原野》，沃尔特·德·玛利亚
新墨西哥州
Lightning Field by Walter De Maria
New Mexico

见第37页。

《土墩》，赫伯特·拜尔
科罗拉多州阿斯彭市附近
Earth Mound by Herbert Bayer
near Aspen, Colorado

出生在奥地利的包豪斯学派（Bauhaus）艺术家赫伯特·拜尔于1954年设计的直径为12米的圆丘坛值得关注，因为许多人认为它是最早的大地艺术作品。1982年，他在华盛顿肯特城构建的《米尔溪谷地形工程》（*Mill Creek Canyon Earthworks*）是他作品中的另一个范例。

《约翰逊矿井第30号》，罗伯特·莫里斯
华盛顿州西塔科市
Johnson Pit # 30 by Robert Morris
SeaTac, Washington

这是一个于1979年建成，后来慢慢被搁置的矿坑，它那曾经清晰的轮廓在40多年后渐渐变得模糊不清，但它仍然是一道迷人的风景。对于大地艺术的完美主义者来说，莫里斯还有一件作品，那就是密歇根州大急流域贝尔纳普公园（Belknap Park）里的《大急流域项目X》（*Grand Rapids Project X*，1974）。

《观星轴》，查尔斯·罗斯
新墨西哥州沙漠
Star Axis by Charles Ross
New Mexico desert

这是一座自1976年开始修建，已经建造了30年的引人注目的肉眼天文台/地面雕塑。如果能竣工的话，这座有许多观星隧道和太阳金字塔的天文台将会发挥日晷、罗盘和太空指针的作用。

《木线》和《螺旋塔》，安迪·高兹沃斯
加利福尼亚州旧金山市普西迪基地
Wood Line and *Spire* by Andy Goldsworthy
The Presidio, San Francisco, California

安迪·高兹沃斯的作品往往有一种转瞬即逝的感觉，这里的作品就是一个典范，其中包括一条渐渐消失在森林地面上的桉树小径和一捆最终会被周围的柏树所覆盖的柏树树干。

下页跨页图 ▶
《七魔山》，乌戈·罗迪纳

北美洲大地艺术地图

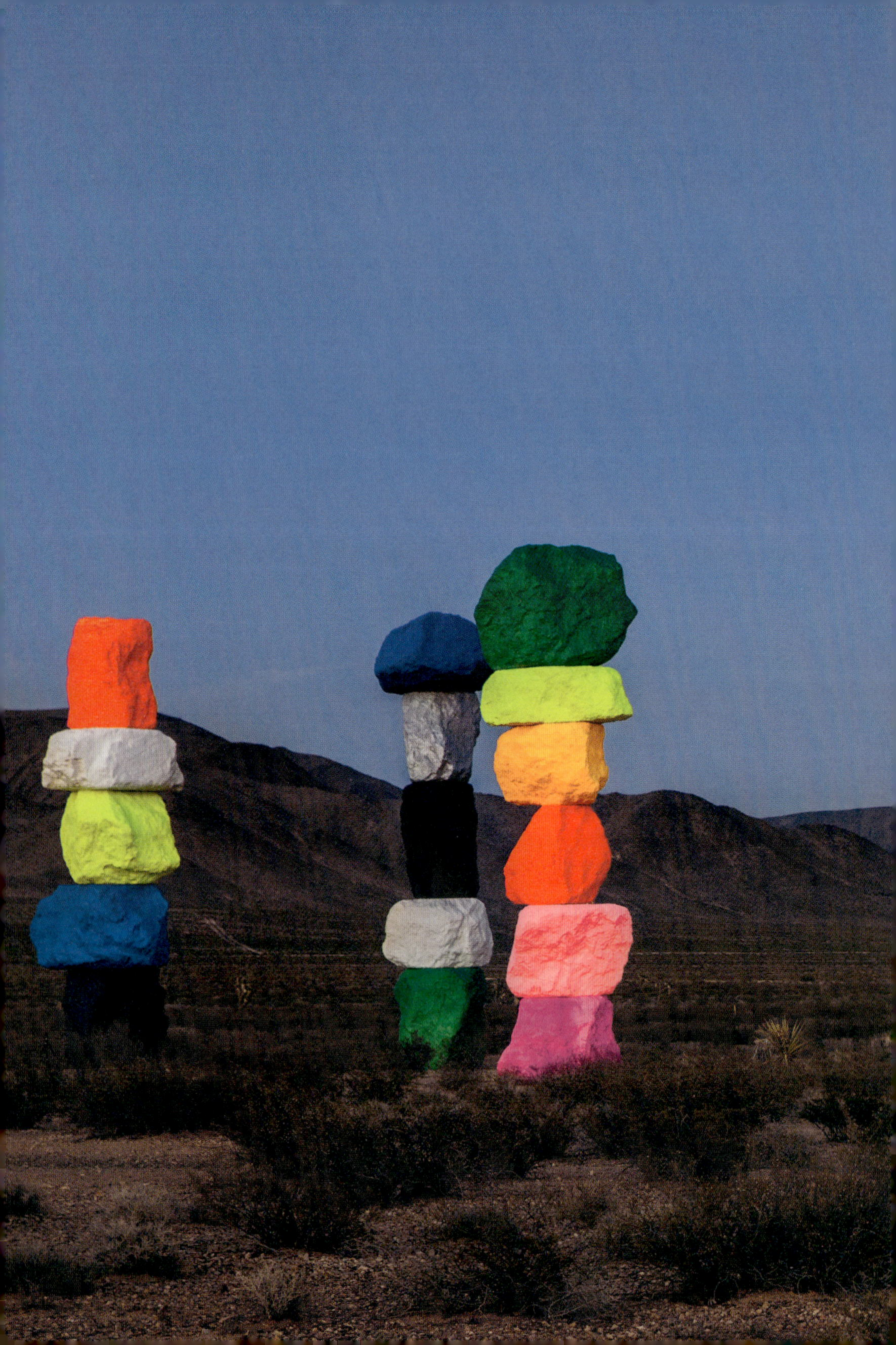

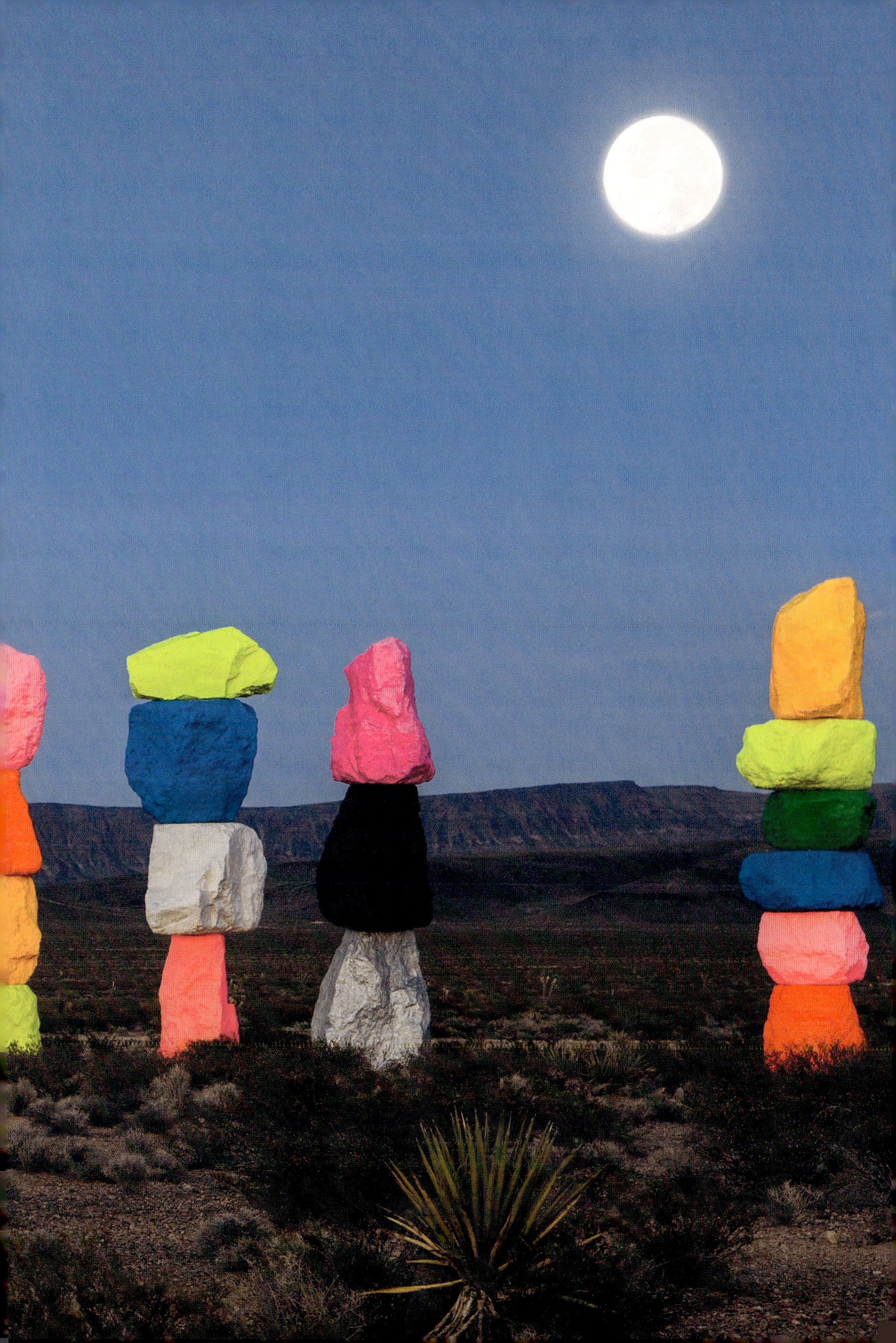

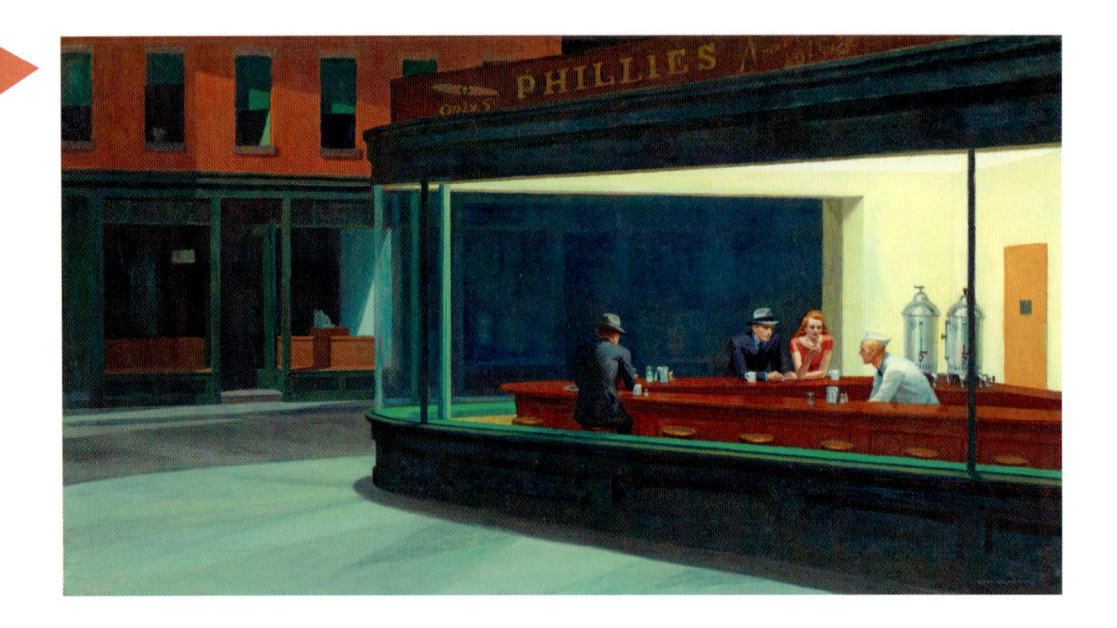

芝加哥艺术学院
美国伊利诺伊州芝加哥市南密歇根大街111号，邮编：60603
The Art Institute of Chicago
111 S Michigan Avenue, Chicago, IL 60603, USA
artic.edu

在风之城②找寻世界顶级作品和一些微型奇观

在美国，有一座规模仅次于纽约大都会艺术博物馆的艺术博物馆，它并不像有些人所预想的那样，在洛杉矶、达拉斯或是华盛顿哥伦比亚特区，而是在芝加哥。然而，最令人叹为观止的并不是博物馆的规模，让这座建于19世纪的博物馆具有真正史诗级意义的是它的收藏品，藏品中有一些世界著名的艺术作品，贯穿了几个世纪以来的欧洲作品直至最近的美国经典作品。在为美国经典作品而建的画廊里，格兰特·伍德（Grant Wood）的《美国哥特式》（*American Gothic*，1930）和爱德华·霍普（Edward Hopper）的《夜鹰》（*Nighthawks*，1942）就是正在展出的两幅世界知名画作，而印象派和后印象派的绘画藏品里则包括乔治·修拉（Georges Seurat）、文森特·凡·高、巴勃罗·毕加索和过去200年几乎所有重要的欧洲艺术家的作品。在离开之前一定要去看看地下室的"索恩微型房间"（Thorne Miniature Rooms），那里有100多个无比精致、每个细节都令人惊叹的欧美室内实景模型，非常吸引人；而同样吸引人的还有800个镶嵌珠宝的玻璃镇纸。

本页图　《夜鹰》（1942），爱德华·霍普

对页图　《底特律工业，南墙》（*Detroit Industry, South wall*，1932—1933），迭戈·里维拉

② 译者注：风之城（Windy City）是芝加哥的别称。

在底特律研究一下迭戈的壁画

底特律美术馆（简称DIA）

美国密歇根州底特律市伍德沃德大街5200号，
邮编：48202
Detroit Institute of Arts (DIA)
5200 Woodward Avenue, Detroit, MI 48202, USA
dia.org/riveracourt

　　墨西哥画家和壁画大师迭戈·里维拉（Diego Rivera）创作了很多充满政治色彩的艺术作品，现在你仍然能在美国和墨西哥找到他的许多壁画，但在1932年，他历时九个月为底特律美术馆的馆内庭院创作的一系列27幅壁画，无疑是现存最好的作品。这些壁画被这位艺术家认为是他自己最成功的作品。壁画描绘了福特汽车公司（Ford Motor Company）和整座城市的工人，它们不仅全面地展现了20世纪30年代底特律工业的发展状况，而且还在更广泛的历史中展现出它的辉煌成就。到底特律美术馆里维拉庭院（Rivera Court）的咨询台去拿一份多媒体指南，它会帮助你了解作品背后的深度、背景和所使用的工艺，相信你会赞同这个建议。

跟着钱走，到俄亥俄州去寻找宝藏

克利夫兰艺术博物馆（简称CMA）

美国俄亥俄州克利夫兰市东大道11150号，邮编：44106
Cleveland Museum of Art (CMA)
11150 East Boulevard, Cleveland, OH 44106, USA
clevelandart.org

　　说到美国的艺术，纽约和华盛顿哥伦比亚特区总会博得赞誉，而位于俄亥俄州的克利夫兰艺术博物馆也同样收藏了许多国际知名作品，这使它成为世界上参观人数较多的艺术博物馆之一。在博物馆的61000多件藏品中，亚洲和埃及的艺术品占有很大比例，目前藏品的数量还在持续增加，这得益于一笔7.55亿美元的捐赠，正是这笔基金使克利夫兰艺术博物馆成为美国第四富有的艺术博物馆。购物车里的好东西包括20世纪的宗教和拜占庭艺术作品，以及桑德罗·波提切利（Sandro Botticelli）、文森特·凡·高、弗朗西斯科·戈雅、亨利·马蒂斯和其他更多艺术家的作品。韦德公园（Wade Park）里的环境也非常完美，那里有一座马歇尔·布劳耶（Marcel Breuer）在1971年增建的建筑，花园里也有一些户外艺术作品。

美国　31

▶ 在犹他州体验气候的变化

《螺旋形防波堤》
美国犹他州大盐湖
Spiral Jetty
Great Salt Lake, Utah, USA
diaart.org/visit/visit/robert-smithsonspiral-jetty

　　我们往往认为大地艺术是一种相对来说比较现代的艺术形式，但2020年却是一件规模庞大的大地艺术作品建成50周年的日子，这件作品不仅经受住了时间的考验，而且还颂扬了艺术的价值与成就。然而，具有讽刺意义的是，有些人把它解释为一个用来表现地质时代不可阻挡的进程的隐喻，多亏了气候的变化，它看起来比以往任何时候都好。那是在1970年，罗伯特·史密森创作的《螺旋形防波堤》（*Spiral Jetty*）终于在犹他州大盐湖的罗泽尔角迎来了曙光。虽然由泥、盐晶和玄武岩制作的雕塑在过去常常会被淹没在水中，但如今，它几乎总是清晰可见，这就使人们沿着长460米、像卷须一样从湖岸延伸开来的白色线圈行走成为可能。这样走上一圈一定会是一种超现实的和令人难忘的体验。

右跨页图　《螺旋形防波堤》（1970），罗伯特·史密森

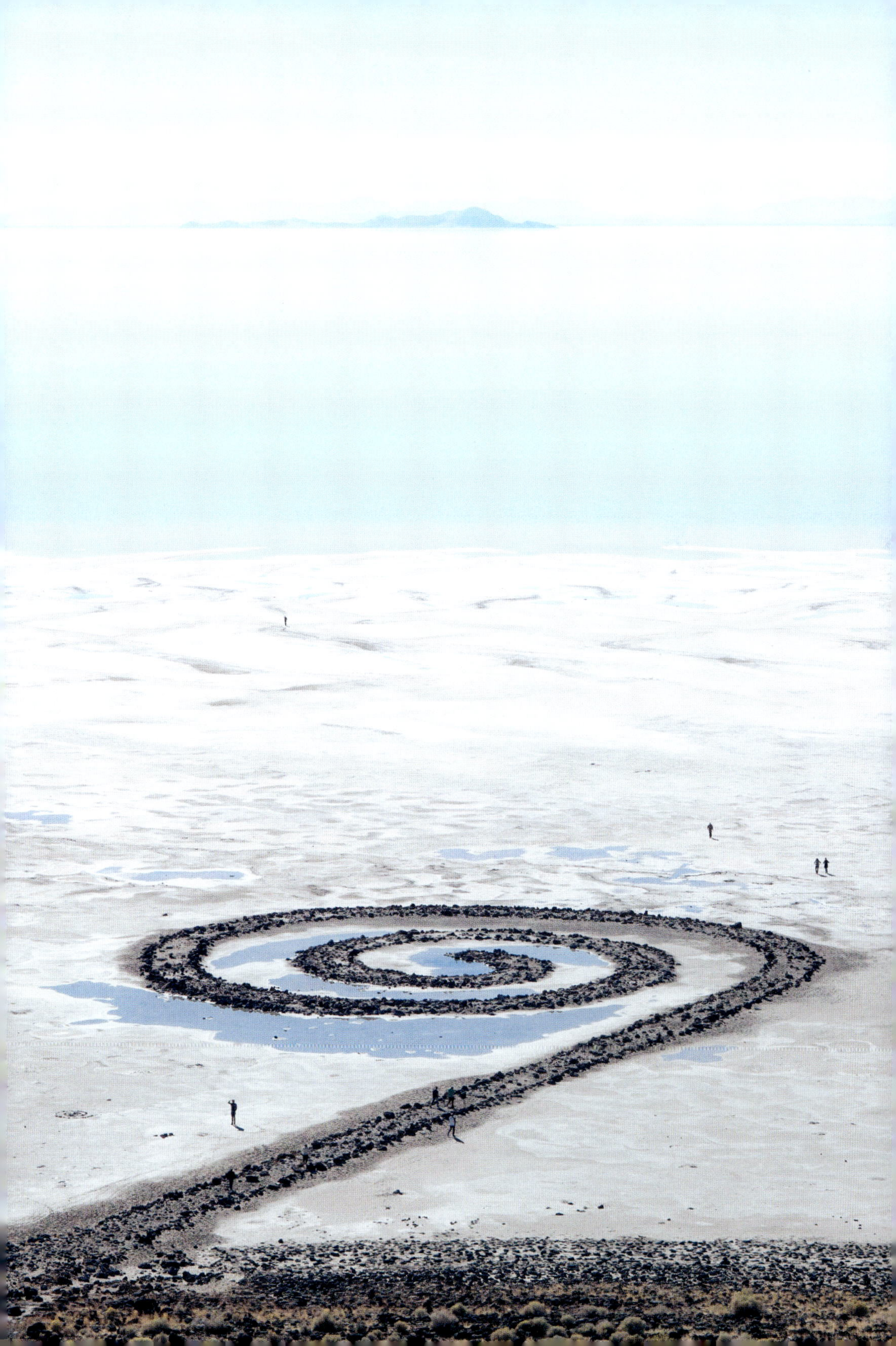

《太阳隧道》
美国犹他州温多弗大盆地沙漠
Sun Tunnels
Great Basin Desert, Wendover, Utah, USA
umfa.utah.edu/land-art/sun-tunnels

透过隧道，用全新的眼光去看那永恒的风景

有些人可能会说像犹他州、得克萨斯州和亚利桑那州这些地方，幅员辽阔，有着超凡脱俗的地貌风景，因此不需要用大地艺术来提升一种置身于不朽和永恒之中的体验，但是在这样的规模下看艺术与自然的互动才是最吸引人的，而且总能带来一些新鲜的东西。南希·霍尔特（Nancy Holt）在犹他州创作的《太阳隧道》（*Sun Tunnels*，1973—1976）就是一个例证。四个巨大的混凝土缸筒，呈字母"X"形状排列在一片占地16.2公顷的沙漠上，看上去完全像是一些被遗弃的建筑项目遗留下来的混凝土管。这些混凝土缸筒与夏至和冬至的日出、日落在方向上保持一致，起到了获取精确图像取景器的作用，拿霍尔特的话来说，它们能"让广阔的沙漠空间回到人类的视野"。从缸筒口向外望去真是一种非同寻常的体验，和它们在一起的时间越长，你的感受就会越强烈。

◀ 在洛杉矶体验非裔美国人对身份的探寻

加利福尼亚非洲艺术博物馆（简称CAAM）
美国加利福尼亚州洛杉矶市博览会公园斯泰特路600号，邮编：90037
California African Art Museum (CAAM)
600 State Drive, Exposition Park, Los Angeles, CA 90037, USA
caamuseum.org

加利福尼亚非洲艺术博物馆收集一些内容广泛、有一定思想深度和影响深远的艺术藏品，这些藏品代表了美国和其他国家的非裔美国人的历史和对当代的贡献。博物馆里有许许多多跨越200年历史的藏品，这些藏品对非裔美国人的身份以及这种身份是如何被历史所塑造的进行了研究。从19世纪的风景画到玛瑞安·海森格（Maren Hassinger）的现代雕塑作品，甚至还有口述历史，许多作品都对文化活动和政治事件进行了反思，比如艺术家里士满·巴塞特（Richmond Barthé）在1975年为民权活动家玛莉·麦克里欧德·贝颂博士（Dr Mary McLeod Bethune）创作的铜像就是一个很好的例子。最近收购的藏品凸显出博物馆想要引进更多如萨迪·巴内特（Sadie Barnette）、阿普里尔·贝（April Bey）、卡拉·乔伊·哈里斯（Carla Jay Harris）、珍娜·艾尔兰（Janna Ireland）和艾迪亚·米勒特（Adia Millett）等非裔美国女性艺术家的作品的愿望。

布罗德博物馆
美国加利福尼亚州洛杉矶市南格兰德大道221号，邮编：90012

The Broad Museum
221 South Grand Avenue,
Los Angeles, CA 90012,
USA
www.thebroad.org/art

对页图　加利福尼亚非洲艺术博物馆的内部景观

本页图　洛杉矶市中心的布罗德博物馆

▼ 纵观洛杉矶的现代艺术

当让-米歇尔·巴斯奎特（Jean-Michel Basquiat）在20世纪80年代突然闯入纽约艺术界时，他的作品一下子就被精明的买家抢购一空，因为他们认为他创作的满是如头骨、皇冠和面具等醒目图案的疯狂的新表现主义（Neo-Expressionist）绘画作品是现代艺术的杰作，它们经得起时间的考验。这些买家中有一位是亿万富翁和慈善家——艾利·布罗德（Eli Broad）。他和他的夫人艾迪丝（Edythe）发现了出生在布鲁克林、仍然在地下室工作的巴斯奎特，他们以每幅画5000美元的价格买下了他的早期作品。时光荏苒，一晃40年过去了，他们把巴斯奎特的13幅作品轮流放在布罗德博物馆里展出。这是一座于2015年在洛杉矶市中心开馆营业的美术馆，里面收藏了他们收集到的2000多件当代艺术作品。它是一个通过300个独立操作的天窗让光线照射进来的高耸空间，其位置就在弗兰克·盖里（Frank Gehry）设计的迪士尼音乐厅（Disney Hall）的对面，现在它已成为城市和艺术世界的一个令人惊叹的新成员，因此绝对不能错过……馆内还有草间弥生的两件名为《无限镜屋》（Infinity Mirrors）的作品，也一定要去看看。

美国　35

普瑞西达·艾斯壁画艺术和游客服务中心

美国加利福尼亚州旧金山市第24街2981号，邮编：94110

Precita Eyes Mural Arts and Visitor Center

2981 24th Street, San Francisco, CA 94110, USA

precitaeyes.org

浏览一下旧金山教会区的壁画作品

　　旧金山的教会区（Mission District）是世界上著名的户外壁画艺术画廊之一，如果在不了解相关背景和没有任何计划的前提下去那里参观，你会很难找到正确的方法去探索它。你是想到巴米小巷（Balmy Alley）去关注那些不公正的社会政治声明和主题，还是想到号角小巷（Clarion Alley）去看看以社会包容性为主题的藏品呢？我们建议你从普瑞西达·艾斯壁画艺术和游客服务中心出发，那里有这个社区的非营利空间的热心志愿者，他们将会为你策划涵盖体验和了解壁画历史、文化的自由行，并提供一些重要作品的背景资料，比如妇女大楼（Women's Building）上的壁画《女性的和平》（*Maestra Peace*，1994）和修复过的第24街上充满生气的壁画《狂欢节》（*Carnaval*，1983）。花点时间到游客服务中心去参观一下，因为这里本身也同样值得一看。这里有很多热心的壁画艺术家，他们会在这儿传授和研究技艺，同时还会带领你参观游览。

上图　妇女大楼一侧的《女性的和平》（1994）壁画

国际民俗艺术博物馆

美国新墨西哥州圣达菲市卡米诺勒霍706号,博物馆之丘,邮编:87505

The Museum of International Folk Art
Museum Hill, 706 Camino Lejo, Santa Fe, NM 87505, USA
internationalfolkart.org

在圣达菲来一次全球文化之旅

凶猛无比的日本妖魔文化产品、色彩斑斓的巴拿马纺织品、新墨西哥州的棉被,还有闪闪发光的土耳其陶瓷,这些只不过是国际民俗艺术博物馆所收藏的来自100多个国家的130000多件藏品中的一部分。博物馆里的画廊是按照展品的地理位置布置的。在各个不同的画廊里漫游可真是一种享受,因为画廊里的展品不仅能表现出令人愉快的人类创造力的广度,而且还能展示出不同文化中反复出现的一系列令人惊叹的共同主题。所有这些都被陈列在一个方便进入并让人赏心悦目的空间里。

到新墨西哥州去拜访一下乔治亚·欧姬芙吧!

乔治亚·欧姬芙博物馆

美国新墨西哥州圣达菲市约翰逊街217号,邮编:87501

The Georgia O'Keeffe Museum
217 Johnson Street, Santa Fe, NM 87501, USA
okeeffemuseum.org

值得注意的是,虽然乔治亚·欧姬芙博物馆在1997年就已经正式开放,但它至今仍然是美国唯一一家专门为国际知名女艺术家开设的博物馆。这在很大程度上可以反映出欧姬芙的声誉和地位,而且还能为参观游览这个激发她创作灵感的地方提供一个很好的出发点,就其自身而言,它也是一个值得多次去参观的地方。在博物馆收藏的3000多件作品中,至少有120幅油画,连同蜡笔画,水彩画,还有欧姬芙每十年创作一次的大约700幅素描画,在任何时候都会在博物馆的9个画廊里展出。博物馆为欧姬芙的艺术素材以及广泛收集而来的她的私人物品提供一些详细介绍,这就能帮助你将这些作品置于一定的背景中进行思考。当你离开的时候,你会感到自己与这位卓越的艺术家建立了一种私人关系,并渴望能和她一起去追寻远方(见下页)。

沃尔特·德·玛利亚的《闪电原野》令人震撼

《闪电原野》

美国新墨西哥州西部的奎马多附近

The Lightning Field
Near Quemado, Western New Mexico, USA
diaart.org/visit/visit/walterde-maria-the-lightning-field

美国雕塑家沃尔特·德·玛利亚的大地艺术作品《闪电原野》(1977)取名似乎不太恰当,因为名字好像是在暗示作品的目的是吸引闪电。实际上,暴风雨并不常见,而且当闪电击中400根抛光不锈钢钢杆中的一根,并将它烧成焦炭时,它就必须被换掉,以保持钢杆清洁光滑的外观。它是一个建在一片空旷的高原沙漠地区,大小为1.6千米×1千米的栅格雕塑。尽管风景在不断变化,但当旅行者站在作品中间,向外凝望一个看似完美的水平面时,却总会感到它能让人的心态发生改变——这是由钢杆的高度和位置所产生的效果。日出与日落时分,从雕塑上折射出的灿烂金光,会让在景点小屋的夜宿的经历成为一次难忘的回忆。

特色线路：追寻乔治亚·欧姬芙远方的足迹，新墨西哥州

跟随伟大的风景画艺术家乔治亚·欧姬芙的脚步，从纽约来到新墨西哥州，你会看到美国的两个截然不同的方面。如果沉默寡言、离群索居的欧姬芙尚在人间，那她无疑会对任何期望追随她脚步的人不屑一顾，然而要是去参观一下她非常喜欢的景点，你就会了解到她决心离开以前能激发她创作灵感的纽约，搬到新墨西哥州查玛河（Rio Chama）山谷的一个偏远、低矮的土坯房，用她生命中的40年时间去画附近的赫梅斯山脉（Jemez Mountains）的红岩方山的真正原因。

乔治亚·欧姬芙博物馆
Georgia O'Keeffe Museum

从圣达菲市中心的乔治亚·欧姬芙博物馆开启你的旅程。博物馆（艺术家的住宅和工作室也是博物馆的一部分）收藏了120件绘画作品，馆内还有咖啡馆和商店。

见第37页。

埃洛伊萨餐厅
Restaurant Eloisa

在圣达菲的埃洛伊萨餐厅用餐，你会发现餐厅的菜单是专门为纪念欧姬芙而定制的，名字叫作"乔治亚·欧姬芙的晚餐菜单"，这或许是为了纪念艺术家的率直个性。饭店使用了欧姬芙在她自己的食谱里用过的原料，上菜的方式也参照了她的作品（有一道菜送上桌时会被放在一个牛的头骨上）。店主的叔祖母曾经在欧姬芙新墨西哥州的两个家里为她做了15年的厨师，还为欧姬芙的朋友如安迪·沃霍尔（Andy Warhol）和琼尼·米切尔（Joni Mitchell）制作过美食。

84号公路上的加油站
Petrol station on Highway 84

沿着通往阿比丘（Abiquiú）的美国84号公路行驶，途中到加油站去加个油吧——欧姬芙自己动身去沙漠之前，经常会在这里"加油"。

乔治亚·欧姬芙的住宅和工作室
Georgia O'Keeffe Home and Studio

乔治亚·欧姬芙的住宅和工作室在圣达菲以北约80千米的阿比丘，这个房子是欧姬芙从1945—1984年冬天居住的地方。这里赋予了她无尽的艺术灵感，让她创作了20多幅绘画作品：光是一扇门她就画了20多次，还有附近查玛河山谷里的棉白杨树，她画了更多次。

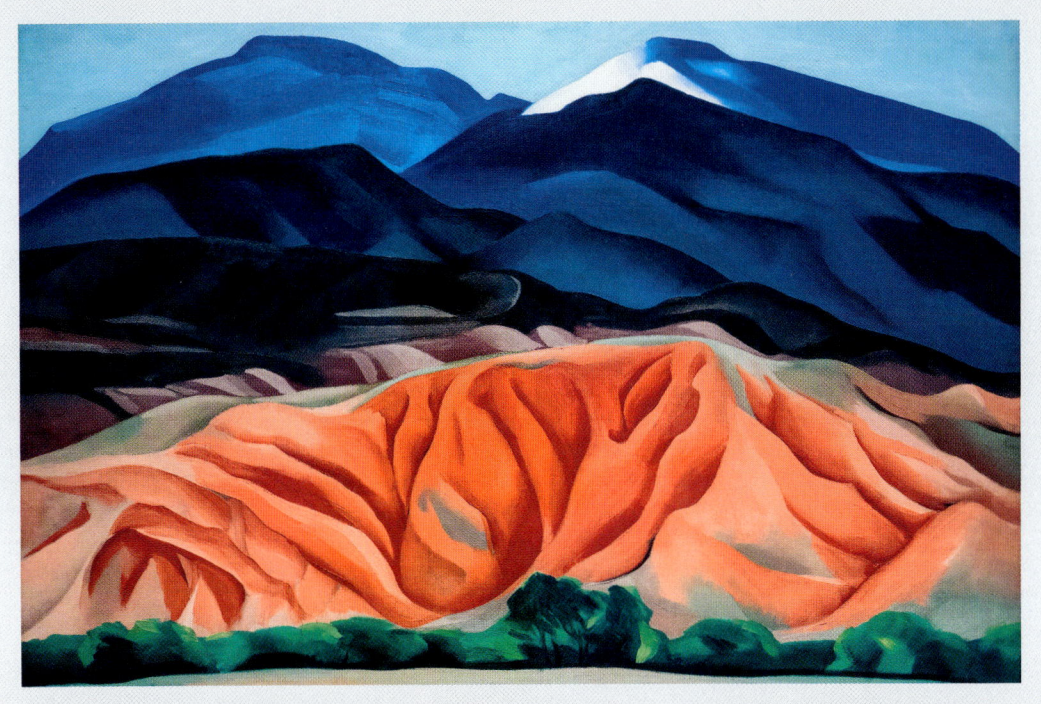

上图 《黑梅萨风景,新墨西哥州/玛丽的背后 II》(Black Mesa Landscape, New Mexico/Out Back of Marie's II, 1930),乔治亚·欧姬芙

幽灵牧场会议中心
Ghost Ranch Conference Center

在阿比丘往北约24千米的地方,你会找到幽灵牧场会议中心,这是欧姬芙在1929年发现的度假牧场。她一下子就被这一地区的特色景观——色彩鲜明的红色、赭色和黄色的悬崖陡壁——深深吸引,于是在1940年,她在这片土地上买了一个老旧的土坯房,从那里开始冒险远足和作画。牧场现在开放巴士和步行游览欧姬芙曾绘画的景点,譬如在峡谷里发现的、被她称之为"白色之地"(White Place)的奇异岩层,还有作品绘制的地点,如变成化石的雪松《杰拉尔德的树I》(Gerald's Tree I,1937)。

梅布尔·道奇·卢汉之家
Mabel Dodge Luhan House

如果你真想追随欧姬芙的脚步,那就从阿比丘向北前往陶斯(Taos),在那儿,你可以住在她曾经睡过的一间房间里,现在它是梅布尔·道奇·卢汉之家(Mabel Dodge Luhan House)——一个举办艺术和冥想研讨会的会议中心。你还可以去一家民宿,住在欧姬芙曾住过的一楼的一间小房间里,价格非常合理,只需75美元。

下页跨页图 ▶
新墨西哥州阿比丘附近的红砂岩景观

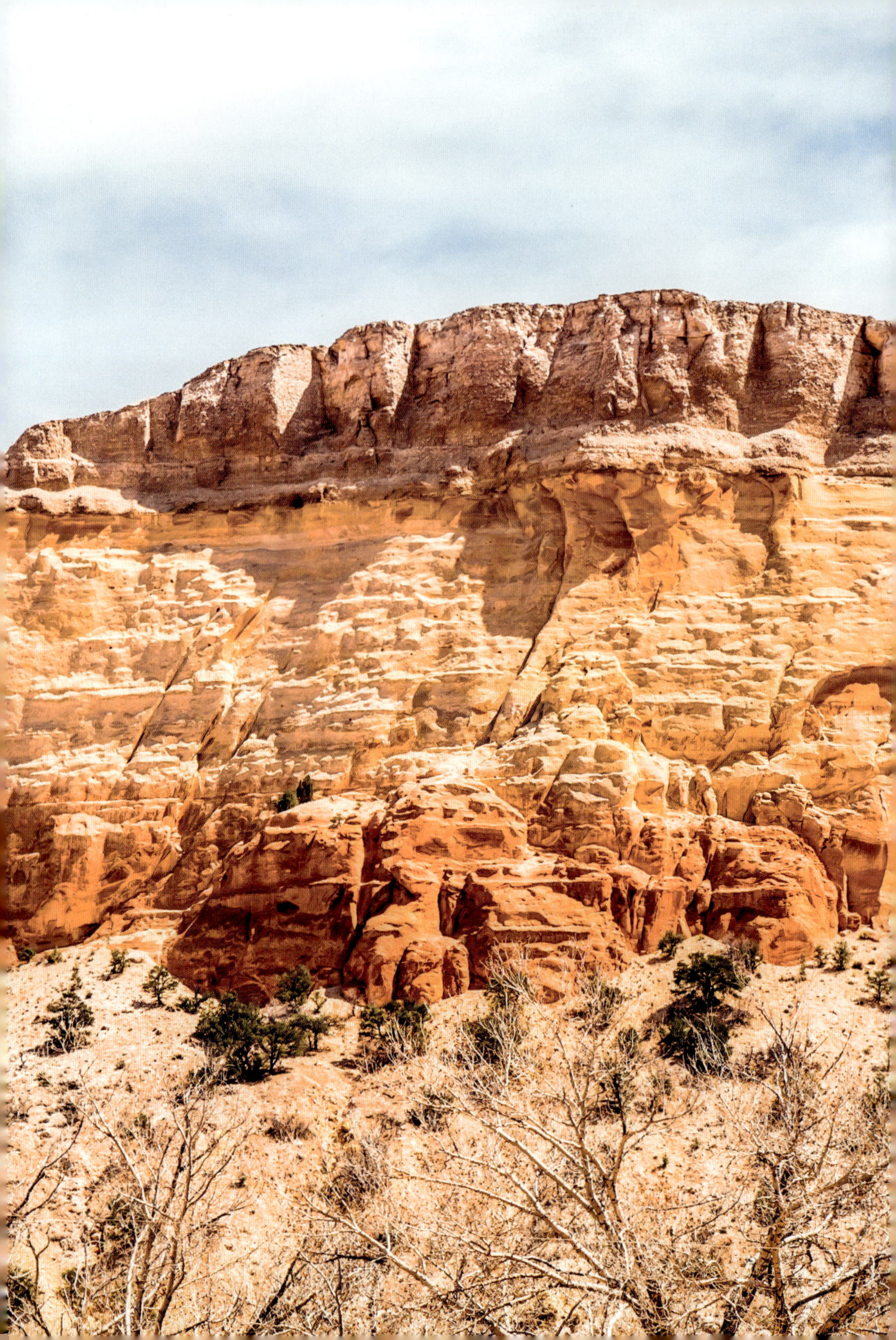

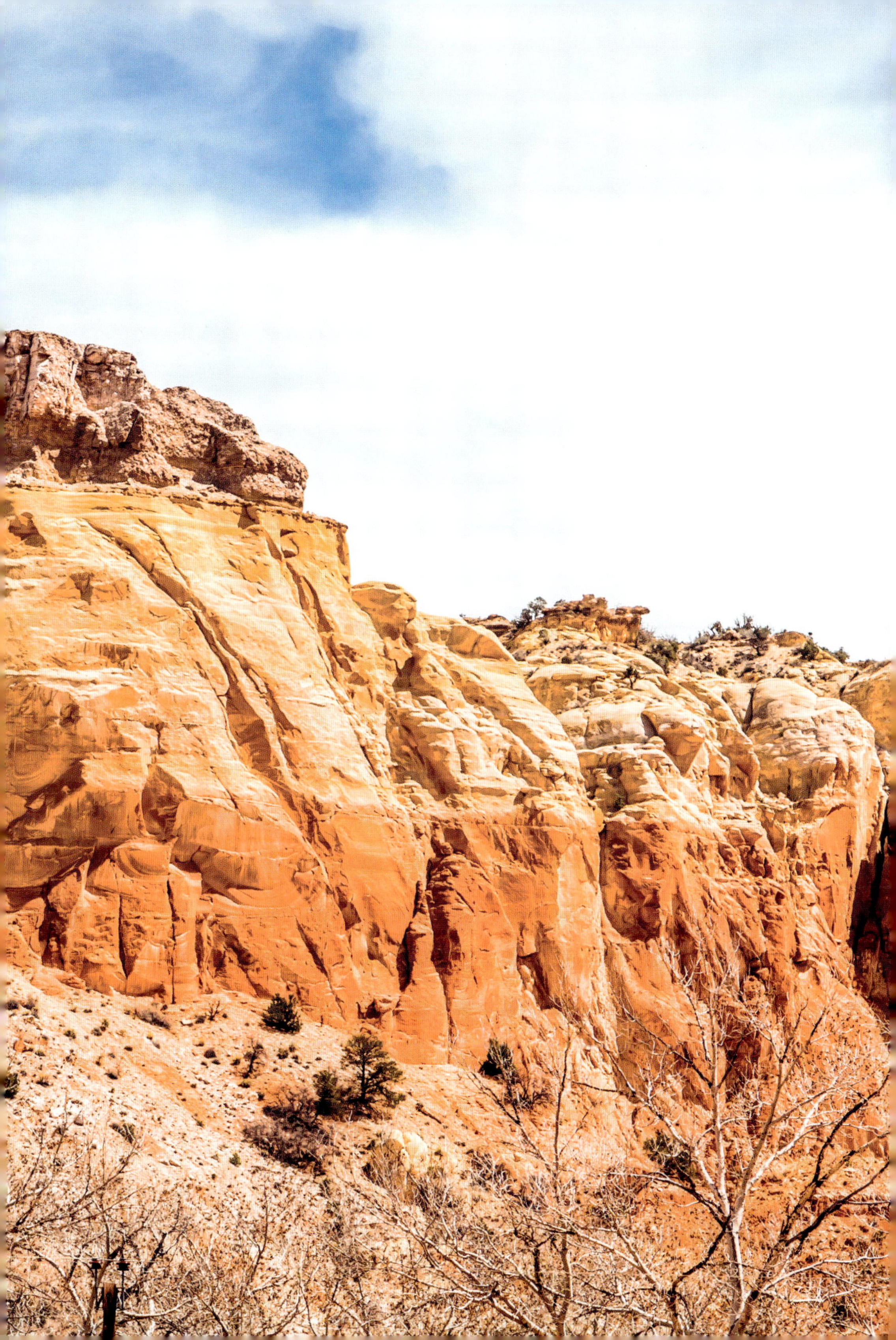

永恒轮回之屋

美国新墨西哥州圣达菲市露菲娜环城路1352号,邮编:87507

House of Eternal Return
1352 Rufina Circle, Santa Fe, NM 87507, USA
meowwolf.com

本页图 《永恒轮回之屋》里的一个互动通道

对页图 埃斯沃兹·凯利的《奥斯汀》(2015)的入口

▼ 走进圣达菲的永恒轮回之屋

　　沉浸与叙事的结合在艺术创作中由来已久。实际上,它甚至可以被看作是任何艺术体验中不可或缺的一个组成部分,然而对于"喵狼"(Meow Wolf)艺术团队的作品来说,沉浸式体验是一个整体,叙事则是由参观者而非艺术家来决定的。"喵狼"团队的第一个永久性装置艺术作品是位于圣达菲、占地1858平方米的《永恒轮回之屋》(House of Eternal Return)。它自2016年正式开放以来一直大受欢迎,预计将在拉斯维加斯(Las Vegas)和丹佛(Denver)(2021)、华盛顿哥伦比亚特区和菲尼克斯(Phoenix)(2022)开设分店。在《权力的游戏》(Game of Thrones)的作者乔治·R. R. 马丁(George R. R. Martin)的支持和帮助下,装置在叙事方面的成功也就有了保证,而当参观者们步行、爬行和攀爬着穿过秘密通道和入口,进入充满了互动的灯光、声音及音乐物件的魔幻世界时,他们所体验到的是一场华丽的视觉盛宴,它真正能使各年龄段的参观者都感到喜悦。

用玛丽·卡萨特的眼睛来看东方艺术

麦克尼艺术博物馆

美国得克萨斯州圣安东尼奥市新布朗费尔斯大道北6000号，邮编：78209

McNay Art Museum
6000 North New Braunfels Avenue, San Antonio, TX 78209, USA
mcnayart.org

美国各地的许多美术馆和博物馆都收藏着出生在宾夕法尼亚州的著名画家和版画家玛丽·卡萨特（Mary Cassatt）的作品，因为她所描绘的迷人、往往不掺杂任何感情色彩的女性和儿童的家庭世界是一种具有普遍吸引力的创作题材。麦克尼艺术博物馆里的藏品精美绝伦，其中有一套铜版画和飞尘腐蚀版画作品，非常精妙地把日本式隐喻添加到卡萨特在法国生活时所采用的德加式风格里。她是唯一一位与印象派画家一起在法国展出作品的美国女性。卡萨特在1891年看过一次日本木刻版画展览，显然对她产生了很大的影响，这在如《母亲的吻》（Mother's Kiss，约1891）、《信》（The Letter，1891）和《洗澡》（The Bath，约 1891）这类作品的精致图案中可见一斑。再加上作品中像铜版雕刻一样对精细线条的表现，真令人惊叹不已。

▲ 在埃斯沃兹·凯利的得克萨斯"小教堂"里探寻迷幻的色彩

布兰顿艺术博物馆

美国得克萨斯州奥斯汀市马丁·路德·金大道东200号，得克萨斯大学奥斯汀分校，邮编：78712

Blanton Museum of Art
The University of Texas at Austin, 200 E Martin Luther King Jr Boulevard, Austin, TX 78712, USA
blantonmuseum.org/ellsworth-kellys-austin

艺术家埃斯沃兹·凯利（Ellsworth Kelly）的最后一件作品《奥斯汀》（Austin，2015），以其毕生创作中某些重复出现的图案——图腾、黑白插图、彩色栅格和色谱——而闻名于世，在得克萨斯大学布兰顿艺术博物馆的景观中也格外引人注目。这是凯利设计过的唯一一座建筑，他的合作伙伴杰克·希尔（Jack Shear）将其描述为"一座真正献给创造力的小教堂"。它那双筒式拱形空间的石灰岩外观看起来就像一个奇特的圆顶小屋，人工吹制的玻璃窗上缀满了色彩斑斓的宝石，但是真正能照亮小屋内部的却是从这些窗户散发出来的色彩鲜明的光块。它们用移动、有趣的方式使光线变得弯曲，还用14个黑白大理石面板和一个标志性的凯利图腾雕塑来代替传统的十字架，创造出艺术家生活和工作中令人称奇的巅峰之作。

苏珊娜·迪尔·布思百年纪念馆

美国得克萨斯州休斯敦市莱斯大学西四方院，邮编：TX 77005

Suzanne Deal Booth Centennial Pavilion
West Quadrangle, Rice University, Houston, TX 77005, USA
skyspace.rice.edu

在休斯敦——或全球其他几十个地方——来一次光影之旅

狂热的粉丝可能会说："你真应该在黎明和黄昏的时候去看看它。"幸运的是，对于晚起的人来说，在黄昏时分到休斯敦的莱斯大学（Rice University）去体验詹姆斯·特瑞尔（James Turrell）的《暮光之城》（Twilight Epiphany，2012），会比清晨看到它时更令人兴奋。不知不觉中，天空渐渐暗了下来，从底层的长凳上你能看到上面一系列变幻的色彩——如果你是在上面一层，那么色彩就在你的下面（你也可以在两者之间走动），那千变万化的万花筒似的效果绝对会让你有一种误入迷幻之旅的感觉。然而，从它那个巨大的方形孔看到的色彩对不断变化的天空所产生的影响或许才是这件作品，实际上，这也是特瑞尔大部分天空景观作品最吸引人的地方。这只是特瑞尔在世界各地设计建造的87座天文台中的一座，但是，至少在亚利桑那州的罗登火山口（见第26页）建成以前，它还是最好的作品。

辛那提基金会

美国得克萨斯州马尔法镇骑兵路1号，邮编：79843

Chinati Foundation
1 Cavalry Row, Marfa, TX 79843, USA
chinati.org

换一个视角去看看得克萨斯州的陆军基地

在20世纪70年代，极简主义雕塑家唐纳德·贾德（Donald Judd）逃离了纽约的艺术圈，来到得克萨斯州一个荒僻的乡村小镇马尔法（Marfa）。在得到一个废弃的陆军基地后，他开始用他自己和他的艺术伙伴们创作的一些引人瞩目的特定场域作品，来填补这块162公顷的空地，在其中的6座建筑里放满了丹·弗莱文（Dan Flavin）于1996年创作的《无题》（Untitled）[马尔法项目（Marfa project）]。此外，辛那提基金会还为这里添置了一些很出色的作品，比如罗伯特·欧文在2016年创作的《无题》（Untitled）[《黎明到黄昏》（Dawn to Dusk）]，这是由欧文为总体艺术品进行构思和设计出来的唯一一个永久性、独立式结构。然而，最出色的作品无疑是贾德自己创作的，特别是放置在两个火炮棚里的100个用研磨铝制成的无标题作品（1982—1986）。很难用言语来表达这些作品有多让人着迷，它们与周围景观的互动又是多么完美。来到这个充满艺术气息的小镇中心，不要错过约翰·张伯伦用油漆和镀铬钢设计制作的22座被压扁的汽车的雕塑。

对页图 罗斯科小教堂内

▲ 在得克萨斯州的休斯敦与罗斯科和菲利普·约翰逊一起闭目养神

罗斯科小教堂
美国得克萨斯州休斯敦市尤鹏街3900号，邮编：77006
Rothko Chapel
3900 Yupon Street, Houston, TX 77006, USA
rothkochapel.org

就像埃斯沃兹·凯利在奥斯汀的"小教堂"一样，马克·罗斯科在休斯敦的"小教堂"也不是一个宗教空间，而与凯利的空间相同的还有，它那八角形的结构也可能会引起参观者强烈的精神和情感反应。菲利普·约翰逊（Philip Johnson）也参与了"小教堂"的设计。这座砖砌建筑收藏了14幅罗斯科的绘画作品，可就在1971年，在它开放的前一年，罗斯科自杀了。考虑到这一点，这些画作的黑暗色彩——看似全都是黑色的，却是用不同的色调调配出来的——就清楚地表现出罗斯科在创作时所处的强烈的情感状态，正如他在去世前一年说过的那样："毋庸置疑，艺术必须关注死亡。"在小教堂的外面，巴尼特·纽曼献给马丁·路德·金博士（Dr Martin Luther King ,Jr）的《残破的方尖碑》（Broken Obelisk，1963—1967）耸立在倒影池边，在它旁边的圣巴西尔教堂（Chapel of St Basil）是建筑师约翰逊后期作品中的一个最佳范例，这座有着金色圆顶、用白色水泥和黑色花岗岩建成的曲线形建筑，看起来也让人赏心悦目。

在赛·托姆布雷展馆和梅尼尔收藏博物馆的其他展厅里漫步

梅尼尔收藏博物馆
美国得克萨斯州休斯敦市苏尔罗斯街1533号，邮编：77006
Menil Collection
1533 Sul Ross Street, Houston, TX 77006, USA
menil.org/campus/cy-twombly-gallery

罗斯科小教堂附近的梅尼尔收藏博物馆坐落在伦佐·皮亚诺（Renzo Piano）设计的一座时尚低矮的建筑里，馆内有约翰与多米尼克·德·梅尼尔（John and Dominique de Ménil）的私人艺术藏品——17000件能给人留下深刻印象的油画、雕塑、版画、素描、摄影作品和珍本书籍。从曼·雷（Man Ray）和亨利·马蒂斯到杰克逊·波洛克和罗伯特·劳森伯格（Robert Rauschenberg），博物馆陈展了几乎每一位20世纪欧洲和美国艺术家的作品，然而，最吸引人的作品或许并不在它们当中。要想找到它，就去皮亚诺参照托姆布雷的素描设计的小型、独立的赛·托姆布雷展馆（Cy Twombly Pavilion，1992—1995）。从外观上看，它就像一个又矮又宽的石墩，但在里面，透过百叶窗式的屋顶照射进来的光线与白色画布营造出了一个优雅、空灵的空间，这对托姆布雷大型油画的色彩与精致之美来说真是完美至极。千万不要错过那个专门陈列《无题（卡图卢斯，跟小亚细亚海岸道声别离吧）》（Untitled, (Say Goodbye, Catullus, to the Shores of Asia Minor，1994）的展厅。

美国　45

新奥尔良艺术博物馆（简称 NOMA）

美国路易斯安那州新奥尔良市城市公园柯林斯·迪博尔弧形楼区1号，邮编：70124

New Orleans Museum of Art (NOMA)
One Collins Diboll Circle, City Park, New Orleans, LA 70124, USA
noma.org

沉浸在新奥尔良的回忆中

2011年，这座城市最古老的艺术机构迎来了它的百年庆典。在这100年中，它通过动态收藏不断发展壮大，从刚开放时仅有的9件藏品扩展到40000多件跨越所有媒介的艺术作品，其中特别关注的是非洲和日本艺术。在它外面是历史悠久且享有盛誉的西德尼与瓦尔达·拜绍夫雕塑花园（Sydney and Walda Besthoff Sculpture Garden），花园的草坪上放置着90座雕塑，还有映衬出小桥倒影的环礁湖和几棵长满青苔的古老橡树，这真是一个漫步的好地方。耶普·海因（Jeppe Hein）的雕塑《镜子迷宫》（Mirror Labyrinth，2017）中，垂直镜面柱反射出的无以计数的花园影像令人目不暇接；凯塔琳娜·弗里奇（Katharina Fritsch）于2017年创作的骨白色大型雕塑《头骨》（Schädel / Skull）映射在花园静谧的水面上。这就是艺术，一种既令人神往，又让人怀疑的艺术。

涂鸦艺术博物馆

美国佛罗里达州迈阿密市第25街西北299号，邮编：33127

Museum of Graffiti
299 NW 25th Street, Miami, FL 33127, USA
museumofgraffiti.com

温伍德门墙

美国佛罗里达州迈阿密市第二大道西北2520号，邮编：33127

Wynwood Walls
2520 NW 2nd Avenue, Miami, FL 33127, USA
thewynwoodwalls.com

▼ 在迈阿密感受域外艺术

一个致力于街头艺术或涂鸦艺术的组织，其理念在形式这一核心问题上，可能与反组织的艺术家的理念是截然不同的，然而，由涂鸦艺术家、收藏家和历史学家艾伦·基特（Alan Ket）和迈阿密律师艾莉森·弗里丁（Allison Freidin）共同创办的迈阿密涂鸦艺术博物馆却化解了这种二元对立，并将其付诸实践。在温伍德附近的一个充满活力的空间里，从它外墙开始就有11幅委托制作的壁画，这与传统博物馆空白一片的外观模式大相径庭；再延伸到里面，那里有一个通过照片、原创作品和临时展览记载涂鸦艺术60年历史的常设展览。而真正的涂鸦艺术是在邻近的温伍德门墙（Wynwood Walls and Doors）上。在巨大的仓库建筑上，还有第25街和第26街附近的一个曾是垃圾场的墙壁和金属卷帘门上，有约8361平方米的千变万化的涂鸦艺术。

水晶桥美国艺术博物馆

美国阿肯色州本顿维尔市博物馆路600号，邮编：72712

Crystal Bridges Museum of American Art
600 Museum Way,
Bentonville, AR 72712,
USA
crystalbridges.org

▲ 在阿肯色州追溯500年的美国艺术

　　这真是一个不同寻常的地方啊！一系列由摩西·萨夫迪（Moshe Safdie）设计的风格雅致的展馆坐落在占地48.6公顷、到处都是涌泉池、雕塑作品和步行小道的公园里。在这些展馆里，专门展示不同历史时期的美国艺术精品。美国早期艺术画廊里的亮点藏品包括诺曼·洛克威尔（Norman Rockwell）的《铆工露斯》（*Rosie the Riveter*，1943），以及马丁·约翰逊·赫德（Martin Johnson Heade）和约翰·詹姆斯·奥杜邦（John James Audubon）创作的绝妙的热带鸟类油画作品；在现代艺术画廊里有乔治亚·欧姬芙、约翰·比格斯（John Biggers）和爱德华·霍普的作品；在当代艺术画廊里能看到克里·詹姆斯·马歇尔、海伦·弗兰肯瑟勒（Helen Frankenthaler）和阿尔玛·托马斯的作品。除了画廊，博物馆还有一座家具齐全的弗兰克·劳埃德·赖特的房子和一个巴克曼–威尔逊之家（Bachman-Wilson House），这是最初于1956年建在新泽西州（New Jersey）米尔斯通河（Millstone River）岸边的一个家庭住宅，后于2015年对其进行了重新修建。

本页图　水晶桥美国艺术博物馆的精美展馆
对页图　在温伍德附近发现的一些涂鸦艺术中的一例

美国　47

▶ 在馆内（包括馆外）获取前哥伦布时期文化的独家新闻

墨西哥国立人类学博物馆

墨西哥墨西哥城米格尔-伊达尔戈自治市查普尔特佩克公园I国际展览中心，波朗科区改革大道南/北，邮编：11560

National Museum of Anthropology
Avenue Paseo de la Reforma s/n, Polanco, Bosque de Chapultepec I Secc, Miguel Hidalgo, 11560 Mexico City, Mexico
museu.ms

　　从它20世纪60年代的奇葩建筑——由一根柱子撑起的一块巨大的混凝土浮置板（被称为el paraguas，或雨伞），到它收藏的特奥蒂瓦坎人（Teotihuacan）、萨波特克人（Zapotec）、米斯特克人（Mixtec）以及玛雅人（Mayan）那包罗万象的前哥伦布时期文化的最高成就，墨西哥国立人类学博物馆真可谓世界上伟大的博物馆。在馆内（包括馆外众多的庭院），你会发现形形色色的创意作品，从在塔巴斯科（Tabasco）和韦拉克鲁斯（Veracruz）丛林里找到的奥尔梅克（Olmecs）巨石头像，到卡卡斯特拉（Cacaxtla）创作的五彩缤纷的鸟人壁画、色调鲜艳明快的陶瓷制品、绿松石殡葬面具，还有16世纪的太阳石，这可能是阿兹特克人（Aztec）最著名的雕塑作品。

大学城

墨西哥墨西哥城科约阿坎区，邮编：04510

University City
Coyoacán, 04510 Mexico City, Mexico
unam.mx

研究一下大学城（墨西哥国立自治大学）的壁画作品

　　墨西哥国立自治大学（National Autonomous University of Mexico），简称"墨国大"（UNAM）被联合国教科文组织列入世界遗产名录，这不仅因为它是由墨西哥最负盛名的建筑师设计的，而且因为其中的建筑是用包括迭戈·里维拉和大卫·阿尔法罗·西奎罗斯（David Alfaro Siqueiros）在内的一些墨西哥著名艺术家的壁画来装饰的。走出墨西哥城，花一天的时间去看看这些巨作，去欣赏许多覆盖在校园大楼整面墙壁上的巨幅壁画，也是一种很棒的体验。千万不要错过胡安·奥戈尔曼（Juan O'Gorman）在墨国大中央图书馆（Biblioteca Central 或 Central Library）四面墙壁上创作的四面墙体壁画《文化的历史再现》（Historical Representation of Culture，约1953），这些壁画描绘了墨西哥被西班牙统治前期、殖民地时期的墨西哥、墨西哥革命以及20世纪的大学。

弗里达·卡罗博物馆（又名蓝房子）

墨西哥墨西哥城科约阿坎区办事处德尔·卡门社区伦敦街247号，邮编：04110
Frida Kahlo Museum (La Casa Azul)
Calle Londres 247, Colonio Del Carmen, Delegación, Coyoacán, C.P. 04100, Mexico City, Mexico
museofridakahlo.org.mx

▲ 走进20世纪40年代及之后的墨西哥

在游览一个有创造力的人的工作室和住宅时，你总会发现一些令人惊喜的东西，而当那个人像弗里达·卡罗（Frida Kahlo）那样极富创造力的话，你就会希望能探寻到一些特别令人惊喜的东西。在蓝房子（以其钴蓝色的装饰而得名）里——这位具有标志性的艺术家出生、生活和去世的地方——就会有这种体验。房子里不仅摆满了弗里达和迭戈·里维拉的私人物品，从珠宝和服饰到书籍、书信、照片和小装饰品，可谓应有尽有，而且还有一些短时效物品——列宁与斯大林的肖像画中夹杂着日本雕塑家野口勇（Isamu Noguchi）送给她的蝴蝶标本，这些物品能清晰地展现出在世界纷乱动荡的时代里卡罗的个人世界。当然，这所博物馆里还有艺术品——不仅有弗里达的艺术作品，还有各种媒介和形式的西班牙统治前期和传统的墨西哥民间艺术，所有这些结合在一起，就能让你领略到这个国家的历史文化及其杰出艺术家的风采。

对页图 墨西哥国立人类学博物馆的奥尔梅克巨大的头像雕塑
本页图 弗里达·卡罗博物馆里的艺术家工作室

墨西哥 49

▶ 在墨西哥城跟罗丹的《思想者》说声"你好"

索玛雅博物馆
墨西哥墨西哥城格拉纳达扩建区法尔坎大坝萨韦德拉街角塞万提斯大道,邮编:11529
Soumaya Museum
Boulevard Cervantes Saavedra esquina Presa Falcón, Ampliación Granada, C.P. 11529 Mexico City, Mexico
museosoumaya.org

即使你不知道它里面有什么,你也会走进坐落在波朗科(Polanco)卡尔索广场(Plaza Carso)上的墨西哥城索玛雅博物馆。费尔南多·罗梅罗(Fernando Romero)设计的这座六层楼高的建筑外墙上,覆盖着16000块抛光铝板,由它们有序排列而成的曲线轮廓在阳光下熠熠生辉,吸引着你走进去探索这些曲线是怎样在里面展现出来的——你不会失望!馆内空间高耸,通透明亮,从阳光充足的顶层一直到底层,从门厅里奥古斯特·罗丹(Auguste Rodin)的《思想者》(The Thinker)开始,全都是意想不到的珍奇宝物。博物馆的创始人卡洛斯·斯利姆(Carlos Slim)在这里收集了许多雕塑家的作品,他雄厚的财力也使他能够收集到其他更多的作品,从鲁菲诺·塔马约(Rufino Tamayo)和迭戈·里维拉这些墨西哥艺术家的经典之作——后者于1956年创作的《胡之坦河》(Río Juchitán)是一个典型案例——到15世纪至20世纪的欧洲优秀作品,不胜枚举。

安帕罗博物馆
墨西哥普埃布拉州普埃布拉市中心区2号大道南708号,邮编:72000
Museo Amparo
Avenue 2 Sur 708, Centro, 72000 Puebla, Puebla, Mexico
museoamparo.com

了解一种全新的人类学方法

安帕罗(Amparo)家族收藏了许多前哥伦布统治时期的手工艺品和殖民地时代的艺术作品及家具,这些藏品逐渐充斥在整个城市街区的传统民居里,因此他们希望能为藏品创建另外的空间。2013年,TEN建筑事务所(TEN Arquitectos)对此设计任务做出了积极的回应。他们保留了原有的外观,但在庭院里建造了许多画廊,并在屋顶设置了一个绝妙的玻璃中庭。这种及时更新也很适用于策展,其结果让人耳目一新,安帕罗博物馆将其收藏的考古文物以艺术而非人类学的形式进行展示。总体来看,这些从公元前1200年至公元1500年的展品记录了墨西哥的前西班牙历史,它们的展示方式也明显能促进左脑的鉴赏能力——它们是以个人作品的展陈方式而不是通过杂乱的陈列柜来展示的,是按主题而不是类别来进行分类的,这是为了方便观众欣赏而不是审视,让藏品得以绽放光彩,这就非常具有启发性。

巴洛克国际博物馆

墨西哥普埃布拉州普埃布拉市阿特利克斯切约特尔保留地,邮编:普埃布拉2501

Museo Internacional del Barroco(Baroque)
Reserva Territorial Atlixcáyotl, 2501 Puebla, Puebla, Mexico
mib.puebla.gob.mx

▼ **在一个充满未来主义色彩的空间里探索普埃布拉昔日的巴洛克风格**

  这座于2016年开馆的博物馆的标志性建筑以其高明的设计理念表明它正努力成为墨西哥的古根海姆博物馆,并使普埃布拉这座后工业化城市能像毕尔巴鄂(Bilbao)一样,成为国际旅行者关注的焦点。它着实令人钦佩。这是一座由普利兹克建筑奖(Pritzker Architecture Prize)的获奖者——日本建筑师伊东丰雄(Toyo Ito)设计的大型建筑。其外观是用纯白色的混凝土墙围合而成的,就像鼓起的风帆或是爱美男性的拉夫领,表现出巴洛克风格的华丽本质,而不是刻板的、缺乏想象力的模仿。馆内的8个画廊展示了以艺术、戏剧、建筑和住宅等为主题的作品。考虑到巴洛克风格对感官的吸引力,设计师借助巧妙的技术,让博物馆自身成为一种体验,比如在耳机中播放巴洛克大提琴的真实声音,或是布置普埃布拉的发光比例模型,在模型屏幕上会显示出许多巴洛克风格细节的特写镜头,以表现这座城市是最适合创办博物馆的地方。

对页图 奥古斯特·罗丹的《思想者》,索玛雅博物馆
本页图 引人注目的巴洛克国际博物馆建筑外观

瓦哈卡邮政博物馆

墨西哥瓦哈卡州瓦哈卡-德华雷斯市中心区独立路雷福马504号，邮编：68000

Museo de Filatelia de Oaxaca

Reforma 504, Ruta Independencia, Centro, 68000 Oaxaca de Juárez, Oaxaca, Mexico

mufi.org.mx

▼ 快去瓦哈卡邮政博物馆看看邮票吧

　　被当地人称为MUFI的瓦哈卡邮政博物馆，坐落在一连串用庭院连接的翻修过的房子里。这是一个十分吸引人的地方，里面摆了成千上万件被称为邮票的小艺术品。这些永久性藏品最早出现在1996年的一次临时展览上，一开始展出的是当地集邮家阿尔弗雷多·哈普·赫莱（Alfredo Harp Helú）和豪尔赫·赛义格·赫莱（Jorge Sayeg Helú）的私人藏品，现在已经发展到汇集了来自世界各地的20多万件作品，真让人惊叹不已！这里收藏有荧光邮票，有一间专门收藏古巴邮票的展厅，还有与桥梁和棒球有关的私人邮票收藏品，战争时期的邮票……而其中最有趣的，可能是一个专门展示弗里达·卡罗与其他用邮票来创作艺术作品的艺术家之间信件的展区。

对页图　装饰精美的鹿屋

本页图　瓦哈卡邮政博物馆在一次展览中展示的一辆覆盖着邮票的汽车

▶ 在一个非常特别的环境里欣赏最好的墨西哥民间艺术

鹿屋
墨西哥尤卡坦州巴利亚多利德市中心区第40街204 X 41号，邮编：97780

Casa de los Venados
Calle 40 Local 204 X 41, Centro, 97780 Valladolid, Yucatán, Mexico
casadelosvenados.com

墨西哥的民间艺术非同一般，这不仅因为它硕果累累，还因为它是一种持续发展、至关重要的现存的艺术形式，是日常生活而不只是博物馆目录里固有的一部分。参观美国鉴赏家约翰和多利安·维纳托（John and Dorianne Venator）夫妇的私人住宅鹿屋（Casa de los Venados），会给你提供一个难得的机会，让你在一个温馨、高档的环境里来欣赏它。他们传统的住宅里有一个中央庭院，庭院是用从当代艺术家那里购买的或委托他们创作的作品来布置、装饰和点缀的，非常漂亮。鹿屋一半是家，一半是画廊，而私人房间（通常是可进入的）尤其引人注目，它的餐椅上放着墨西哥民间英雄的画像，牌桌上则坐着骷髅玩家模型。除了建筑，那里还有壁画、绘画作品、陶瓷制品、金属雕塑和一群色彩斑斓的阿莱布里耶[3]（Alebrije）奇幻动物。

SFER IK 视觉艺术博物馆
墨西哥金塔纳罗奥州图卢姆市酒店区图卢姆-蓬塔艾伦KM大道5号，邮编：77780

SFER IK Museion
Carretera Tulum-Punta Allen KM 5, Zona Hotelera, 77780 Tulum, Quintana Roo, Mexico
sferik.art

在加勒比海岸来一次独特的空间体验

SFER IK 视觉艺术博物馆看起来有点像你在电影《霍比特人》（The Hobbit）里看到过的屋子，建筑师用有机形式和材料（全都来自本地）在苍翠茂密的森林和加勒比海的白色沙滩上创造了一个鸟巢般的自然空间。然而它确实是一个人造的空间，而且还有一定的目的性。一旦你走进博物馆（赤脚），你就会发现著名的装置艺术家，如埃内斯托·内图（Ernesto Neto）、卡廷卡·博克（Katinka Bock）和塔蒂安娜·杜薇（Tatiana Trouvé）于特定场域的作品展览，还有由以研究气味而闻名的挪威艺术家兼研究员西塞尔·图拉斯（Sissel Tolaas）等人设计的，能让观众与空间发生怪诞而有趣的互动的装置。因此，在这里的参观就有可能会是一次奇遇，它会以一种意想不到的方式，其中可能包括多种感觉的结合、泥塑，或两者兼有，来调动你的任何一个或所有感官。它是艺术吗？这可能要取决于你对艺术的定义，以及你在参观时所看到的内容，但是它与你在艺术空间里所体验到的任何其他东西都是绝对不同的。

---

[3] 瓦哈卡木雕，有时被称为阿莱布里耶，是一种新的墨西哥民间艺术形式。

北美洲

◀ 在超现实主义伊甸园的巨蛇阵里迷失了方向

拉斯波萨斯

墨西哥希利特拉镇康奇塔区拉斯波萨斯环城路南/北，邮编：79902
Las Pozas
Camino Paseo Las Pozas s/n, Barrio La Conchita, 79902 Xilitla, Mexico
laspozasxilitla.org.mx

在超现实主义的圈子里，像"比所有超现实主义艺术家加在一起还要疯狂"这样的描述无疑是最高的评价，做此描述的不是别人，而是萨尔瓦多·达利（Salvador Dalí）。他提到的那个"疯狂的人"就是英国作家和超现实主义艺术收藏家爱德华·詹姆斯（Edward James）。20世纪40年代末，詹姆斯来到了墨西哥的希利特拉，并立刻着手在拉斯波萨斯（Las Pozas）建造一座与众不同的房子。房子周围的景观是这个地方最为奇特之处：在茂密的丛林植被中，瀑布与溪流纵横交错，詹姆斯在不同的楼层都设置了各种色彩的混凝土柱和其他结构，其中包括一个在半空中就能走到尽头的螺旋楼梯、用石头做的蛇和庞大的植物群，以这种设计创建出一个永久的花园，或者拿他的话来说，一个永久的伊甸园。几十年过去了，自然与艺术的完美结合使这里成为一个独一无二、充满魔力和不容错过的空间。

跨页图　超现实主义的拉斯波萨斯花园里的《通往天堂的楼梯》（*The Staircase to Heaven*）

墨西哥　55

帕皮托的艺术殿堂

古巴哈瓦那市波夫雷石山与米西内斯大道之间，阿吉亚尔10号

Papito's Arte Corte
Aguiar 10, between Peña Pobre and Avenida de las Misiones, Havana, Cuba
artecorte.org

▲ 去古巴理个发吧

　　大约在20年前，一个名叫吉尔伯托·"帕皮托"·瓦尔达雷斯（Gilberto 'Papito' Valladares）的人在哈瓦那海滨大道（Malecón）附近的哈瓦那老城区的一条小街上开办了一家理发店。这家理发店或许是绝无仅有的。没错，帕皮托的艺术殿堂（Papito's Arte Corte）是一间传统理发店，但它也是一个异乎寻常的超现实主义艺术项目和历史博物馆，店里不仅有帕皮托的绘画作品，而且还有与他的职业相关的古董和手工艺品，从古典的美发椅到发刷、剃刀和其他理发工具。正是这些绘画作品让这个地方变得与众不同。理发店几乎每一个表面上都覆盖着瓦尔达雷斯和其他艺术家以头发为主题创作的作品。这个项目受到了热烈的欢迎，因此整条街——街道被非正式更名为美发师巷（Callejón de los Peluqueros / Hairdressers' Alley）——和周边地区都开始启动这个项目。如果带着孩子的话，你还可以去参观一下附近的儿童公园，里面有以理发师为主题的游乐设施，还有以著名歌剧《塞尔威亚的理发师》（*The Barber of Seville*）中的主角命名的费加罗餐厅（Figaro restaurant）。

◀ 在哈瓦那的拉默塞德教堂和修道院里寻找神圣的艺术作品

拉默塞德教堂和修道院
古巴哈瓦那第1422街17号，邮编：10400
电话：+53 7 638873
Convento e Iglesia de la Merced
1422 Calle 17, Havana 10400, Cuba
T: +53 7 638873

  要想欣赏伟大的古巴艺术家的作品，就必须去参观哈瓦那令人赞叹的国家美术博物馆（Museo Nacional de Bellas Artes）和国家美术馆（National Museum of Fine Arts），但如果想了解更多精神层面的东西，那千万不要错过这座精致的教堂和修道院——拉默塞德教堂和修道院。在它巴洛克风格的外观下是一个布满了古巴著名艺术家的作品和壁画——其中包括埃斯特万·沙特朗（Esteban Chartrand）、米格尔·梅莱罗（Miguel Melero）、皮迪尔·佩蒂特（Pidier Petit）和胡安·克洛萨（Juan Crosa）——的空间。卢尔德教堂（Lourdes Chapel）因其奢华的知更鸟蛋壳般的蓝色内景和精彩的湿壁画，无疑成为展览的一颗明星，但也要抽出点时间去参观其他几个地方，其中包括到处都是精美雕塑的小教堂里的宁静的洞穴和静谧的回廊。

传奇与传统博物馆
尼加拉瓜莱昂市
Museo de Leyendas y Tradiciones
León, Nicaragua

去欣赏巨大的乳房，去体味尼加拉瓜众多的民俗文化

  尼加拉瓜的第二大城市莱昂是一座充满生机和活力的城市，也是20世纪重要的奥尔蒂斯–古尔迪安基金会（Fundación Ortiz-Gurdián）艺术博物馆的所在地，但就纯粹的体验而言，较为低调的传奇与传统博物馆则是最好的选择。博物馆坐落在以前的第二十监狱（Cárcel La XXI）里，这里曾是20世纪中期的内乱时期，关押和折磨革命囚犯的地方。冷酷而真实的黑白壁画反映出发生在那里的残忍酷刑；在壁画旁边，简陋的人体模型和模特儿在展示着尼加拉瓜民间传说中常见人物的服装、帽子和巨大的混凝纸人物头像，这就把活生生的传统呈现出来。在这里，你会看到给有托玛·拉·泰塔（Toma La Teta）——一个衣着考究、用巨大的乳房去攻击男性的女性，还有骷髅送葬队伍、女巨人，以及留着小胡子的侏儒佩佩·卡贝松（Pepe Cabezón）等作品。就当地艺术和文化而言，这是最直接的表现方式，而且还会不断发展。

对页图　帕皮托的艺术殿堂既是一间传统的理发店，又是一个艺术项目

本页图　拉默塞德教堂和修道院里造型精美的祭坛

第二章

南美洲

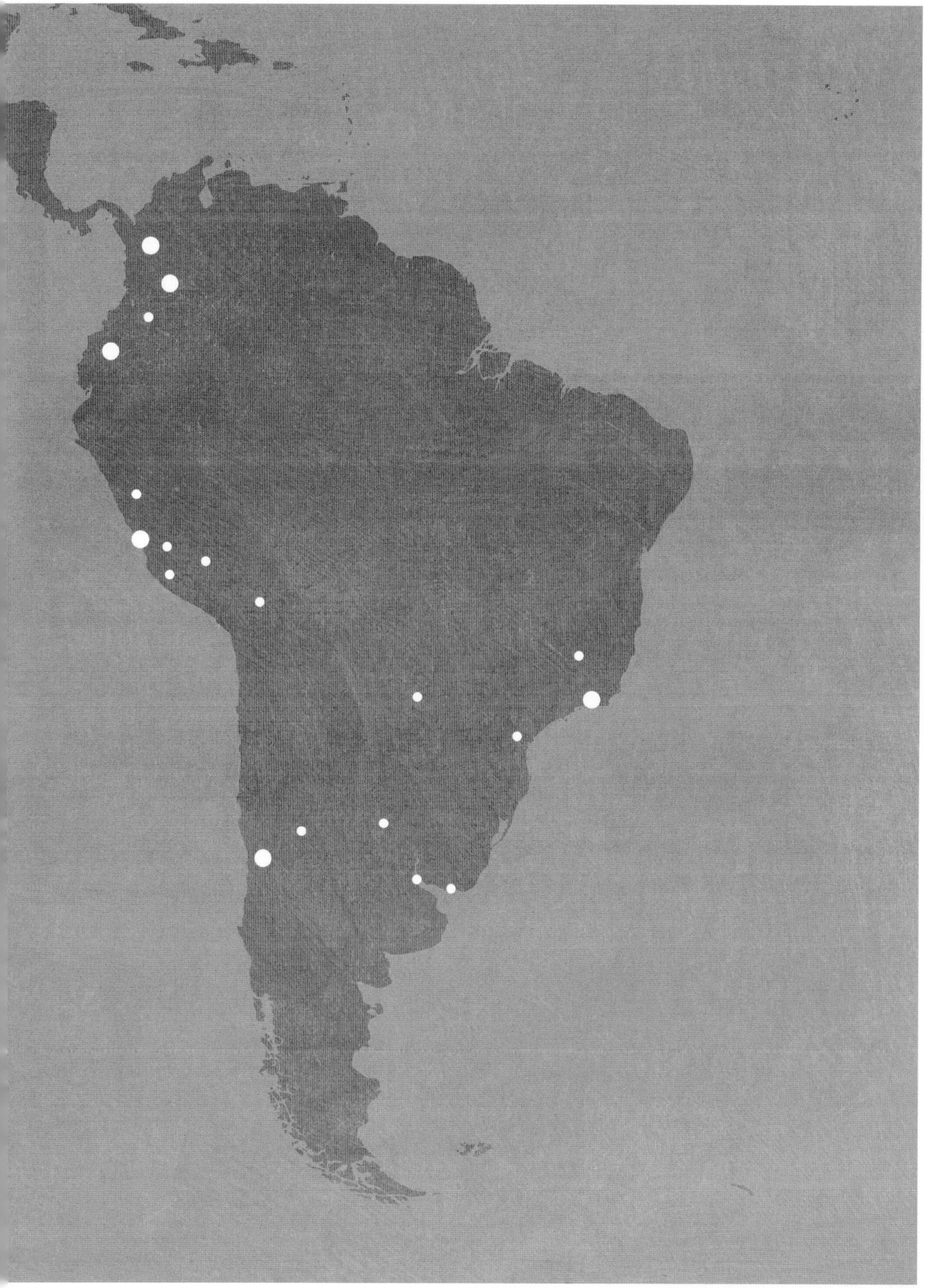

▲ 惊叹于坟墓之河马格达莱纳河的沿岸

圣阿古斯丁考古公园

哥伦比亚乌伊拉省圣阿古斯丁镇Cra. 307号
San Agustín Archaeological Park
Cra. 307, San Agustín, Huila, Colombia
sanagustinhuilacolombia.com.co/parque-arqueologico-de-san-agustin

马格达莱纳河（the Magdalena）是哥伦比亚的母亲河，河水沿着安第斯山脉（Andes）和海岸山脉之间的山谷流淌，流程为1609千米。在当地人的语言中，它叫"瓜卡科洛"（Guacacollo），意为"坟墓之河"。在它的源头附近，圣阿古斯丁周围富饶肥沃的地区有着数量惊人的墓地和3000年前的葬礼雕塑，其中大多都未被挖掘出来，而且也很少有人去研究。这个风景优美的考古遗址公园是历史遗迹最为集中的地方。由于对创造它们的文明几乎一无所知，因此凝视并思考这些雕塑和大地艺术作品既是一种智性的体验，也是一种艺术与神秘的体验。巨鸟雕像、由人像雕塑支撑着的高7米的墓石牌坊，以及在接生婴儿或在吹奏蛇形风笛的面无表情的人像所带来的震撼，会使你在走过这片广阔的土地时，感觉像是经历了一次精神之旅，特别是当你穿越马格达莱纳河的时候，河床表面刻有仪式性的通道和动物造型。

寻找黄金国神话的起源

黄金博物馆

哥伦比亚波哥大市圣坦德尔公园
Museo del Oro
Parque Santander, Bogotá, Colombia
banrepcultural.org/bogota/museo-del-oro

黄金国（El Dorado）的神话最早就是在哥伦比亚出现的，传说它是殖民时代彩虹尽头的黄金之城。它源于一个穆伊斯卡人（Muisca，公元600—1600）即位庆典的故事。在这个庆典上，新的统治者全身擦满金粉，闪闪发光，供品则被扔进湖里。而事实上，黄金国并不存在，但这个仪式却是真实的。1969年，人们在一个描绘黄金国的洞穴里发现了一个金色的许愿筏。虽然这个许愿筏只有20厘米，但它既是穆伊斯卡人金工技艺的有力证明，也是对一段历史场景的罕见记录。大多数文物都熔化了，这就使黄金博物馆（Museo del Oro）的34000件藏品（世界上数量最多）变得极为珍贵。黄金是一种神圣的金属，这些令人敬畏的展品主要是礼仪手工艺品，如面具、祭祀的装饰用品和"波波罗"（poporos，放古柯叶的器皿）等，展示了有着3000年历史的大师级的工艺和文化。

13号街区

哥伦比亚麦德林市
Comuna 13
Medellín, Colombia
guiaturisticademedellin.com

在13号街区见证一次现代版的文艺复兴

即使它不属于中世纪意大利的文艺复兴，对于麦德林13号街区的居民来说，它无疑也是一种改变生活的体验。长久以来，这个地区一直被视为城市最危险的居住区之一，而如今，它已从一个到处都是敌对的贩毒团伙的禁区，转变成一个充满了丰富多彩的街头艺术的创意中心。在它著名的户外自动扶梯的周围是一个活力四射的创意展。展览不仅使街道焕然一新，而且还被用来悼念在过去暴力事件里逝去的亲人，并设法表达对未来的希望。当地导游会指给你看诸如白色床单（参照那个时期居民悬挂白色床单请求停火而作）、象征和平的鸟类甚至大象等图案，因为它们代表着13号街区永远铭记历史的承诺。真是处处令人振奋！

对页图　圣阿古斯丁考古公园里一个用雕像支撑的墓穴平台
本页图　13号街区丰富多彩的街头艺术

哥伦比亚　61

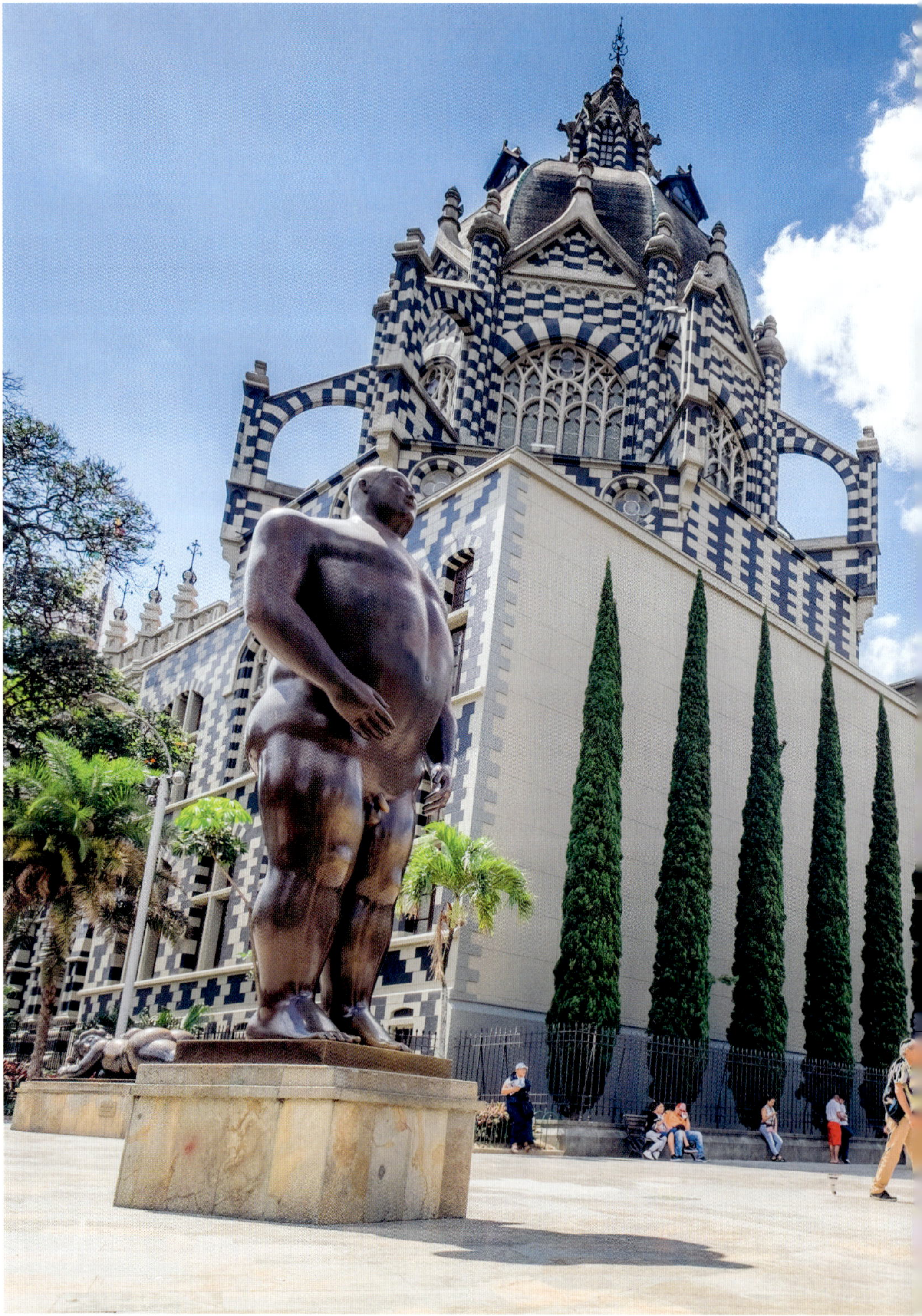

在波特罗广场离奇古怪的青铜动物园里巡游

52路与52街

哥伦比亚麦德林市埃尔中心区
Carrera 52 and Calle 52
El Centro, Medellín, Colombia
guiaturisticademedellin.com
museodeantioquia.co

以出生在麦德林的哥伦比亚最著名的艺术家费尔南多·波特罗（Fernando Botero）命名的波特罗广场（Plaza Botero）是雕塑爱好者的必游之地。广场上有23件青铜作品，内容丰富，从猫、狗和马到历史和神话中的人物，其中包括《罗马士兵》《亚当和夏娃》，还有《狮身人面像》，这就使广场成为体验艺术家标志性的"波特罗风格"（Boterismo）的绝好去处。体态丰满、形象夸张的动物和人物雕塑作品渴求被人触摸，因为它们陈设在公共区域，所以你可以这么做。在广场附近，坐落在宏伟的老市政厅宫殿（Municipal Palace）里的安蒂奥基亚博物馆（Museo de Antioquia）有100多件波特罗的作品，它们被置于前哥伦布时期、殖民地时期和现代艺术藏品的背景下进行展出。

跨页图　波特罗广场上费尔南多·波特罗的雕塑作品《亚当和夏娃》（*Adam and Eve*）

耶稣会教堂

厄瓜多尔基多市加西亚莫雷纳区北10-43号,邮编:170401

Iglesia de la Compañía de Jesús

García Morena N10-43, Quito 170401, Ecuador
fundacioniglesiadelacompania.org.ec

▲ **在这座顶级奢华的教堂里找寻地狱般的精神比喻**

  基多的殖民中心是拉丁美洲保存最为完好的历史文化中心,而这座华丽无比的耶稣会教堂就像一个时空胶囊,承载着帝国缔造者们的震慑与敬畏。它也在一定程度上解释了为什么旧世界的黄金会出奇的少:相当一部分黄金被用作华丽惊艳的教堂内的装饰。这座建于 1605 年至 1775 年间的教堂反映了宗教建筑从文艺复兴风格向洛可可风格的转变过程。这其中包括一些伊斯兰建筑元素,就像西班牙的几座大教堂一样,比如教堂中殿的雕刻品。这座教堂也融入了一些印加符号——太阳,以及当地的植物群、动物群和脸孔,或许这是为了吸引厄瓜多尔人加入他们的宗教信仰,也有可能是由他们的工匠偷运进来的。然而,华丽的盛况却未能激起灵魂的共鸣:这是赫尔南多德拉克鲁斯(Hernando de la Cruz)创作的一幅地狱画,一个如今被用来谴责征服者,而不是威胁、恐吓被征服者的勃鲁盖尔(Bruegel)式的酷刑场景。

本页图　耶稣会教堂内部的奢华装饰
对页图　拉尔科博物馆周围的美丽花园

勇敢地走进迷宫，去寻找一个可怕的古老图标

庙宇

秘鲁查文德万塔尔区
Temple
Chavín de Huántar, Peru
whc.unesco.org/en/list/330/

  如果像歌德所言，艺术是"不可言说之物的媒介"，那么许多宗教都利用艺术鼓舞人心，有时甚至是恐吓人心，也就不足为奇了。这方面的一个最好的例证可以在秘鲁中部安第斯山脉斜坡上的查文德万塔尔（Chavín de Huántar）找到。有着比马丘比丘（Machu Picchu）古城早两千年历史的查文是一座宏伟的庙宇城市，虽然庙宇的外观现在看上去不过是一个个用石头堆成的土丘，但经过精心雕琢的迷宫般的通道、内室和雕塑显示着它最初的设计理念：施展震慑和神秘主义。这里地处偏远，很少有人会来参观，所以应该把庙宇的中心区合理地展露出来。首先，经过巧妙的安排，让它先把自己展现出来（或由牧师来展示），然后突然间，在一束光中，出现了一尊直立的石蛇雕像。如此精湛的技艺真令人敬畏，它的威慑力几乎不会随着时间的推移而减弱。

穿过宁静的花园，走进一个令人沉思的战场

拉尔科博物馆

秘鲁利马市普韦布洛利布雷区西蒙玻利瓦尔大道1515号，当地邮编：21
Museo Larco
Avenue Simón Bolívar 1515, Pueblo Libre, Lima 21, Peru
museolarco.org

  在这座曾是殖民者的宅邸的美丽花园里，人们很容易忘记它里面收藏的许多前哥伦布时期的手工艺品都是掠夺而来的战利品。尽管如此，它仍能通过富有创见、易于理解和解读透彻的策展而赢得赞誉，因为策展人权衡了展品在艺术、历史和宗教方面的重要性。这所博物馆里的展品涵盖了代表秘鲁一万年文明历史的陶瓷制品、纺织品和金属制品。尤其引人注目的是那些讲述战斗和牺牲故事的浮雕，以及那些更贴近现实、栩栩如生的陶瓷食物和动物。这真是一个令人惊叹的组合，特别是情色画廊（Erotic Gallery），在那里，各种各样的感官享受在一些虔诚的宗教阐释中有幸被保存了下来。留意一个编号为ML013572的莫切船（Moche Vessel），这件作品的重要意义在于它不仅激发了博物馆创始人拉斐尔·拉科·霍伊尔（Rafael Larco Hoyle）在1926年创办博物馆的灵感，而且它还是一件线条清晰的雕像作品，其艺术性和人文精神跨越了两千年的历史。

特色线路：参观南美洲前哥伦布时期艺术的最佳景点

在中美洲和南美洲，专门收藏前哥伦布时期艺术作品的博物馆比比皆是。所有这些博物馆都完美展示了15世纪克里斯托弗·哥伦布到达美洲大陆之前正在蓬勃发展的奥尔梅克文明、塔拉斯坎文明和特奥蒂瓦坎文明，以及更为著名的印加文明和玛雅文明的创造力和灵巧工艺。以下是我们特别喜欢的一些景点。

智利前哥伦布艺术博物馆
智利圣地亚哥市
Chilean Museum of Pre-Columbian Art
Santiago, Chile

这座博物馆坐落在一个庄严宏伟的新古典主义海关大楼（Palacio de la Real Aduana）里，这就标志着博物馆的收藏品对智利来说有多么重要。在从中美洲到南安第斯山脉和智利收集而来的种类繁多的前哥伦布时期的艺术作品中，有精美的木俑和陶俑。

前哥伦布艺术博物馆
秘鲁库斯科市
Pre-Columbian Art Museum
Cusco, Peru

这些秘鲁的前哥伦布时期艺术藏品被收藏在一个非常合适的建筑里——一座建于15世纪、印加人举行仪式的法庭。这里有450件跨越1000多年历史的手工艺品，其中有一些非常精美的陶瓷制品（特别是陶瓷器皿）。

国家考古学、人类学和历史学博物馆
秘鲁利马市
National Museum of Archaeology, Anthropology and History
Lima, Peru

秘鲁最古老的国家博物馆大约有10万件体现该国人类生存历史的展品。前印加时代的陶器和陶瓷制品是其中最精彩的部分，即使是一个马丘比丘的等比例模型也同样令人赞叹。

前哥伦布艺术和土著艺术博物馆（简称MAPI）
乌拉圭蒙德维的亚市
Museum of Pre-Columbian and Indigenous Art (MAPI)
Montevideo, Uruguay

在前哥伦布艺术和土著艺术博物馆的四个永久性展厅里展出了大约700件展品，它们代表了有着3000多年历史的古代美洲的多种文化。乐器是其中的一大特色展品。此外你还可以获取西班牙语、英语及葡萄牙语版的信息资料。

黄金博物馆

哥伦比亚波哥大市
Museo del Oro
Bogotá, Colombia

见第60页。

墨西哥国立人类学博物馆

墨西哥墨西哥城
National Museum of Anthropology
Mexico City, Mexico

当然,墨西哥国立人类学博物馆并不在南美洲,但是我们必须把它列在其中,因为博物馆不仅收藏了前哥伦布时期墨西哥艺术的辉煌藏品,而且还坐落在一座同样辉煌的建筑里。在建筑的中央庭院有一个伞状喷泉,它是一个令人惊叹的工程奇迹!

见第48页。

哥伦比亚国家博物馆

哥伦比亚波哥大市
Museo Nacional de Colombia
Bogotá, Colombia

哥伦比亚国家博物馆坐落在一座圆形监狱里,那是一座于1874年设计而成的城堡监狱。博物馆收藏了跨越12000多年历史的蕴含着艺术、文化和民族志的藏品,其中大部分是前哥伦布时期和后哥伦布时期的艺术精品。博物馆里还有美丽的花园和精致的咖啡馆。

拉尔科博物馆

秘鲁利马市
Museo Larco
Lima, Peru

见第65页。

前哥伦布时期赞美故居博物馆

厄瓜多尔基多市
Casa del Alabado Museum of Pre-Columbian Art
Quito, Ecuador

赞美故居博物馆坐落在一座风景宜人、有庭院和花园的17世纪联排别墅里。它避开了考古年代学这一理论,而按主题分类把500件藏品进行永久展出,并将重点放在藏品的艺术价值上。

中央银行博物馆

厄瓜多尔基多市
Museo del Banco Central
Quito, Ecuador

大量前哥伦布时期的手工艺藏品中有许多可爱的作品,比如科雷拉(Chorrera)的陶瓷哨子瓶,它们被做成动物的形状,当把水倒进瓶中时,它们会发出像动物一样的声音。殖民地时期、共和国时期以及当代的艺术作品也具有强大的感染力,使这里成为一个必游之地。

下页跨页图 ▶
智利前哥伦布艺术博物馆里马普切人的墓葬雕塑

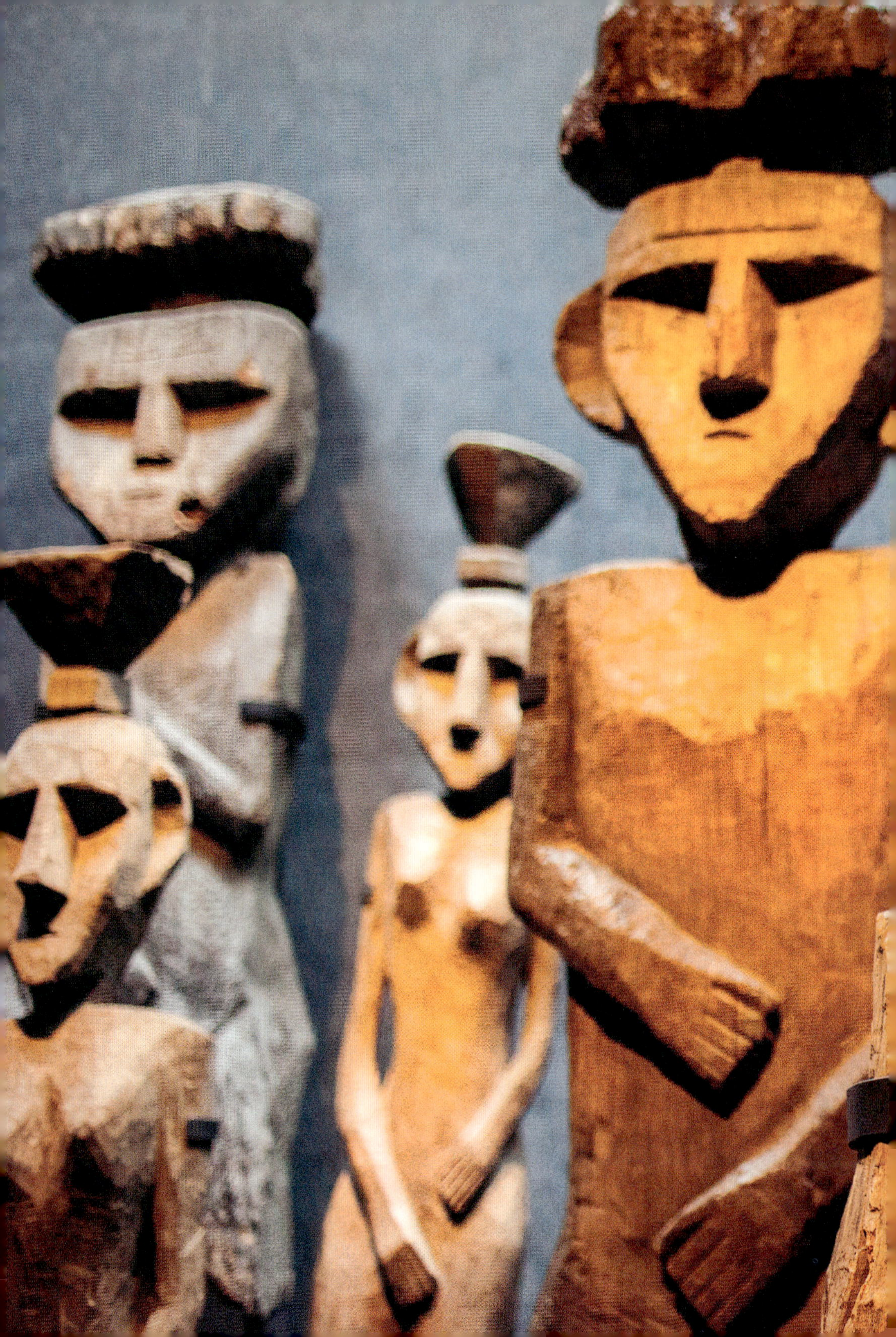

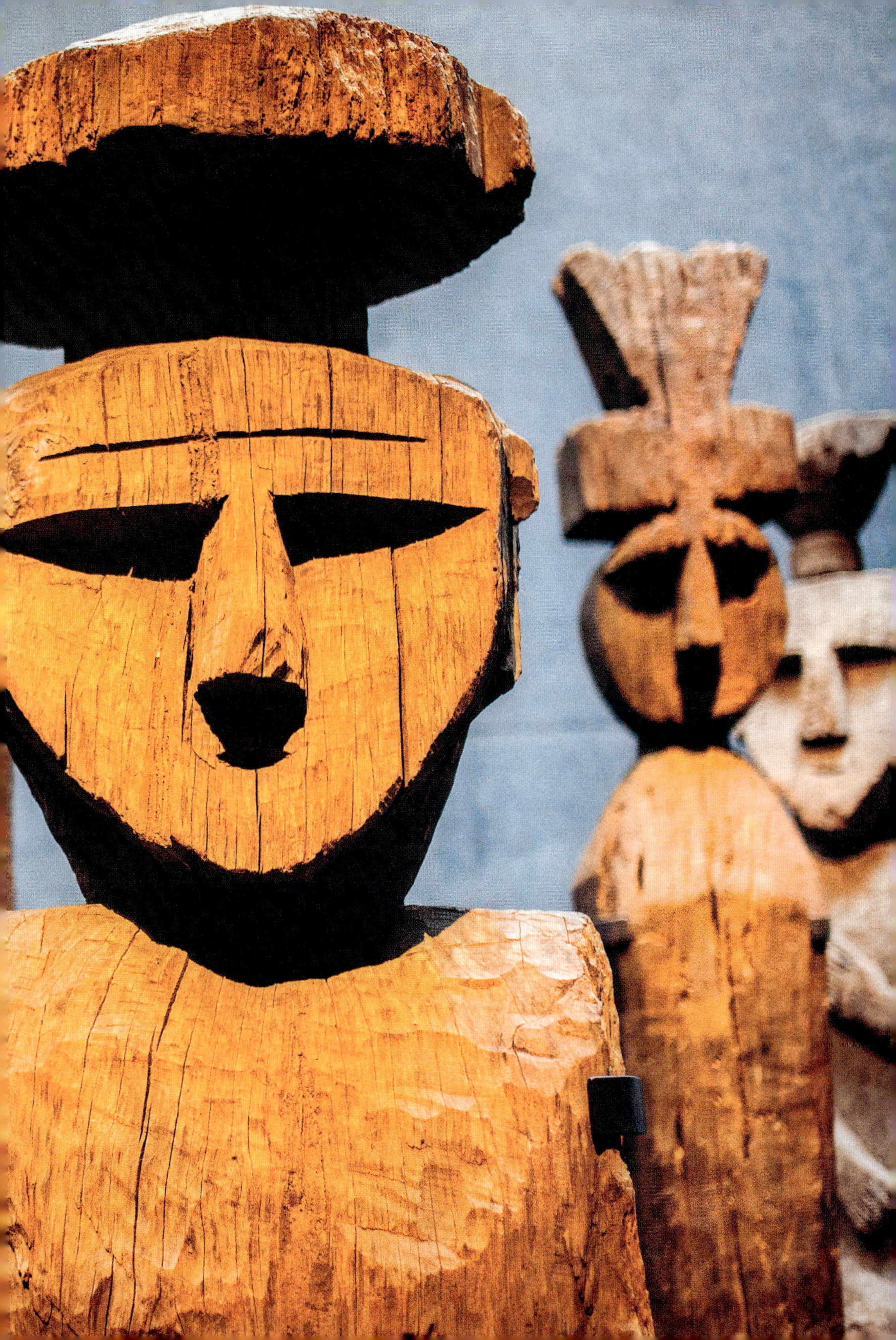

利马艺术博物馆（简称MALI）

秘鲁利马市科隆路125号展览公园，邮编：1

Museo de Arte de Lima (MALI)
Parque de la Exposición,
Paseo Colón 125, Lima 1,
Peru
mali.pe

追溯从古至今的秘鲁艺术史

在MALI（利马艺术博物馆），你可以沿着一条简单的小路穿越3000多年的艺术创新之路，令人迷惑的是，它与Mali（马里共和国）没有任何关系，实际上，它是利马艺术博物馆（Museo de Arte de Lima）的首字母缩写词。这里按年代次序展出了大约18000件纺织品、陶瓷制品、金属制品，以及摄影、素描和油画作品。展品分四个部分展出：前哥伦布时期艺术、殖民地时期艺术、共和国时期艺术以及现代艺术。综合起来看，其中有一些真正令人惊叹的绝妙物品，它可能是一个有着几千年历史的柔术杂技演员形状的陶瓷瓶，也可能是殖民地时期的欧洲宗教艺术，而最好的可能是秘鲁艺术家的更为现代的艺术作品，比如弗朗西斯科·拉索（Francisco Laso）从1895年开始创作的《三个种族》（The Three Races）。作品中展示出他对光线和构图的运用，这一手法是他在欧洲学到的，但在创作中完全是由他自己来发挥的。这个华丽建筑里的华丽收藏品，不容错过。

圣周

秘鲁阿亚库乔市

Semana Santa
Ayacucho, Peru

阿亚库乔圣周的神奇鲜花地毯，令人惊叹

在整个天主教的世界里，圣周是以重合但又各不相同的传统方式来庆祝的。在秘鲁，一种极度疯狂的派对精神无处不在。人们把圣徒和圣物从教堂的壁龛中请了出来，给它们披上盛装，让它们列队行进，然后点燃烟花，装饰街道，尽管这是在大斋节（Lent）期间，但人们也照样尽享美食。很多城市都在争夺举办这场盛会的主办权，但最后摘得桂冠的是阿亚库乔（Ayacucho）。阿亚库乔已经从"光明之路"这个激进主义/恐怖主义的时代里恢复过来了。它以彩色画和花瓣地毯的方式和主题来体现青春的气息、社会的变革和创造力，而这一切又把街道和广场变成了转瞬即逝的画廊。有些作品把一些很难掌握的技巧推向了极限（创作者必须蹲下、铺撒并避免弄乱已经完成的部分），以表现出对艺术经典的敬意，也可能是对沃霍尔风格的再现，而当阿亚库乔在展现自己的身份特征时，传统的图案边框又会让人回忆起安第斯山脉的纺织品和建筑。

对页图　蜘蛛地画的鸟瞰图，纳斯卡线条的一部分

▲ 在秘鲁南部鸟瞰外星人艺术

秘鲁纳斯卡沙漠（在纳斯卡镇与帕尔帕市之间）
Nazca Desert (between Nazca and Palpa) Peru
whc.unesco.org/en/list/700/

　　是人造的还是外星人造的呢？纳斯卡线条（Nazca Lines）大约构成了300个人物、植物以及狗、蜂鸟、猴子、蜘蛛、鲸鱼和鹈鹕等动物组成的地表图案，而关于究竟谁是纳斯卡线条的创作者，一直有许多疯狂的理论。这并不让人感到惊奇，因为它们遍布秘鲁南部长达520千米的海岸沙漠上，沙漠大得令人难以想象。这些历史久远的地表图案可追溯至公元前200年至公元700年，实际上，它们是由成千上万的线条组合而成的，而这些线条又是通过清除表面暗红色的石质土，露出下面的浅色土壤创造出来的。也许最让人感到困惑的是，这些绘画图案只有在高空才能辨认出来，而最理想的方式是从一架飞过图案上空的轻型飞机上观看——这种体验可能会让你相信外星人的理论。

支持玻利维亚的纺织工业

玻利维亚安第斯纺织品博物馆
玻利维亚拉巴斯省米拉弗洛雷斯市贝尼托·胡亚雷斯广场488号
Museo de Textiles Andinos Bolivianos
Plaza Benito Juárez 488, Miraflores, La Paz, Bolivia
museodetextiles.org

　　拉巴斯度假别墅雄心勃勃地把自己称为玻利维亚安第斯纺织品博物馆。走进这座看上去其貌不扬的别墅的大门，一个充满了温暖色调和玻利维亚纺织艺术家高超技艺的宝藏世界就呈现在你的眼前。这座小型博物馆涵盖了整个国家的工艺历史，以及它与南美洲艺术领域的当代关联性。博物馆里摆满了从玻利维亚各地——其中包括从南美洲安第斯山脉的阿波洛班巴山脉（Cordillera Apolobamba）和中部高地（Central Highlands）的贾尔卡（Jal'qa）及坎德拉里亚（Candelaria）地区收集而来的奇妙藏品。博物馆用西班牙语和英语两种语言来介绍藏品，从纱线到成品制作来解释创作过程，馆内还有规制可爱的商店，出售由艺术家制作的独特作品，而艺术家可拿到售价的90%的分成。

南美洲

◀ 在奥斯卡·尼迈耶的尼泰罗伊当代艺术博物馆的蜿蜒曲线中欢乐畅游

尼泰罗伊当代艺术博物馆（简称MAC）
巴西里约热内卢州尼泰罗伊市博阿维亚任瞭望台，邮编：24210-390
Museu de Arte Contemporanea de Niterói (MAC)
Mirante da Boa Viagem, Niterói, Rio de Janeiro 24210-390, Brazil
culturaniteroi.com.br/macniteroi

奥斯卡·尼迈耶（Oscar Niemeyer）设计的这座建筑与漫画书里的飞碟十分相似，这是不可避免的联想。博物馆坐落在里约海湾对面，它那陀螺状的建筑造型在蓝天碧海的映衬下，显得格外清晰。尼迈耶是20世纪巴西最伟大的建筑师和巴西利亚（Brasília）的主创设计师，他在设计过程中逐渐形成了一种独具特色的民族版的勒·柯布西耶（Le Corbusian）式的现代主义，并在其雕塑和机器时代的设计中注入了感性元素。形式，在他看来，应该遵循美而不是功能，这一信条在这里得到了充分的体现。事实上，对许多参观者来说，建筑本身就是艺术，从它的外面向突出式的入口坡道走去，一路都是血红色的蜿蜒曲折的通道。尼迈耶说："最吸引我的是那流动和感性的曲线——是我在祖国的群山中，在蜿蜒流淌的河流中，在挚爱的女人的身体中发现的曲线。"

跨页图 奥斯卡·尼迈耶设计的尼泰罗伊当代艺术博物馆的奇美外观

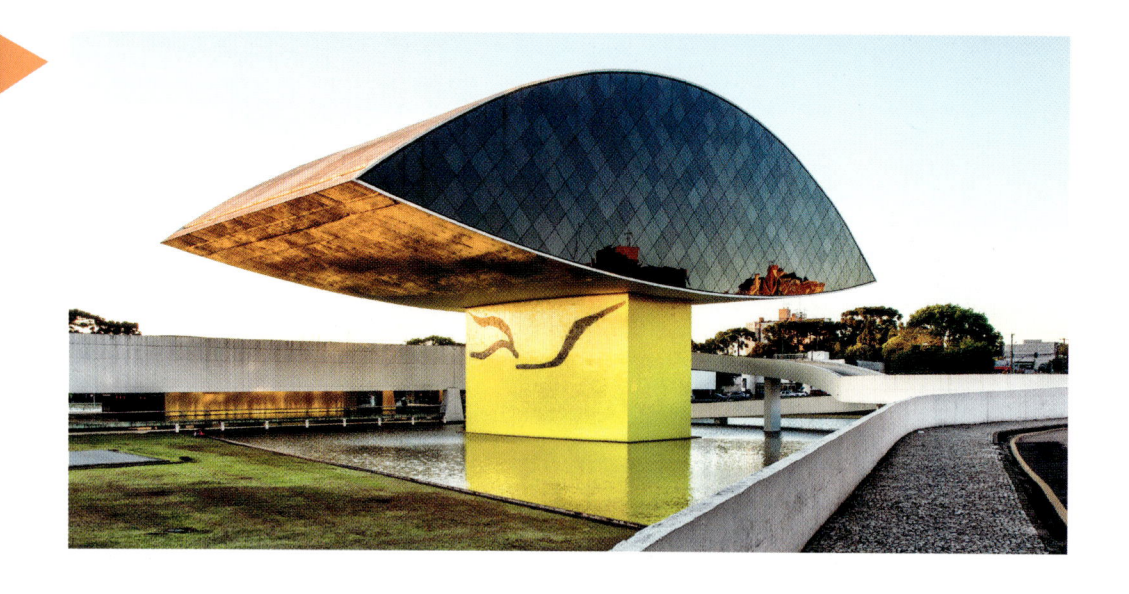

▲ 在库里蒂巴饱览奥斯卡·尼迈耶的黄金眼

奥斯卡·尼迈耶博物馆

巴西巴拉那州库里蒂巴市中心广场赫尔墨斯元帅大街，邮编：80530.230

Museum Oscar Niemeyer
Rua Marechal Hermes 999, Centro Cívico
80530.230, Curitiba, Paraná, Brazil
museuoscarniemeyer.org.br

　　没有多少博物馆是以它们建筑师的名字命名的，如果你认为在它亮黄色支柱上的那只举世瞩目的白色眼睛是用来纪念伟大的巴西人的作品的话，那也情有可原，不过事实并非如此。在博物馆里，你会发现巴西及全球的精品艺术、设计和建筑的临时与永久展览有趣地融合在一起——也许是曼·雷的展览，或者是以光为主题的艺术作品展，但实际上，探索尼迈耶的杰作才是在这里的最佳体验，从内到外，随意转转都是一种享受。在华丽的场地上还有一个雕塑大厅，在这儿能不时看到迷人的建筑景致。

用一种全新的视角来欣赏里约热内卢的《基督救世主》雕像

稚拙艺术国际博物馆（简称MIAN）

巴西里约热内卢州旧科斯梅市旧科斯梅街561号，邮编：22241-090
电话：+21 2205 8612/2225 1033

International Museum of Naïve Art (MIAN)
Rua Cosme Velho, 561, Cosme Velho – 22241-090, Rio de Janeiro, Brazil
T: +21 2205 8612/2225 1033

　　当火车爬上山头，来到有里约热内卢《基督救世主》（*Christ the Redeemer*）雕像的那条街道时，你会在这条街上看到一座能俯瞰整座城市风光的古朴典雅的浅蓝色建筑，从某种程度上说，这座建筑比著名的雕像更能给人带来启发。因为在这儿，在稚拙艺术国际博物馆里，几乎全都是巴西艺术家的精彩作品，这些作品为城市的日常生活以及里约热内卢居民的生活方式提供了丰富而有趣的注解。其中一个展厅专门用来展示描绘这座城市最著名的40个景点的稚拙派画作，它们中有达尔万·达席尔瓦·菲略（Dalvan da Silva Filho）的《哥伦布餐厅》（*Confeitaria Colombo*）和乌西亚（Ozias）的《新年派对》（*Réveillon*），在这里，你还可以看到"非凡之都"（cidade maravilhosa）最美丽的风景，无一例外。在撰写本文的时候，博物馆因缺乏资金而被迫关闭，但我们希望在你读到这本书的时候，它已经重新开放。

因赫泰姆艺术博物馆
巴西米纳斯吉拉斯州贝洛奥里藏特市附近布鲁马迪纽镇
Inhotim Art Museum
Brumadinho, near Belo Horizonte, Minas Gerais, Brazil
inhotim.org.br

▲ 徒步走进巴西热带雨林，探寻丛林中的艺术

位于巴西米纳斯吉拉斯州的因赫泰姆艺术博物馆是一个占地面积为2023公顷的植物园，它是矿业巨头贝尔纳多·帕斯（Bernardo Paz）的大量艺术藏品的所在地，其中有许多藏品是艺术家受托专门为这个地方而设计的。所以这里的作品取代了昔日出现在私人藏品里的那些大明星的小作品，它们中有奥拉维尔·埃利亚松（Olafur Eliasson）、珍妮特·卡迪夫（Janet Cardiff）和切尔多·梅雷莱斯（Cildo Meireles）的作品，而且还有道格·阿提肯[Doug Aitken，他在2009年设计的《声亭》（Sonic Pavilion）是主要景点之一]、多米尼克·冈萨雷斯-弗尔斯特（Dominique Gonzalez-Foerster）和史蒂夫·麦奎因（Steve McQueen）设计的亭台楼阁，所有这些都是南美洲引人注目的藏品。阿提肯对此做出的表达也许是最好的，他把这座博物馆描述为"世界上为数不多的几个可以参照景观和文化来创造艺术并使艺术存在的地方之一。这是作为促成者的博物馆的内在驱动力"。

本页图　因赫泰姆艺术博物馆是一个当代艺术画廊，坐落在令人惊叹的植物园里
对页图　奥斯卡·尼迈耶设计的奥斯卡·尼迈耶博物馆

沉浸在巴罗博物馆的泥浆和其他事物中

巴罗博物馆
巴拉圭亚松森市卡比丘伊·格拉巴多斯区
Museo del Barro
Grabadores del Kabichu'i, Asunción, Paraguay
museodelbarro.org

　　这座博物馆不太好找，也没有固定的开放时间，但是当你走进巴罗博物馆（也可译为黏土或泥浆博物馆）所在的红土建筑时，你就会经历一次难得的享受过程——1989年，联合国将其描述成一个"以非西方原则和主题组建而成的机构"。博物馆把它所收藏的本土民间艺术作品和当代艺术作品以极富想象力的方式汇集在一起，所以你会在这里发现一个摆满了色彩鲜艳的耶稣雕像和传统面具的展室，在那里又会发现设法解决当代政治问题的现代装置艺术，而其中还有数百件前哥伦布时期的黏土手工艺品和许许多多殖民时期的藏品。巴罗博物馆以兼容并蓄的折中方法创建了一种新鲜而又有趣的奇妙藏品组合。

▼ 俯瞰罗萨里奥高耸的彩色筒仓

罗萨里奥当代艺术博物馆（简称MACRo）
阿根廷圣达菲省罗萨里奥市埃斯塔尼斯劳-洛佩斯海岸大街2250号，邮编：S2000
Museo de Arte Contemporáneo Rosario (MACRo)
Avenue de la costa Estanislao López 2250, S2000 Rosario, Santa Fe, Argentina
castagninomacro.org

　　虽然重新开发的码头被改造成艺术园区已不足为奇，但很少会看到建筑本身变成了艺术品。在阿根廷的第三大城市罗萨里奥，巴拉那河（Paraná River）上的一家谷物加工厂已经脱胎换骨，而成为一座当代艺术博物馆，它的筒仓就像是一块高耸的画布，正在等待新的委托任务。目前，由埃泽基尔·迪希罗乌斯（Ezequiel Dicristófaro）、胡安·毛里诺（Juan Maurino）和梅特·佩雷斯·佩雷拉（Maite Pérez Pereyra）制订的设计方案已在2017年开始实施——用一片巨大的色域交织网格覆盖了八个容器。自2004年筒仓开放以来，它那轮廓分明的几何形体能反映出以前的设计方案。这可能并没有凸显新设计所带来的震撼，但是它巩固了罗萨里奥当代艺术博物馆作为市中心滨河新区活动中心的地位。设计方案里还保留了工厂，因为它是由当时该地的公共工程总监雷米特·德洛伦齐（Ermete de Lorenzi）设计的装饰艺术地标。今天，一部可以看到城市风光和远方河口的玻璃观光电梯也成了藏品。

布宜诺斯艾利斯拉丁美洲艺术博物馆（简称MALBA）

阿根廷布宜诺斯艾利斯市CLA区菲格罗亚-阿尔科塔大道3415号，邮编：C1425

Museo de Arte Latinoamericano de Buenos Aires (MALBA)
Avenue Figueroa Alcorta 3415, C1425 CLA Buenos Aires, Argentina
malba.org.ar

▲ 关注布宜诺斯艾利斯的艺术时间表

阿根廷超现实主义艺术家苏尔·索拉尔（Xul Sola）创作的小而充满活力的水彩画上有许多蛇、金字塔、太阳、梯子和其他神秘的符号，让人回味无穷，而这只不过是布宜诺斯艾利斯市中心这座引人注目、光线通透的博物馆永久展出的20世纪拉丁美洲艺术藏品之一。从早期的现代主义到20世纪30年代的新现实主义，再到20世纪70年代的概念艺术，博物馆的收藏品汇集了200多位艺术家的作品，其中包括弗里达·卡罗、迭戈·里维拉和威尔弗雷多·林（Wilfredo Lam）的画作。阿根廷的另一位伟大艺术家安东尼奥·贝尼（Antonio Berni）捕捉到了那个时代令人眼花缭乱的艺术实验，很难相信贝尼描绘罢工工人的社会现实主义的油画《游行示威》（*Manifestación*，1934）和从20世纪60年代开始创作的凌乱无序的工业废料拼贴画是出自同一位艺术家之手。布宜诺斯艾利斯拉丁美洲艺术博物馆的临时展览一直备受瞩目，而边上的咖啡店也是一个令人难以抗拒的地方，展览结束后可以到那儿去喝杯咖啡或吃顿午餐。

本页图　光线通透的布宜诺斯艾利斯拉丁美洲艺术博物馆
对页图　罗萨里奥当代艺术博物馆鲜艳夺目的筒仓的鸟瞰图

◀ 和卡车司机结伴来一次民间艺术之旅

拉迪芬塔·科雷亚神龛
阿根廷圣胡安省巴耶西托周边地区
Shrines to La Difunta Correa
Region around Vallecito, San Juan province, Argentina

　　从定义上来讲，这些东西不能算是民间艺术，但是路边数千座供奉着阿根廷非官方圣徒拉迪芬塔·科雷亚（La Difunta Correa）的神龛也许可以成为世界上较大的民间艺术的代表之一。据说在19世纪40年代，一位女性在西北沙漠里寻找她的军人丈夫时因缺水而死，当她被加乌乔人（gauchos）发现的时候，已经失去了生命，但是她仍然在给活着的儿子哺乳。从那以后，旅行者和朝圣者们在通往她在阿根廷西北部圣胡安省巴耶西托的坟墓的路上，建造了许许多多的路边神龛。现在，主要是卡车司机会把水瓶、手绘石膏人像、塑料花、类似耶稣诞生的雕塑和绘画作品，有时甚至是卡车零件留下来作为祭品。在巴耶西托，成千上万件祭品被用来代表请愿书：也许是为了治疗疾病，也许是为了获得一辆汽车或一台冰箱——一大片微小的房屋就这样形成了一座非常特别的微缩村庄。这是一件被默认的而非特意创作的艺术品，它占据了真福品（beatification）与垃圾杂物之间的空间。

詹姆斯·特瑞尔博物馆
阿根廷萨尔塔省科洛梅酒窖
James Turrell Museum
Bodega Colomé, Salta province, Argentina
bodegacolome.com/museo-james-turrell

在高海拔的葡萄园里寻觅未见之光

　　这是世界上唯一一座专门为伟大而多产的光之艺术大师詹姆斯·特瑞尔修建的博物馆，因为它坐落在阿根廷北部的沙漠深处，所以可能会让人觉得不太方便，但对于一个以光线、天空和大地为调色板，作品规模无限的艺术家来说，这里真的是再合适不过了。博物馆之所以建在这儿，是因为收藏家唐纳德·赫斯（Donald Hess）是一位葡萄酒酿酒师，而这里正是他的高海拔葡萄园。这里稀薄的空气以及其对光照的影响，于葡萄的生长都有好处。博物馆分为九个展厅，里面陈列着能代表特瑞尔漫长的职业生涯的作品。其中有一些是特定场域作品，特别值得一提的是《看不见的蓝色》（Unseen Blue，2002），在一个屋顶敞开的中庭里，参观者们可以躺在垫子上观看自然光与人造光合作的一场演出。来之前要先打个电话（道路可能不开放），然后去体验一下葡萄酒和美食的艺术，再来一次葡萄园之旅，并在那里的豪华大庄园里逗留几天。

露天博物馆

智利圣地亚哥市圣米格尔都市圈德帕埃塔门塔尔大道1390号

Museo a Cielo Abierto
Avenida Departamental 1390, San Miguel Región Metropolitana, Santiago, Chile
museoacieloabiertoensanmiguel.cl

▼ 在智利开阔的天空下欣赏艺术

当艺术的变革力量在一个成功的更新改造项目——比如这个项目——中体现出来时,再也没有比这更令人激动的了。圣米格尔的露天博物馆是一个强大的社区复兴项目,它见证了圣地亚哥市圣米格尔闹市区一度被忽视的由社区转变成一座巨大的露天城市艺术博物馆的过程。博物馆里面有大约60幅由当地和国际的新兴艺术家与著名艺术家创作的大型壁画。壁画主题广泛,经常会涉及工人阶级社区的故事和历史。这个社区在1973年的政变后几乎被遗弃。在这些生气勃勃、色彩缤纷的街道上漫步可真是一种享受,它会让你真正感受到公共艺术的重要性,以及它加强社区内联系的能力。在智利的西海岸,瓦尔帕莱索(Valparaíso)的另一座露天博物馆也能让你看到同样迷人的壁画。

对页图　阿根廷拉迪芬塔·科雷亚的小神龛
本页图　艺术家帕约(Payo)创作的壁画,圣米格尔露天博物馆的一部分

▶ 跟神秘的摩艾石像来场正面交锋

复活节岛
智利
Easter Island
Chile
whc.unesco.org/en/list/715

　　一路坐飞机前往波利尼西亚群岛（Polynesia）东部的复活节岛，怀着敬畏的心情站在摩艾石像（moai）前——几个世纪以来，一群轮廓鲜明的巨型石雕头像一直从它们的"阿胡"（ahu，即平台）上执拗地凝视着远方——这趟长途跋涉的行程值得吗？真的很值。20世纪90年代，智利考古学家克劳迪奥·克里斯蒂诺（Claudio Cristino）修复了阿胡通伽利基（Ahu Tongariki）15个面向内陆的石像群，其中包括竖立在岛上的有史以来最重的摩艾石像，这些石像会让你觉得自己是多么微不足道——特别是当你考虑到数以百计的石像是在拉诺拉拉库采石场（Rano Raraku）制作后搬运过来的时候。令人印象深刻的并不仅仅是它们的规模；如果这些引人注目的石像看上去让人觉得很眼熟的话，那是因为人们认为它们对毕加索的《亚威农少女》（*Les Demoiselles d'Avignon*，1907）产生了影响，而正是这幅画作有效地开启了立体主义运动。

跨页图　阿胡通伽利基的15尊巨型摩艾石像

智利　81

第三章

欧洲

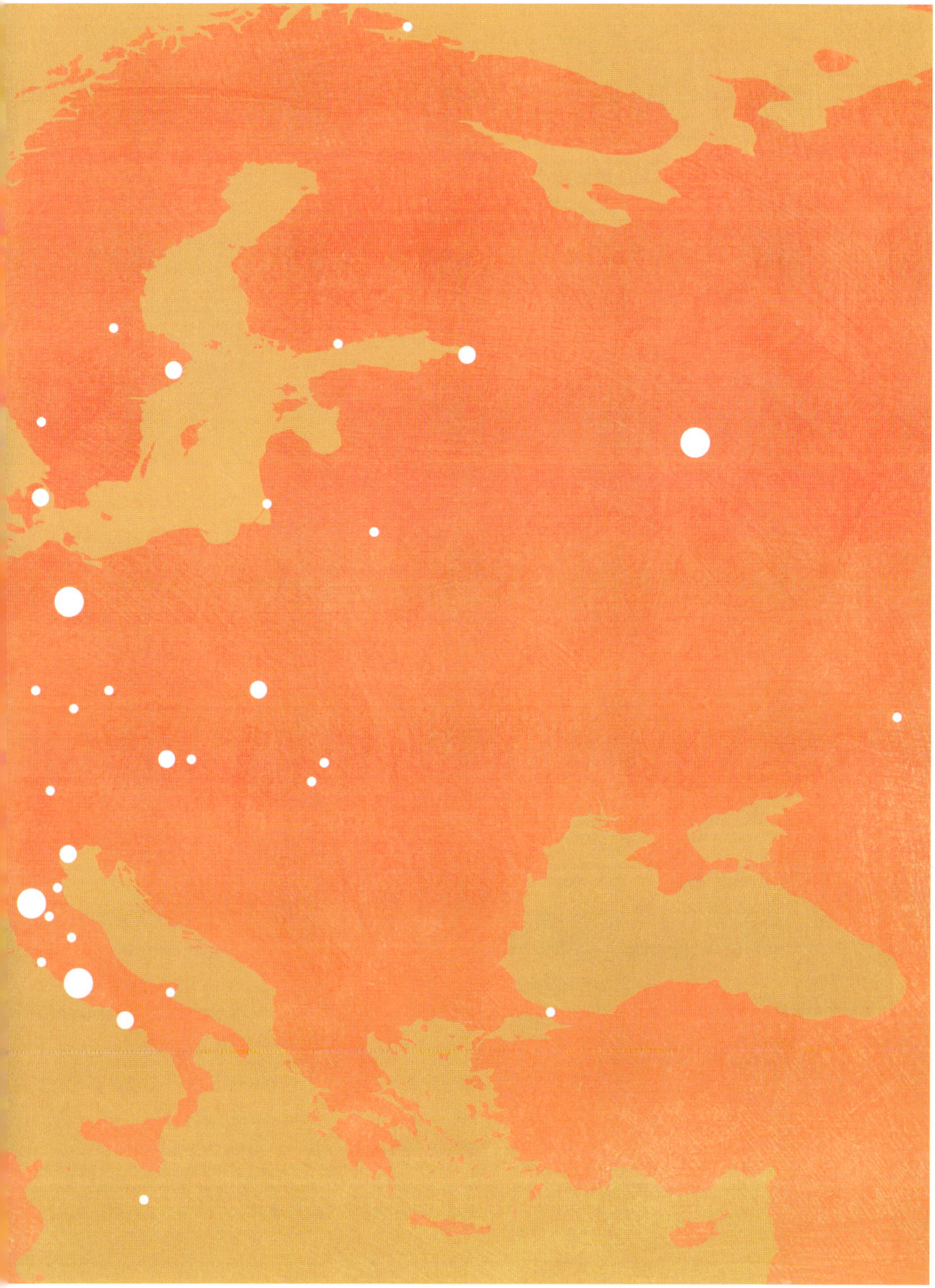

水之图书馆

冰岛斯蒂基斯霍尔米镇布赫勒路19号，邮编：340

Library of Water
Bókhlöðustígur 19, 340
Stykkishólmur, Iceland
artangel.org.uk/project/library-of-wate

尽情欣赏罗妮·霍恩的"水之图书馆"

当美国极简抽象派艺术家罗妮·霍恩（Roni Horn）在冰岛的西南海岸完成了她的"水之图书馆"（Library of Wate，冰岛语为Vatnasafn）时，她就探索出一些普遍而又自然的元素。在以前的图书馆的中央，霍恩的《水，精选》（Water, Selected）采用了一种令人着迷的长期装置（始于2007年）的形式，装置由24个完全相同的从地板直抵天花板的玻璃柱组成，这些玻璃柱里凝结成冰的水是从全国24个冰川收集而来的。与冰岛的大多数城镇一样，这座小图书馆的墙壁之外永远都是海洋和陆地，霍恩的玻璃柱将内部空间与外部景观完美地连接在一起，而且真的能将后者带入前者，因为它们通过光线折射并反射到橡胶地板上，而地板上还嵌有冰岛语和英语中与天气相关的词语。在图书馆的其他地方，还有一些书籍和口头证词，它们把人们对此主题的想法汇集在一起，但真正能让你难以忘怀的还是玻璃柱的纯净之美。

本页图　都柏林市立现代艺术美术馆里重建后的弗朗西斯·培根的工作室
对页图　詹姆斯·特瑞尔在利斯阿德酒店设计的《天空花园》（1992）

◀ 把培根的东西带回家吧

都柏林市立现代艺术美术馆

爱尔兰都柏林市罗托纳达区帕内尔广场北查尔蒙特大厦休·莱恩画廊，邮编：D01 F2X9

Dublin City Gallery
The Hugh Lane, Charlemont House, Parnell Square North, Rotunda, Dublin D01 F2X9, Ireland
hughlane.ie

画家弗朗西斯·培根（Francis Bacon）曾在伦敦西区的工作室里创作过一些著名的作品，在他1992年去世的时候，混乱不堪的工作室里有7000多件物品，其中包括几百本书、几千张照片（他从不描画真实的生活）、开裂的油画布、70张素描、颜料管、杂志、报纸以及黑胶唱片。培根的继承人约翰·爱德华兹（John Edwards）将所有藏品（包括"精心策划"的灰尘！）全都捐赠给了都柏林的休·莱恩画廊（Hugh Lane Gallery），因为都柏林就是培根出生的城市。一组考古学家和策展人花了300万英镑把整个工作室迁到了都柏林——当你考虑到一座博物馆仅为工作室的门就出资300万美元时，就会觉得这个投资价值还是挺不错的。这也能帮助我们对艺术家有更深入的了解，他曾经说过（关于这间工作室）："在这里，我们周围的这片混乱像极了我们的思想。"

▲ 把爱尔兰的《天空花园》由内到外看个遍

利斯阿德酒店

爱尔兰科克郡斯基伯林镇卡斯尔敦申德路，邮编：P81 NP44

Liss Ard Estate
Castletownshend Road, Skibbereen, County Cork
P81 NP44, Ireland *lissardestate.ie/skygarden*

　　与其说去"看"，不如说是去"体验"詹姆斯·特瑞尔的《天空花园》（*Sky Garden*，1992），因为在这个空间里，当我们意识到人类感知的极限时，就会体验到自然光是一种有形的物质——特瑞尔把这种状态称为"看到自己正在看"。这个装置艺术作品位于科克郡西部的斯基伯林小镇附近，它采用了一个巨大的人造火山口的形式，可以从一个石拱门走进去。在一个被设计成类似分娩场景的体验环节中，参观者先进入并沿着一条长长的黑暗通道前进，然后再爬上几级台阶进入一个长25米、深13米的火山口。为了屏蔽外界的所有声音，火山口的中央还设有一个极具特色的"拱形装置"，在这里你可以躺在一个石头基座上，在一片静谧中凝视爱尔兰的天空。这个装置提供了一个绝无仅有的视角，可以看到特瑞尔所说的"天穹"。

在爱丁堡和利物浦感受人体雕塑的诗意之美

苏格兰国立现代美术馆

英国爱丁堡市贝尔福德路75号，邮编：EH4 3DR

Scottish National Gallery of Modern Art
75 Belford Rd, Edinburgh EH4 3DR, UK
nationalgalleries.org

克罗斯比海滩

英国默西赛德郡

Crosby Beach
Merseyside, UK
visitliverpool.com

　　爱丁堡的利斯河（Water of Leith）几乎是一条隐藏在视线之外的河流，它所提供的不是水源，而是一条通往大海的蜿蜒曲折的小径。也就是在这儿，在大海与苏格兰国立现代美术馆之间，我们找到了安东尼·葛姆雷（Antony Gormley）的《六次》（*6 Times*，2010），这是6座真人大小的人体雕塑，它们标出一条穿过灌木丛走向海边的小路。与周围的环境相比，这些被侵蚀的雕塑显得略微矮小，它们对人类形态该如何去适应环境提出了质疑，而这也使其成为一件看似脆弱但又引人深思的作品。在利物浦，葛姆雷的《另一个地方》（*Another Place*，1997）——100个相似的人体雕塑从克罗斯比海滩眺望大海——也同样会让人觉得好奇；一座座孤独的雕塑在咸咸的海风中慢慢被腐蚀，有一些雕塑一半都被浸没在海水中，上面长满了藤壶，这让你不禁想：它们在等什么呢？

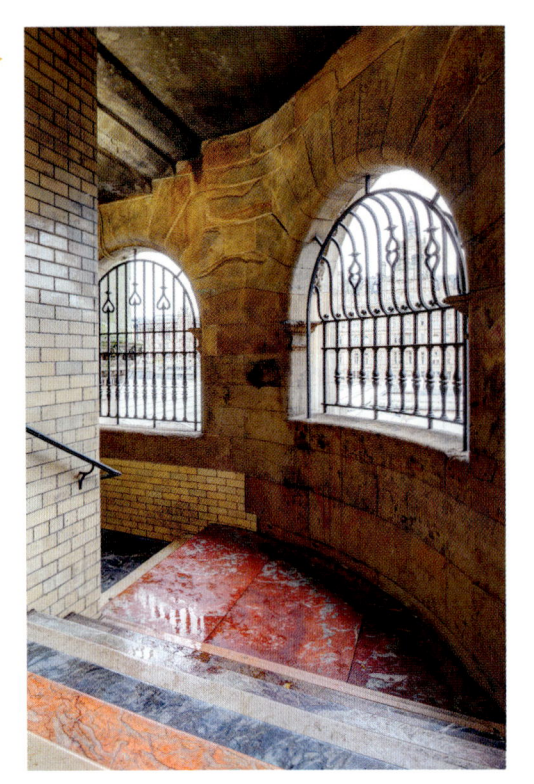

◀ 爬上一条通往天堂的阶梯

水果市场画廊

英国爱丁堡市市场街45号，邮编：EH1 1DF
The Fruitmarket Gallery
45 Market Street, Edinburgh EH1 1DF, UK
fruitmarket.co.uk/scotsman-steps

中世纪的爱丁堡坐落在一座死火山的岩顶上，它通过许多陡坡险路、走道和台阶与下面的新城（18世纪的"新"）连接起来，其中包括自1899年开始连接北桥（North Bridge）和威瓦利火车站（Waverley Station）的苏格兰人台阶（Scotsman Steps）。一个世纪过去了，这些台阶因为尿臭味而变成了"臭味台阶"，马丁·克里德（Martin Creed）因此受到委托开始介入此事，对这个被列为一级历史遗迹的台阶进行了彻底翻修。《作品第1059号》（Work No. 1059，2011）是由一组工程师、石匠和建筑工人，花了两年时间，用来自世界各地的104种不同类型、对比鲜明的大理石重新铺设的台阶。克里德也是一位音乐家，他一直对如何诠释艺术十分感兴趣，因而有了这个完美协调且非常实用的艺术作品，观赏者或旅行者可以在每次上下台阶时，"重新编排"作品。真是妙极了！

丘比特大地艺术公园

英国爱丁堡市伯宁顿庄园农场，邮编：EH27 8BY
Jupiter Artland
Bonnington House Steadings, Edinburgh EH27 8BY, UK
jupiterartland.org

冒险走进这个由女性设计的洞穴

在爱丁堡市郊，有一个低调而神秘的户外雕塑乐园，它用分别放在占地40.5公顷的草地、林地和室内空间的35件永久性特定场域作品，为世界上一些重要的在世雕塑家和大地艺术家举行庆典。在爱丁堡冬日的阴霾、春日的细雨、夏日的缥缈之光、爽朗秋日的薄雾中，去看科妮莉亚·帕克（Cornelia Parker）、彼得·利弗西奇（Peter Liversidge）、吉姆·兰比（Jim Lambie）、安迪·高兹沃斯和伊恩·汉密尔顿·芬利（Ian Hamilton Finlay）等的作品都会是一种享受，他们多与这个国家有着非常密切的联系。其中最精彩的一件作品是阿尼亚·加拉乔（Anya Gallacio）用紫水晶和黑曜岩设计的洞穴《我的光芒，倾泻而出》（The Light Pours Out of Me，2012），这个令人紧张不安的空间是向英国乡村别墅装饰性建筑的历史表示敬意。闪闪发光的晶体表面渴望被人触摸和轻抚，这么做看上去可能有些荒唐，但就像加拉乔创作的《翠绿上的嫣红》（Red on Green，1992）一样，在一块由一万朵新鲜的红玫瑰花铺成的诱人的地毯下面藏着一根带刺的花梗。回到地面，不要错过克里斯蒂安·波坦斯基的《阿尼米塔斯》（Animitas，2016）。

本页图　马丁·克里德《作品第1059号》（2011）的彩色台阶

对页图　宇宙思绪花园的黑洞露台

宇宙思绪花园

英国敦夫里斯郡霍利伍德市洛厄波特拉克别墅2号，邮编：DG2 0RW，

The Garden of Cosmic Speculation
2 Lower Portrack Cottages, Holywood, Dumfries DG2 0RW, UK
gardenofcosmicspeculation.com

▲ 每年花一天时间去未来主义风格的高尔夫球场看看

宇宙思绪花园每年只开放一天（通常是五月的第一个星期日）。于2019年10月去世的查尔斯·詹克斯（Charles Jencks）和他已故的妻子、中国园林设计师麦琪·凯西克·詹克斯（Maggie Keswick Jencks）一起，为了将科学、艺术和自然的世界融为一体，设计了这座占地12公顷的花园。花园由一系列用桥梁、湖泊、台阶和露台连接而成的区域组成，讲述了宇宙诞生的故事。宇宙大爆炸理论（The Big Bang）、少许弦乐器理论、DNA螺旋结构、分形几何和一点黑洞理论都以园艺的形式呈现出来，对我们的花园"应该"是什么样子的想法发起了挑战，创造了一个理念与实践完美结合的典范。然而，艺术评论家安德鲁·格雷厄姆–迪克森（Andrew Graham-Dixon）却把它比作"一个未来主义的高尔夫球场"。

凯文葛罗夫艺术博物馆
英国格拉斯哥市亚皆老街，邮编：G3 8AG
Kelvingrove Art Gallery and Museum
Argyle Street, Glasgow G3 8AG, UK
glasgowlife.org.uk/ museums/ venues/ kelvingrove-art-gallery-and-museu

▼ 在苏格兰欣赏红色和其他更多的精彩

　　凯文葛罗夫艺术博物馆坐落在一座华丽的红色宫殿里，看上去就像电视连续剧《王冠》（The Crown）或简·奥斯丁（Jane Austen）小说里的某些场景，而宫殿里也同样华丽精美，那里有22个画廊，主要用来展示创意和文化。除了自然奇观、科技成果（不要错过1901年的管风琴和1944年的喷火战斗机）以及令人惊叹的手工艺品，展出的美术作品也从一流的格拉斯哥学派作品，到法国印象派绘画和文艺复兴时期的绘画作品，真可谓包罗万象。而苏格兰的作品，正如你所希望的那样，也占有很大比例，其中的亮点作品有弗朗斯西·卡德尔（Francis Cadell）的《黑衣女士》（A Lady in Black，约1921）和琼·埃尔德利（Joan Eardley）的佳作《两个孩子》（Two Children，1963）。埃尔德利的许多作品以战后的城市儿童以及1939年和家人一起搬到格拉斯哥后看到的流浪街头的儿童为主题，而《两个孩子》只是这些作品中的一幅。在亨利·摩尔（Henry Moore）和斯坦利·斯宾塞（Stanley Spencer）的影响下，她的前卫作品还通过使用抽象拼贴画和画笔笔触的绘画技巧，来创造惊人的效果。

本页图　凯文葛罗夫艺术博物馆的东大厅
对页图　查尔斯·雷尼·麦金托什在柳树茶室设计的玻璃装饰

▲ 到可与弗兰克·劳埃德·赖特媲美的格拉斯哥建筑师的茶室里品茶

柳树茶室
英国格拉斯哥市布坎南街97号，邮编：G1 3HF
Willow Tea Rooms
97 Buchanan Street, Glasgow G1 3HF, UK
willowtearooms.co.uk

具有讽刺意味的是，当幻想破灭的查尔斯·雷尼·麦金托什（Charles Rennie Mackintosh）在伦敦去世的时候，他在他的家乡格拉斯哥还是个无名之辈，不为人知，然而在20世纪末，他却被誉为格拉斯哥风格（Glasgow Style）之父，并对装饰艺术运动（Art Deco）产生了重大的影响。虽然他最伟大的成就——格拉斯哥艺术学院（Glasgow School of Art）在撰写本书时因火灾而关闭，但他的其他一些作品仍然对外开放。其中最为著名的，也是最容易进入的（只要一杯茶的价钱）就是在1903年正式开业的柳树茶室（Willow Tea Rooms），现名为麦金托什柳树茶室（Mackintosh at the Willow）。据说正是这家茶室确立了麦金托什的独特风格。除设计建筑、彩色玻璃窗和家具外，麦金托什还对餐具、女服务员的制服，甚至是今天仍在使用的菜单字体也进行了设计。

到西部去探索风景和杰出的风景画家的作品

奥丽尔帕克美术馆
英国彭布罗克郡圣大卫市，邮编：SA62 6NW
Oriel y Parc
St David's, Pembrokeshire SA62 6NW, UK
pembrokeshirecoast.wales

格雷厄姆·萨瑟兰（Graham Sutherland）曾经是与弗朗西斯·培根和卢西安·弗洛伊德（Lucien Freud）并驾齐驱的艺术家。他那气势磅礴、色调阴暗却富有戏剧性的威尔士风景画以及于第二次世界大战期间创作的艺术作品给他带来了巨大的成功，他也因此被公认为战后英国杰出的现代艺术家之一。他有很多作品都被加的夫（Cardiff）的威尔士国家美术馆（National Gallery of Wales）所收藏，但在威尔士西部的彭布罗克郡看他的作品才会更有意义。萨瑟兰热爱这片土地，他把这里许许多多令人沉思的超现实主义风景描画出来，并将其中的一些作品遗赠给威尔士，附带条件是，应该让人们在激发他创作灵感的地方看到它们。因此他的大部分作品经常会在奥丽尔帕克美术馆里展出，这是一座坐落在彭布罗克郡海滩壮丽风景中的小美术馆，离萨瑟兰在克莱吉尔·博亚（Clegyr Boia）古村、波斯克莱斯港（Porthclais）和桑迪港（Sandy Haven）捕捉风景进行创作的地方很近。

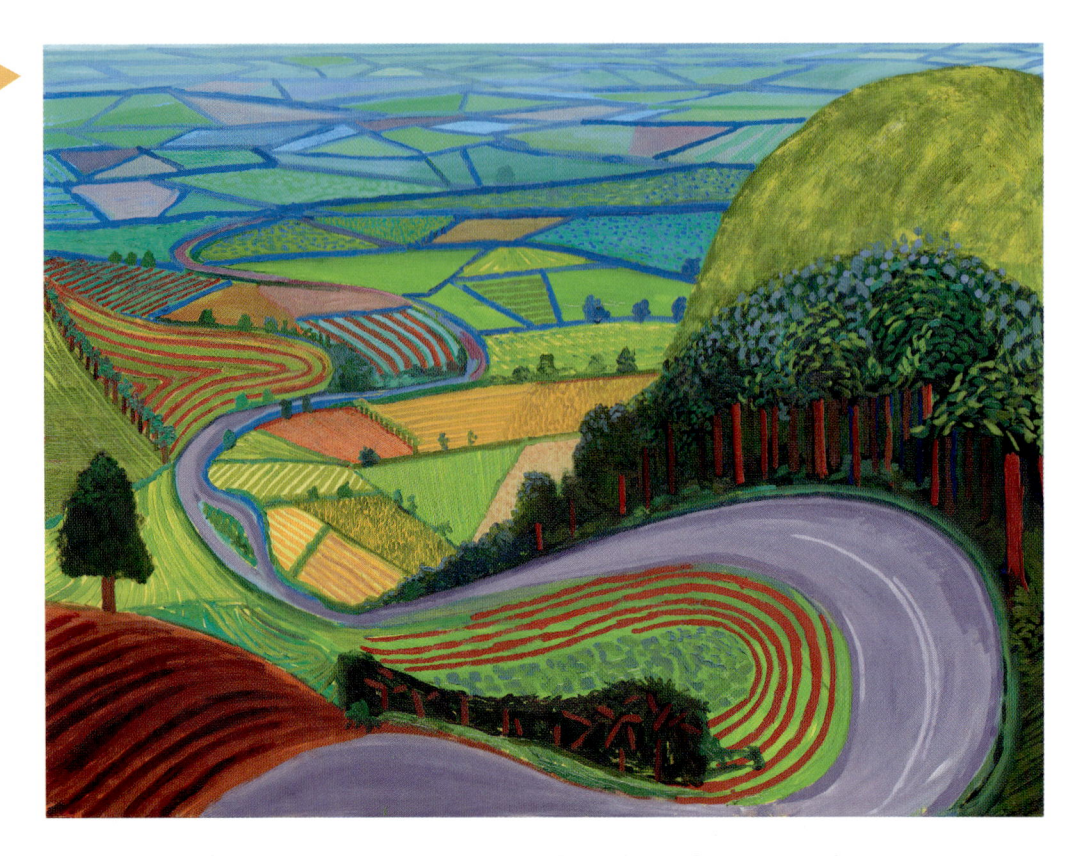

英国约克郡的不同地点
Various locations in Yorkshire, UK
yocc.co.uk and avid ire. com/ inspiration/culture/ avid hockney-at-8

▲ 跟随大卫·霍克尼在约克郡的足迹

　　50多年来，依然健在且负盛名的英国艺术家大卫·霍克尼（David Hockney）一直在创作东约克郡（East Riding）和约克郡丘陵（Yorkshire Wolds）的风景画，这是他的家乡约克郡布里德灵顿（Bridlington）周边的风景地貌。在这一大片由一个中世纪家族拥有的耕地所组成的乡村风景中，柔和的色彩像一条彩色拼布被子一样铺散开来，其中只有中性的大地色调和无数深浅不一的绿色、白色和灰色，而不是霍克尼在诸如《从斯莱德米尔到约克郡的路》（The Road to York Through Sledmere，1997）、《加洛比山》（Garrowby Hill，1998）、《基勒姆附近的矮树篱，2005年10月》（Hedgerow, Near Kilham, October 2005，2005）、《伍德盖特树林》（Woldgate Woods，2006）以及《沃特附近的大树》（Bigger Trees Near Warter，2007）等作品中所呈现出来的以黄色、紫色和橙色为主色调的糖果色。就在附近，有一座詹姆斯一世时期的伯顿·艾格尼丝厅（Burton Agnes Hall），这座有着400年历史的庄园同样属于这个家族，如今，它已成为一个艺术品收藏之家，藏品中有让-巴蒂斯特-卡米耶·柯罗（Jean-Baptiste-Camille Corot）、安德烈·德朗（André Derain）、华特·席格（Walter Sickert）、邓肯·格兰特（Duncan Grant）、保罗·塞尚、保罗·高更（Paul Gauguin）以及莫里斯·郁特里罗（Maurice Utrillo）的作品。

本页图　《加洛比山》（1988），大卫·霍克尼

对页图　伯克郡的泰晤士河与库克汉姆桥——激发艺术家斯坦利·斯宾塞创作灵感的风景

在约克郡雕塑公园的铸铁艺术中得到永生

约克郡雕塑公园
英国韦克菲尔德市西布雷顿村,邮编:WF4 4LG
Yorkshire Sculpture Park
West Bretton, Wakefield WF4 4LG, UK
ysp.org.uk

不管你喜不喜欢雕塑,坐落在韦克菲尔德市、占地202公顷的布雷顿庄园的公园绿地、牧场和林地之间的约克郡雕塑公园都会给你带来欢乐。四十多年来,公园里一直在展出从亨利·摩尔和安迪·高兹沃斯到阿法瓦多·加尔(Alfredo Jaar)和因卡·修尼巴尔(Yinka Shonibare)等这些来自世界各地的艺术家创作的最出色的现代雕塑作品。而像为吉塞普·佩诺内(Giuseppe Penone)、胡安·米罗、比尔·维奥拉(Bill Viola)、野口勇和当地女孩芭芭拉·赫普沃斯(Barbara Hepworth)等人举办的临时展览后,则经常会把展品永久性地添加到画廊的藏品之中。如果你想成为藏品的一部分,你可以做到,这要感谢铸铁作品《艺术行走2》(Walk of Art 2)。这是一条由艺术家戈登·扬(Gordon Young)和名为Why Not Associates(意为"为什么不联合/加入")的设计工作室联合设计的走道,支持者的名字会被印在锻造的铭牌上,然后再将铭牌加在一条长长的、蜿蜒穿过公园的铸铁地毯上——每个名字只需125英镑(约1000元人民币)。

▼ 在伯克郡窥探斯坦利·斯宾塞世界的幕后花絮

英国伯克郡的不同地点
Various locations in Berkshire, UK
stanleyspencer.org.uk

探索能激发艺术家创作灵感的地方总是一种很有趣的体验,特别是当那些地方能像伯克郡的库克汉姆村(Cookham)一样美丽。斯坦利·斯宾塞爵士(Sir Stanley Spencer)一生中的大部分时间都生活在这座小村庄里,画了许多与村庄的特色以及周围乡村有关的作品。在乡间漫步,去寻找他创作《库克汉姆摩尔》(Cookham Moor,1937)和《天使,库克汉姆教堂墓地》(The Angel Cookham Churchyard,1934)等作品的地点,去参观精彩纷呈的斯坦利·斯宾塞画廊(Stanley Spencer Gallery),真是乐趣无穷。斯坦利·斯宾塞画廊是库克汉姆大街上的一座建于19世纪的迷人的小教堂。画廊里有一本小册子,里面详细介绍了斯宾塞三次在30分钟和90分钟之间的发现之旅。此外,画廊的永久展览和临时展览,对仰慕艺术家的人来说,也一定要去看看。

亨利·摩尔的住宅、工作室和花园

英国赫特福德郡佩里格林村戴恩树屋，邮编：SG10 6EE

Henry Moore House, Studios & Garden
Dane Tree House, Perry Green, Hertfordshire SG10 6EE, UK
henry-moore.org

▼ 亲身体验一下亨利·摩尔的世界

赫格兰兹（Hoglands）是亨利·摩尔生活了40多年的家，舒适宜人、小巧别致而且还充满了家庭乐趣，所以在房间里能真实地感受到他的存在。亨利和他的妻子伊丽娜（Irina）的许多东西都还保留在房间里——就好像他们刚刚离开房间一样；你只有在导游的带领下才能参观这所房子，这样隐私就可以得到保护。而工作室和花园则无须预订，你可以在宽敞的庭院里自由行走。在他的工作室里，你会看到数以百计的设计模型，接着在室外又能看到原尺寸的雕塑，真是有趣极了。最后，你还能在一个16世纪的过道谷仓（Aisled Barn）里找到乐趣，因为那儿有一组根据摩尔的绘画作品创作的风格独特的挂毯。

本页图　在亨利·摩尔的顶级工作室里可以找到的珍品
对页图　邱园里的玛丽安娜·诺斯画廊

在伯明翰寻找中世纪的浪漫传奇

伯明翰博物馆和美术馆

英国伯明翰市张伯伦广场，邮编：B3 3DH
Birmingham Museum & Art Gallery
Chamberlain Square, Birmingham B3 3DH, UK
birminghammuseums.org.uk/bmag

伯明翰是英国中部地区制造业的工业中心，想在这里发现一个受自然和传说启发的浪漫而又神秘的世界似乎不太合适，然而，伯明翰的市立艺术画廊收藏的前拉斐尔派（Pre-Raphaelite）艺术作品，从油画、挂毯和素描到彩色玻璃、陶瓷制品和家具，均居世界之首。前拉斐尔派和追随者"兄弟会"[Brotherhood，是由艺术家约翰·埃弗雷特·米莱斯（John Everett Millais）、威廉·霍尔曼·亨特（William Holman Hunt）和但丁·加百利·罗塞蒂（Dante Gabriel Rossetti）在1848年创立]彻底改变了维多利亚时代的艺术世界，他们对艺术的爱就像他们所描绘的穿着中世纪衣裙、满头火红色头发的性感女郎和穿着闪亮盔甲的骑士一样丰富多彩。一定要去看看罗塞蒂的《普罗塞尔皮娜》[Proserpine，1874，以他的创作女神和情人、壁纸大师威廉·莫里斯（William Morris）的妻子简·莫里斯（Jane Morris）为原型创作的作品]，还有出生在伯明翰的爱德华·伯恩−琼斯（Edward Burne−Jones）的作品。伯恩−琼斯还为城市的大教堂设计了一系列精美的彩色玻璃，大教堂就在博物馆的拐角处。

▲ 在邱园里环游世界

玛丽安娜·诺斯画廊

英国伦敦市里士满区皇家植物园，邱园，邮编：TW9 3AE
Marianne North Gallery
Royal Botanical Gardens Kew, Richmond, London TW9 3AE, UK
kew.org/kew-gardens/whats-in-the-gardens/ marianne-north-gallery

伦敦邱园的玛丽安娜·诺斯画廊位于一座殖民地时期风格的建筑，在这座建筑外观的背后会有一些让你意想不到的东西。画廊是以19世纪令人敬畏的植物学艺术家玛丽安娜·诺斯的名字命名，并在她的授意下由建筑历史学家詹姆斯·弗格森（James Ferguson）设计规划的。在这个两层楼高、光线充足的空间里塞满了她创作的832幅绘画作品，还有她在五大洲旅行时收藏的大约200个木材样本。这些作品和嵌板，通过精心设计的木材填充及瓷砖内饰，紧紧地挤在一起，形成了美丽的壁阶，创造出一堵坚实的实体墙，墙上有许多意想不到、令人惊奇的图像：这边是种植园里随风摇曳的纸莎草，或是巴西棕榈叶上的一群蝴蝶，那边是四周环绕着攀缘紫藤的富士山的美丽风光，旁边还有爪哇岛（Java）帕潘达扬火山（Papandayan Volcano）附近的山丘植被。这着实让你大为惊叹，而同时又好像把你带到了千里之外，让你有种身临其境的感觉。

签名画廊
英国伦敦市利维英敦艺术馆，邮编：EC2A 3BA
Autograph Gallery
Rivington Place, London
EC2A 3BA, UK
autograph.org.uk

去报名参加亲笔签名的体验吧

这个由大卫·阿加叶（David Adjaye）设计的现代、明亮的空间位于肖迪奇区（Shoreditch）创意活动中心的中央区域。它自称是专门用来分享"那些用摄影和电影来突出强调身份、抗议、人权以及社会正义等问题的艺术家的作品"的空间，因此这里总会举办一场能让你提出疑问，并想更多地去了解它的主题及艺术家的展览。展览的重点是大力推广黑人、亚裔和其他少数族裔（Black, Asian, and Minvrity ethnic，缩写BAME）艺术家的作品，大多数展览都有面向所有年龄段的各种活动和比赛，其中有许多是免费的。

皇家艺术学院
英国伦敦市皮卡迪利大街伯林顿府，邮编：W1J 0BD
The Royal Academy of Arts
Burlington House,
Piccadilly, London W1J
0BD, UK
royalacademy.org.uk

在皇家艺术学院夏季展看艺术的民主化

皇家艺术学院将其每年举办的夏季展（Summer Exhibition）称之为世界上最古老的公开展览——这就意味着任何人都可以提交一份作品，供皇家艺术学院院士组成的知名委员会审议。展览从1769年首次展览中展出的136件作品，发展到覆盖皇家艺术学院墙壁和地板的1000多件绘画、版画和雕塑作品，它们都是从提交作品中挑选出来的，其数量比250年前要多得多。展览的一大乐趣是能看到一些当代艺术大师的作品，可能是特蕾西·艾敏（Tracey Emin）或大卫·霍克尼的作品，旁边也许还有一位不知名的艺术家的作品。展览每年都会由一位艺术领域公认的杰出人物来策划筹备，其中包括近几年的格雷森·佩里（Grayson Perry）和因卡·修尼巴尔，这就增加了围绕评选的兴奋感。

弗里兹雕塑/艺术博览会
英国伦敦市摄政公园
Frieze Sculpture/Art Fair
Regent's Park, London, UK
frieze.com

爱上弗里兹的艺术盛会和雕塑小道

一年一度的艺术马戏团，即伦敦的弗里兹艺术博览会，作为一种高端活动，于2003年在摄政公园的一个帐篷里首次举行，其目的是出售艺术品。近20年来，它吸引了多达十万名游客前来参观，因为他们被博览会类似格拉斯顿伯里（Glastonbury）的狂欢节气氛深深吸引，然而与格拉斯顿伯里不同的是，这里到处都是艺术和名人，而不是音乐和名人。博览会乐趣无穷，但最有趣的就是弗里兹雕塑（Frieze Sculpture）。从7月到10月初，在这个晒图党的天堂里总能看到遍布公园的25件户外艺术作品，这些着重强调趣味性但又富有洞察力的作品让一群又一群伦敦人欣喜不已——比如巴西艺术家维克·穆尼斯（Vik Muniz）在2019年按照原车尺寸制作的一辆1973年的捷豹E型（Jaguar E-Type）火柴盒玩具车的复制品，上面还有凹痕和脱落的油漆。博览会的选择策略是选出幽默诙谐、有政治性和十分有趣的作品。在阳光明媚的日子里，它绝对是一道完美的流行文化风景线。

沿着伦敦步道来一次艺术漫步,锻炼身心

步道
英国伦敦市
The Line
London, UK
the-line.org

许多城市和小镇都有艺术小径,用来展示艺术家描画的著名风景或是著名艺术作品的创作地点,但在伦敦艺术步行道,你其实是走在一条以特定场域艺术的原创作品为特色的小路上,这些作品不仅能让你接触到周围的环境,而且还能让你注意到这个地点的历史。这条线路沿着航道和子午线,从伊丽莎白女王奥林匹克公园(Queen Elizabeth Olympic Park)一直延伸到O2体育馆,安东尼·葛姆雷、加里·休谟(Gary Hume)以及理查德·威尔逊(Richard Wilson)等艺术家推出的作品都或明或暗地参考了它们的位置。例如,亚历克斯·齐内克(Alex Chinneck)创作的高35米的《来自流星的子弹》(*A Bullet from a Shooting Star*, 2015)是一个倒置的电塔,它在尖端保持平衡,看上去仿佛是从空中降落下来,作品暗示了格林威治半岛(Greenwich Peninsula)极为强大的历史,而其他所有作品也都讲述了它们所占据的那一小块伦敦土地的传奇故事。

左图　加里·休谟的《自由握把》(*Liberty Grip*, 2008),格林威治半岛,伦敦艺术步行道的一部分,步道

英国　95

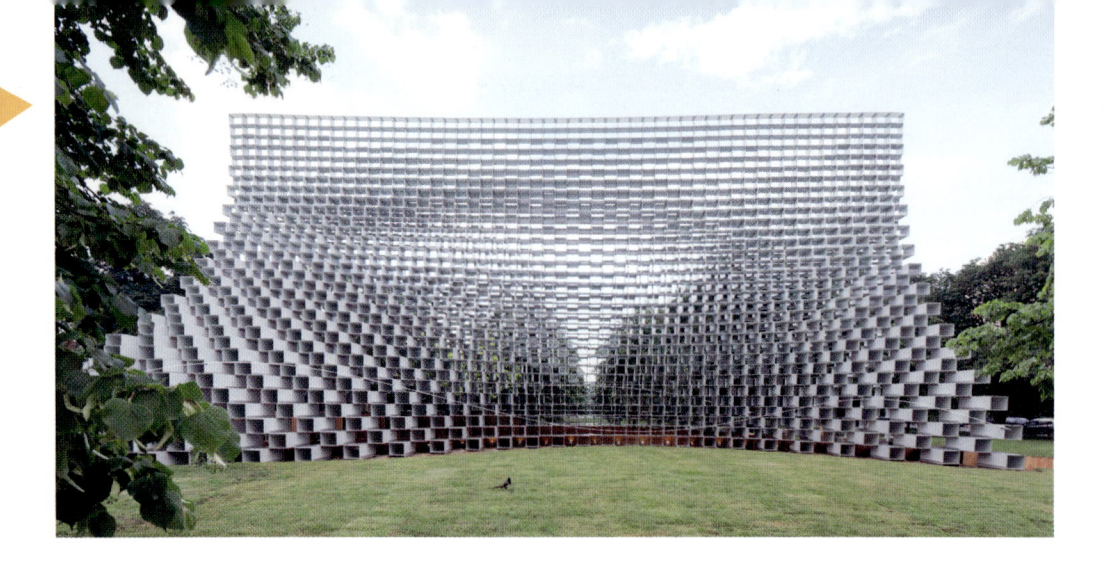

▲ 在海德公园欣赏层出不穷的奇葩建筑

蛇形展馆

英国伦敦市海德公园肯辛顿花园，邮编：W2 3XA
Serpentine Pavilion
Kensington Gardens, Hyde Park, London W2 3XA, UK
serpentinegalleries.org

每年夏天，蛇形画廊（Serpentine Gallery）都会在它位于海德公园的永久空间旁边委托建筑师建造一个临时展馆。因为展馆是临时性的，所以这个结构就为建筑师提供了一个契机，能让他们在不受永久性建筑结构的束缚下，巧妙地利用光线、形状和形式，所以建筑师们就像鸭子喜欢水一样，喜欢上了这个委托项目。2000年，伊拉克裔英国建筑师扎哈·哈迪德（Zaha Hadid）设计建造了第一个临时展馆，并为之后的展馆建设设立了很高的标准。接着，世界上一些较具天赋的建筑师也相继参与了设计，其中包括早期的巴西建筑师奥斯卡·尼迈耶和波兰裔美国建筑师丹尼尔·里伯斯金（Daniel Libeskind），以及最近的墨西哥建筑师弗里达·埃斯科贝多（Frida Escobedo）和日本建筑师石上纯也（Junya Ishigami）。虽然作为活动空间的每个展馆在三个月后就会被拆除，但它的确是建筑师以艺术家的身份来表现自我的一个理由，因为在实施过程中，他们有很大的自由度，而且还会受到鼓励去尝试创新（尽管预算有限）。结果绝对令人着迷。

在一次非同寻常的艺术之旅中走出你的舒适区

令人不适的艺术之旅

英国伦敦市
Uncomfortable Art Tours
London, UK
theexhibitionist.org

爱丽丝·普罗克特（Alice Procter）是一位肩负使命的女性。她的使命是召集一些受我们尊敬的美术馆和博物馆，问问它们是如何获取、展示并思考它们的艺术品的。她在伦敦的国家美术馆（National Gallery）、国家肖像馆（National Portrait Gallery）、大英博物馆（British Museum）、维多利亚和阿尔伯特博物馆（Victoria and Albert Museum）、泰特不列颠美术馆（Tate Britain）以及皇后之屋 [Queen's House，英国国家海事博物馆（ National Maritime Museum）的一部分] 举办的"令人不适的艺术之旅"（Uncomfortable Art Tours）中，带领一群小团队去参观她精心挑选的作品，对英国一直无力解决其殖民历史的问题，也无力重建我们的主要艺术机构与它们的根源及赞助之间的关系等问题提出了质疑。无论是从研究作品的来源、重要政治人物的表现，文字的说明描述、作品在空间的定位和肖像作品等问题，还是从与一些展出作品相关的场地资助问题来看，普罗克特都提供了一次精彩绝伦、与众不同的艺术之旅。

法国圣母院

英国伦敦市莱斯特广场5号，邮编：WC2H 7BX

Notre Dame de France
5 Leicester Place, London
WC2H 7BX, UK
ndfchurch.org

▼ 去感受一个局外人对耶稣受难的认识

1959年，极富创造性的博学大师让·谷克多（Jean Cocteau）应邀为奢华的伦敦苏荷（Soho）区正在重新修建的法国圣母院教堂绘制一系列壁画。这位诗人和电影制作人集于一身的大师是一位天主教徒，而正是这种身份的多面性使其创作的壁画极不寻常。在耗时九天的疯狂创作中，这个头发卷曲、行为乖张、思想前卫的小个子法国人创作了三幅作品，随后，一个紧张不安的英国媒体描述了他是如何与他的作品——《天使报喜》（*Annunciation*）、《耶稣受难》（*Crucifixion*）以及《圣母升天》（*Assumption*）——进行交流的。他对耶稣受难的描绘是非常罕见的，因为壁画中没有耶稣完整的形象，而是仅仅展示了他流血的（有人说是哭泣的）脚。当他完成任务时，谷克多说他很遗憾要离开教堂的那面墙了，那面"把我吸引到另一个世界"的墙。

对页图　比雅克·英格斯建筑事务所（Bjarke Ingels Group）于2016年设计的蛇形展馆
本页图　让·谷克多为法国圣母院创作的《耶稣受难》（1960）

特拉姆希德餐厅

英国伦敦市利文顿街32号，
邮编：EC2A 3LX

Tramshed
32 Rivington Street,
London EC2A 3LX, UK
hixrestaurants.co.uk/
restaurant/tramshed

本页图 达米恩·赫斯特的《公鸡与公牛》（2012）在特拉姆希德餐厅里展出

对页图 在泰特不列颠美术馆欣赏J.M.W.透纳的《渡溪》（Crossing the Brook，1815年首次展出）

▲ 欣赏一下从煎锅跳进福尔马林的艺术

特拉姆希德餐厅的老板/主厨马克·希克斯（Mark Hix）曾经说过："一天中去餐馆的人要比一周内去美术馆的人多得多。"在特拉姆希德这家休闲鸡肉与牛排餐厅里，达米恩·赫斯特（Damien Hirst）创作的特定场域艺术作品《公鸡与公牛》（Cock and Bull，2012）会让人有点难以接受。《公鸡与公牛》是赫斯特动物保护系列作品《自然历史》（Natural History）的一部分，作品描绘了这样一个情境：一只小公鸡站在赫里福德奶牛背上，它们保持这种形态被浸泡在福尔马林里，并被放置在一个巨大的钢架玻璃缸里，悬挂在正在大吃特吃的用餐者的头顶上进行展出，而他们吃的正是……公鸡和公牛。据赫斯特所说，在从一头默默无闻的母牛一跃成为身价数百万的艺术作品明星之前，它正在被送往屠宰场的路上。然而，作品的讽刺意义还不止于此，因为特拉姆希德餐厅还展出了赫斯特的另一件名为《牛肉与鸡肉》（Beef and Chicken，2012）的绘画作品，作品描绘了……好吧，让你来猜猜看。

▲ 到泰特不列颠美术馆透纳的世界里去转一转

泰特不列颠美术馆
英国伦敦市威斯敏斯特区米尔班克路，邮编：SW1P 4RG
Tate Britain
Millbank, Westminster, London SW1P 4RG, UK
tate.org.uk/visit/tate-britain

为什么J.M.W. 透纳（Joseph Mallord William Turner，约瑟夫·马洛德·威廉·透纳）创作的华丽但不真实的艺术作品会在18世纪末引发如此巨大的骚动呢？这从21世纪的艺术视角来看是很难理解的。如果你想把画家自由松散的笔触和鲜活明快的色彩融入当时的创作背景，并看看它们是如何向早期绘画大师的经典作品以及透纳创作时期的流行风格发起挑战的话，那么你就必须到泰特不列颠美术馆去转一转，因为它是世界上最大的透纳作品收藏地。这里，不断变换的展览中总会展出一些他伟大的杰作，其中包括《安息——海葬》（*Peace — Burial at Sea*，1842）和《诺勒姆城堡日出》（*Norham Castle, Sunrise*，1845）。而当你在这里参观的时候，也不能错过像弗朗西斯·培根、约翰·埃弗雷特·米莱斯爵士、L.S. 洛瑞（L.S. Lowry）、大卫·霍克尼、克里斯·奥菲利（Chris Ofili）、布里奇特·赖利（Bridget Riley）、威廉·布莱克、卢西安·弗洛伊德、华特·席格以及吉尔伯特与乔治（Gilbert & George）这些具有颠覆性并享誉世界的英国艺术家的作品。

在"艺术天使"的帮助下找到尘世的快乐

伦敦周围以及更远区域的不同地点
Various locations around London and beyond
artangel.org.uk

"艺术天使"（Artangel）的口号是"非同寻常的艺术，意想不到的地方"，这是一个大胆的主张，但是这个艺术组织却在它30多年的特定场域项目中成功实现了自己的目标。"艺术天使"在这些项目中接管了空无一人的监狱、废弃的邮局，甚至还有一座苏格兰的山上，在这些地方用固体空气制作雕塑，并受委托建造了1英里（约1.6千米）高的光柱，创作了一段讲述千年历史的乐章。和"艺术天使"一起工作的艺术家们像在读当代文化界的《名人录》（*Who's Who*），他们中有P.J. 哈维（P.J. Harvey）、劳瑞·安德森（Laurie Anderson）和布莱恩·伊诺（Brian Eno），还有雷切尔·怀特瑞德（Rachel Whiteread）、史蒂夫·麦奎因和马修·巴尼（Matthew Barney）。作品中有一些是临时性的，大部分作品都在伦敦（罗妮·霍恩在冰岛的"水之图书馆"是一个值得注意的例外，见第84页）。如果你要去伦敦旅行，请查看一下网站，看看有什么作品在展出。有一点几乎可以肯定的是，无论它是什么作品，它都会是一种非同寻常的艺术，而且会出现在一个意想不到的地方。

▶ 让你的想象力在泰特现代美术馆涡轮大厅的高耸空间里自由翱翔

泰特现代美术馆
英国伦敦市泰晤士河岸，邮编：SE1 9TG
Tate Modern
Bankside, London SE1 9TG, UK
tate.org.uk/visit/tate-modern

  2000年，当泰特现代美术馆加入伦敦最负盛名的美术馆名馆的行列中时，它那令人大为惊奇的涡轮大厅（Turbine Hall）在河岸发电站（Bankside Power Station）的改造工程中赢得了赞声一片。美术馆有五层楼高，占地面积为3400平方米，这就为在其他许多美术馆里都无法看到的装置作品和艺术作品提供了空间，从它的第一次展览，路易斯·布尔乔亚（Louise Bourgeois）的《我做，我取消，我重做》（*I Do, I Undo, I Redo*，2000）开始，艺术家们就以极具创造力和想象力并能深深吸引观众的委托作品来做出响应。奥拉维尔·埃利亚松的《天气计划》（*Weather Project*，2003—2004）、卡斯特·奥莱（Carsten Höller）的《试验场》（*Test Site*，2006—2007）滑梯、米洛斯瓦夫·巴尔卡（Miroslaw Balka）的《它怎么了》（*How It Is*，2009），以及卡拉·沃克的《美国喷泉》（*Fons Americanus*，2019）只是博得六千多万参观者交口称赞的展品中的一部分，但无论你看到的是什么作品，它都会让你终生难忘。

跨页图　卡斯特·奥莱的《试验场》（2006—2007），泰特现代美术馆涡轮大厅

英国

素描茶餐厅
英国伦敦市梅费尔区康迪特大街9号，邮编：W1S 2XG
Sketch
9 Conduit Street, Mayfair, London W1S 2XG, UK
sketch.london

▼ 在素描茶餐厅史瑞格里的艺术空间里享用一次下午茶吧

"粉色之美"不足以形容素描高档茶餐厅和酒吧的室内设计。这家由印蒂雅·马赫达维（India Mahdavi）设计的茶餐厅，就像你在梅菲尔（Mayfair）高档住宅区的一栋由18世纪建筑改建而成的空间宽敞的两层楼里看到的米其林星级餐厅一样，豪华舒适，但也许你没有想到的是这间茶餐厅也是画廊，自开业以来，这里就展出了许多大卫·史瑞格里（David Shrigley）创作的色彩丰富的艺术作品。在最近的复展中，这位备受推崇的英国艺术家，不仅用91幅色彩鲜明的作品取代了他原来挂在餐厅墙壁上的239幅单色画，而且还添加了一些新的陶瓷餐具，餐具上有他风格独特的素描画和文字，它们被描述为与名厨皮埃尔·加涅尔（Pierre Gagnaire）的美食之间的整体互动。所以，如果你想寻找一个既能欣赏特定场域的雕塑艺术，又能坐在其中尽情吃喝的良机，那么你应该知道去哪儿了吧。

下图　装饰素描茶餐厅墙壁的大卫·史瑞格里的艺术作品

泰特现代美术馆

英国伦敦市泰晤士河岸,邮编:SE1 9TG
Tate Modern
Bankside, London SE1 9TG, UK
tate.org.uk/visit/tate-modern

在泰特现代美术馆欣赏罗斯科的西格拉姆壁画

泰特现代美术馆有很多能让你待上几小时甚至几天的精彩艺术展室,但是如果置身于一个名为"罗斯科"的展室里,你可以想象一下自己每时每刻都沉浸在这里的九件艺术作品中的情形——这正是艺术家马克·罗斯科(Mark Rothko)的用意,很明显,这些绘画作品——受到米开朗琪罗(Michelangelo)在佛罗伦萨设计的劳伦齐阿纳图书馆(Laurentian Library)的影响——是针对沉思冥想的观者来进行创作的。就这方面来看,在这里,在一个特意创建的空间里看这些作品,比在最初计划的纽约派克大道(Park Avenue)上的西格拉姆大厦(Seagram Building)四季餐厅(Four Seasons)里看效果会更好。20世纪50年代末,他们曾受委托为这家餐厅进行创作。

萨默塞特府

英国伦敦市河岸街,邮编:WC2R 0RN
Somerset House
Strand, London WC2R 0RN, UK
somersethouse.org.uk

泰晤士河畔的迷你艺术之旅,令人惊叹

第一次去参观考陶尔德画廊(Courtauld Gallery)的人经常会为这里展出的跨越半个世纪的一流艺术家的丰富作品而感到惊叹。画廊的收藏品从文艺复兴初期一直延伸到20世纪,在这里参观就像一个穿越现代艺术史的迷你艺术之旅,能欣赏到一些世界著名的绘画作品,其中包括无与伦比的印象派和后印象派的艺术藏品。这里也是英国最大的塞尚(Cézannes)作品的收藏地,其间还有埃德加·德加(Edgar Degas)、克劳德·莫奈(Claude Monet)、托马斯·庚斯博罗(Thomas Gainsborough)、彼得·保罗·鲁本斯(Peter Paul Rubens)、桑德罗·波提切利(Sandro Botticelli)、阿美迪欧·莫蒂里安尼(Amedeo Modigliani)、弗朗西斯科·戈雅(Francisco Goya)的作品……所有这些藏品都被存放在泰晤士河畔的一座美丽的18世纪的建筑里。在经过花费数百万英镑的翻修改造后,画廊在重新开放时一定会展出更多种类的藏品。

法利之家与画廊

英国东萨塞克斯郡奇丁利村马多勒斯·格林区法利农场,邮编:BN8 6HW
Farleys House & Gallery
Farley Farm, Muddles Green, Chiddingly, East Sussex BN8 6HW, UK
farleyshouseandgallery.co.uk

和李·米勒一起捕捉生活的瞬间

众所周知,李·米勒(Lee Miller)是一位战地摄影师,也是一名模特和曼·雷的缪斯,但在东萨塞克斯郡的一所普普通通的乡间别墅里,参观者们却能看到李·米勒的另外一面——或许是一个完整的李·米勒。1949年,她和艺术家及艺术收藏家罗兰·彭罗斯(Roland Penrose)在这里安家落户,在接下来的35年里,这对夫妇欢迎来自创意世界的高端人士前来参观——他们中有奥诺拉·卡林顿(Leonora Carrington)、安东尼·塔皮埃斯(Antoni Tàpies)、巴勃罗·毕加索、马科斯·恩斯特(Max Ernst)、胡安·米罗和曼·雷。他们中的许多人的作品如今仍然可以在法利之家不拘一格、色彩斑斓的房间和画廊里找到,而且这里也是李·米勒的档案馆(Lee Miller Archives)和彭罗斯收藏馆(The Penrose Collection)的基地。建议提前订好行程,最好在夏天去参观,因为那时在雕塑花园里可以享受野餐。

奇切斯特大教堂

英国西萨塞克斯郡奇切斯特市，大教堂回廊，皇家礼拜堂，邮编：PO19 1PX

Chichester Cathedral
The Royal Chantry,
Cathedral Cloisters,
Chichester, West Sussex
PO19 1PX, UK
chichestercathedral.org.uk

欣赏奇切斯特大教堂里的艺术

就像许多大教堂一样，奇切斯特大教堂里有许多具有历史意义的雕刻品、绘画作品以及彩色玻璃，但它还有一些令人惊叹的现代艺术作品，这主要归功于沃尔特·赫西[Walter Hussey，赫西于1955年到1977年间担任奇切斯特学院院长，他把自己的私人藏品留给了城市的帕兰德之家画廊（Pallant House Gallery）]的远见卓识。教堂里的亮点作品包括格雷厄姆·萨瑟兰的惊人之作《不要碰我》（Noli Me Tangere，1961）和帕特里克·普罗克托（Patrick Procktor）的《基督的洗礼》（Baptism of Christ，1984），而教堂里一些漂亮的彩色玻璃都是在20世纪绘制的——克里斯托弗·韦伯（Christopher Webb）的《施洗者圣约翰》（St John the Baptist，1952），还有一件最壮观、辉煌的作品，马克·夏加尔对《赞美诗150》（Psalm 150，1978）的生动诠释。同样引人注目的是主祭坛后面由约翰·派博（John Piper）于1966年设计的巨型挂毯。为了增添更多值得欣赏的艺术品，这里还收藏了一块罗马时期的马赛克地板（在南侧廊的玻璃下面），此外还有一个中世纪的阿兰德尔墓，墓里有阿兰德尔伯爵（Earl of Arundel）和他的妻子手牵手的雕像，而这就是菲利普·拉金（Philip Larkin）于1956年创作的令人心酸的《阿兰德尔墓》（An Arundel Tomb）一诗的灵感来源。

芭芭拉·赫普沃斯博物馆和雕塑花园

英国康沃尔郡圣艾夫斯市巴农山，邮编：TR26 1AD

The Barbara Hepworth Museum and Sculpture Garden
Barnoon Hill, St Ives,
Cornwall TR26 1AD, UK
tate.org.uk/visit/tate-st-ives/barbara-hepworth-museum-and-sculpture-garde

沉浸在康沃尔独特之光照耀下的一流雕塑中

参观芭芭拉·赫普沃斯博物馆和雕塑花园是一次千载难逢的机会，它能让你了解一位20世纪英国最伟大的雕塑家的生活和作品。从1949年到1975年她去世前的这段时间，赫普沃斯一直在泰温工作室（Trewyn Studio）生活和工作，这里有一种神秘而诡异的创作意识在等待她的回归，同时也在等待她自己最喜欢的一些作品问世。1939年第二次世界大战爆发时，她和她的丈夫、画家本尼·科尔森（Ben Nicholson），以及他们年轻的家人第一次来到康沃尔生活，她说："找到泰温工作室真是件很神奇的事情。这里有一间工作室、一个庭院和花园，这样我就可以在户外开阔的空地上工作了。"在花园里，作品的摆放位置与赫普沃斯离去时基本一样，而花园是由艺术家在她的朋友、南非作曲家普里奥尔科斯·雷尼尔（Priaulx Rainier）的帮助下设计完成的。

对页图　瓦茨教堂装饰天花板的一部分

在肯特郡的一座小教堂里发现一幅夏加尔的绝世名作

诸圣教堂
英国肯特郡汤布里奇镇托德雷村，邮编：TN11 0NZ
All Saints' Church
Tudeley, Tonbridge, Kent TN11 0NZ, UK
tudeley.org

　　诸圣教堂位于肯特郡汤布里奇附近的托德雷村，它是世界上唯一一座彩色玻璃窗全都是由马克·夏加尔设计的教堂，朴实无华的乡村教堂与艺术家运用旋涡般的蓝色和金色营造出的极具欧洲现代主义艺术气息的风格形成鲜明的对比，是不可错过的。1963年，一位年轻的现代艺术爱好者莎拉·德阿维格多尔–戈德史米德（Sarah d'Avigdor-Goldsmid）不幸去世，她的父母委托艺术家设计教堂朝东的最大的窗户，以此来悼念他们的女儿。1967年，夏加尔来到这座中世纪的教堂安装窗户时，这12扇令人难以忘怀的美丽的窗户就是这样创作出来的。他公开表示："它太壮观了！我全都要做。"差不多60年后，坐在这座不同寻常的小教堂里，体验它鲜亮明快的色彩，还有那满是天使、骡子、鸟和马的场景，所有这些都是夏加尔经常使用的对希望和快乐的比喻，真是妙不可言。

▼ 在萨里郡的一个小村庄里邂逅乔治和玛丽·瓦茨

瓦茨画廊和瓦茨教堂
英国萨里郡康普顿村唐街，邮编：GU3 1DQ
Watts Gallery & Watts Chapel
Down Lane, Compton, Surrey GU3 1DQ, UK
wattsgallery.org.uk

　　维多利亚时期的艺术家G.F. 瓦茨(George Frederic Watts，乔治·弗里德里克·瓦茨)和他的妻子玛丽有一次在萨里郡的康普顿村参观时，一下子被这个他们曾经生活和工作过的地方深深吸引。乔治有一股自然的力量，一个绰号为"英国的米开朗琪罗"的画家和雕塑家，热衷于在他的作品中传达道德或精神方面的讯息。1866年，他和比他年纪小很多，但思想却极为相似的雕塑家玛丽·弗雷泽–泰特勒（Mary Fraser-Tytler）结了婚，她创建了一座风格独特的砖砌工艺美术教堂，一颗充满了象征意义和手工制作细节的小宝石。两位艺术家都被埋葬在玛丽设计的意大利风格的红砖回廊附近的教堂墓地里。瓦茨画廊里有乔治在他漫长的一生中创作的素描、绘画和雕塑作品，以及一个能唤起记忆、重新修建过的工作室。这里还有一个专为玛丽设计的空间，其中特别引人注目的是她为奥尔德肖特（Aldershot）军用医院设计的祭坛装饰品。如果你想尝试一次沉浸式体验，可以预订一趟去他们的工艺品之家林纳斯莱塞（Limnerslease）的旅程。

▶ 在圣本托火车站被送往另一个世界

圣本托火车站
葡萄牙波尔图市阿尔梅达·加勒特广场，邮编：4000-069
São Bento train station
Praça de Almeida Garrett, 4000-069
Porto, Portugal
introducingporto.com/sao-bento-railway-station

  公共交通枢纽是寻找以环境为背景的艺术作品的好地方，但是其中却没有多少能表达它们国家的整个历史。那么，就欢迎你到波尔图的一个令人惊叹的圣本托火车站去看一看，那里有大约两万多块蓝白相间的阿祖列霍（Azulejo）瓷砖在讲述着这个国家的历史。火车站是由建筑师何塞·马克斯·达席尔瓦（José Marques da Silva）于1903年以布扎学院派（Beaux Arts）风格设计的，这座建筑本身就是一种艺术，但它的大厅瓷砖和从1905年到1916年在火车站工作的瓷砖美化大师乔治·库拉库（Jorge Colaço）设计的大型内墙板才是这里真正的艺术。走进火车站，你就会被它们深深吸引。

右跨页图　圣本托火车站里描绘葡萄牙历史场景的阿祖列霍瓷砖

葡萄牙

保拉·雷戈历史博物馆

葡萄牙卡斯凯伊斯市共和国大街300号，邮编：2750-475

Casa das Historias Paula Rego

Avenida da República 300, 2750-475 Cascais, Portugal

casadashistoriaspaularego.com

在葡萄牙探索一个罕见的女性艺术空间

专为女性打造艺术空间的女性艺术家，就其数量而言，或许用不了十个手指头就能数出来，而保拉·雷戈（Paula Rego）就是她们中的一员，她的实力由此可见一斑。这里广泛收集而来的藏品是她通过各种媒介和许多不同的绘画技法创作的、时间跨越了半个世纪的油画、素描和蚀刻版画作品，它们都清楚地展现出这位最多产也是最迷人的艺术家不断求索的精神。蚀刻版画和素描作品有500多幅，但是最吸引人的是从艺术家那儿借来展出的，以及保拉·雷戈在20世纪60年代到90年代创作的22幅油画，其中有让人感到压抑不安的《秩序已经建立》（Order Has Been Established，1960）和《当我们在乡下有房子的时候》（When We Had a House in the Country，1961），还有精彩有趣的《歌剧》（Operas，1982—1983）系列作品和充满活力的《突尼斯的薇薇安女孩》（Vivian Girls in Tunisia，1984）。

◀ 欣赏巴斯克雕塑家爱德华多·奇利达的重要作品

奇利达勒库博物馆

西班牙埃尔纳尼市乔雷吉区66号，邮编：20120

Chillida Leku

Barrio Jauregui 66, 20120 Hernani, Spain

museochillidaleku.com/en/museo/el-jardin

深受人们喜爱的巴斯克（Basque）雕塑家爱德华多·奇利达（Eduardo Chillida）用钢铁和花岗岩创作的抽象作品，在柏林、赫尔辛基、达拉斯和多哈这些遥远城市的画廊里都能找到，但毫无疑问，在这座占地11公顷的露天博物馆里，却可以看到他最出色的作品。在一座16世纪的巴斯克农舍周围，有一片绵延起伏、空旷无边的公园绿地、田野和树林，那里有43件大型作品。参观者可以触摸这些作品，并从内到外对其进行探究，还可以在开阔的天空和地平线这种广阔的背景下观赏它们，以强调一种艺术品的材料与自然元素的关系。每件艺术品都有一个二维码，以便让参观者获取更多有关雕塑的信息。由路易斯·布尔乔亚和路易斯·康等特邀艺术家精心挑选的作品也让展览更具吸引力，而小山顶上的农舍又为奇利达和其他艺术家的临时展览提供了最完美的空间。

▲ 到索罗拉博物馆去认真了解一位西班牙印象派画家

索罗拉博物馆
西班牙马德里市马丁内斯·坎波斯将军大道37号，邮编：28010

Sorolla Museum
Paseo del General Martínez Campos 37, 28010 Madrid, Spain
culturaydeporte.gob.es/msorolla/inicio

华金·索罗拉（Joaquín Sorolla）的住宅——从1911年直到1923年他去世——现在是为纪念这位"光影大师"建立博物馆的最佳地点。这些漂亮的房间有足够的空间来充分展示这位印象派画家的作品，然而房间虽大，却不是毫无生气，它能让参观者真切地感受到家庭生活的气息。许多肖像画画的都是索罗拉的妻子和孩子，而且房间里的大部分装饰风格也都与他们住在这儿的时候一样。他的工作室给人的印象尤为深刻，这是一间有着独特氛围的大房间，里面摆满了他的绘画作品和绘画工具，此外房间的墙壁仍然和索罗拉在这里生活时一样，是暗红色的。这里的油画也很令人陶醉，像描绘纯净阳光和纯粹快乐的《海边漫步》（*Strolling Along the Seashore*，1909），但是这里的环境却更让你难忘。

对页图　爱德华多·奇利达的《森林V》（*Forest V*，1997），奇利达勒库博物馆
本页图　华金·索罗拉的工作室和挂在对面墙壁中央的《海边漫步》（1909）

特色线路：西班牙的委拉斯凯兹

在世界上一些著名的画家名录中总能看到西班牙画家的身影，而毕加索无疑是他们当中最有名的一位，但是有一位早期的西班牙艺术家，他被马奈描述为"画家中的画家"，其作品却多次被毕加索参照、临摹、重新创作。这位画家就是西班牙黄金时代的绘画大师迭戈·委拉斯凯兹（Diego Velázquez），他的《宫娥》（*Las Meninas*，1656）是西班牙著名的油画作品。据估计，他一生只创作了110—120幅油画；以下是一些能看到他绝佳作品的地点，可以带领你开启一场梦幻般的寻宝之旅。

马德里
Madrid

委拉斯凯兹所有重磅作品都在这儿——西班牙的首都马德里。普拉多博物馆收藏了一组委拉斯凯兹为费利佩四世（Felipe IV）、奥地利的玛丽安娜（Mariana）王后和一位不知名的使徒等人物创作的备受世人推崇的皇室肖像画和平民肖像画的精选作品，《东方三贤士的朝拜》（*Adoration of the Magi*，1619）、《宫娥》和《酒神巴库斯的胜利》（*The Triumph of Bacchus*，1626—1628）就在其中。在城市的许多其他地方，像提森-波涅米萨博物馆（Thyssen-Bornemisza Museum）里有奥地利玛丽安娜王后的另一幅画像，皇家宫殿里收藏了《白马》（*Caballo Blanco*，约1650）和《奥利瓦雷斯伯公爵》（*El Conde-Duque de Olivares*，约1636）。距离首都大约50千米的埃尔·埃斯科里亚皇家修道院（Monastery of San Lorenzo de El Escorial）里还珍藏着《约瑟夫的外衣》（*Joseph's Tunic*，1630）。

塞维利亚
Seville

委拉斯凯兹出生在塞维利亚，那里的美术馆（Museum of Fine Arts）有唐·克里斯托瓦尔·苏亚雷斯·德·里贝拉（Don Cristóbal Suárez de Ribera）传神的肖像画，如果这幅画真的是在1620年创作的话，那么它是在画中人去世两年后创作的。在该城市的委拉斯凯兹中心（Velázquez Centre），《圣鲁菲娜》（*Santa Rufina*，约1629—1632）绝对是一幅必看的作品。可令人遗憾的是，《塞维利亚的卖水老人》（*Waterseller of Seville*，1618—1622）不在塞维利亚，而是在伦敦的阿普斯利邸宅（Apsley House）。

瓦伦西亚
València

尽管委拉斯凯兹获得了西班牙国王费利佩四世时期宫廷最杰出的肖像艺术家的美誉，但这位巴洛克艺术大师却没有创作许多自画像作品。然而，在瓦伦西亚美术馆（Museu de Belles Arts de València）里却能找到一幅著名的自画像，这幅画恰好说明了为什么他的艺术作品会成为19世纪现实主义画家以及早期印象派画家的典范。

上图 在马德里普拉多博物馆里展出的迭戈·委拉斯凯兹的艺术作品

巴塞罗那
Barcelona

委拉斯凯兹的宗教绘画作品和他的宫廷绘画作品一样有名。除在马德里找到的那些伟大作品外，加泰罗尼亚国家艺术博物馆（Museu Nacional d'Art de Catalunya）里还有一幅色彩鲜艳明亮的《圣巴勃罗》（San Pablo）。

托莱多古城
Toledo

这里令人惊叹的大教堂珍宝博物馆（Cathedral Treasure-Museum）不止有委拉斯凯兹的作品；它还收藏了弗朗西斯科·戈雅、提香（Titian）、拉斐尔、安东尼·凡·戴克（Anthony van Dyck）、乔凡尼·贝里尼（Giovanni Bellini）以及胡塞佩·德·里贝拉（Jusepe de Ribera），当然还有埃尔·格列柯的作品。这些作品被堆放在光线昏暗的圣器收藏室里，因此人们可能很难欣赏到它们的艺术性，但这却无法削弱作品的力量。

奥利维拉
Orihuela

教区宗教艺术博物馆（Diocesan Museum of Religious Art）坐落在阿里坎特（Alicante）附近小镇奥利维拉的一座16世纪的建筑里，馆内收藏了一些非同寻常的作品。委拉斯凯兹创作的《圣托马斯·阿奎那的诱惑》（The Temptation of St Thomas Aquinas，1632）展示出他的许多专业技巧，特别是对圣人抵御诱惑的痛苦斗争的描绘，以及在构图中对空间的精心营造。

下页跨页图 ▶
迭戈·委拉斯凯兹创作的《宫娥》（1656）一画的局部

西班牙的委拉斯凯兹

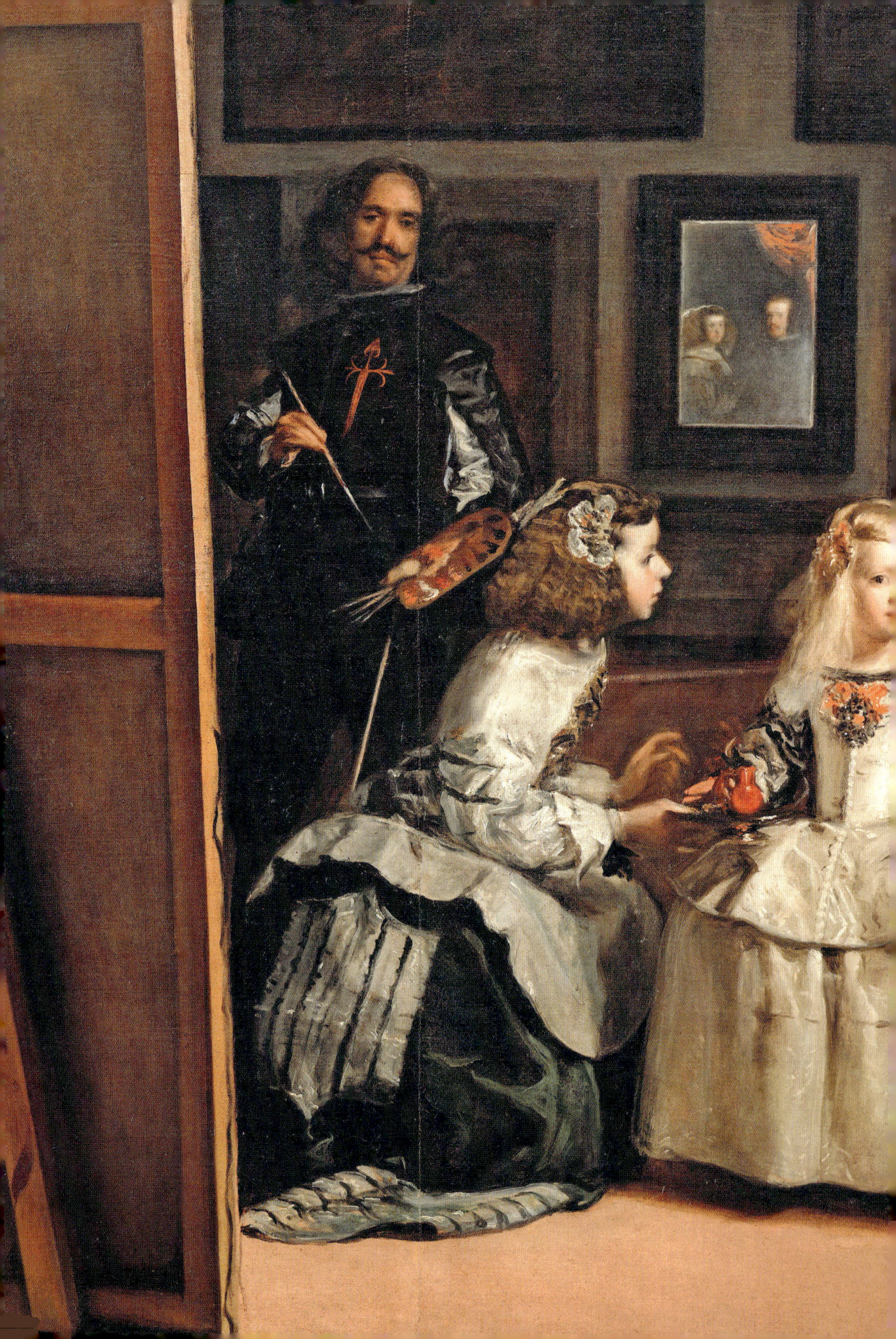

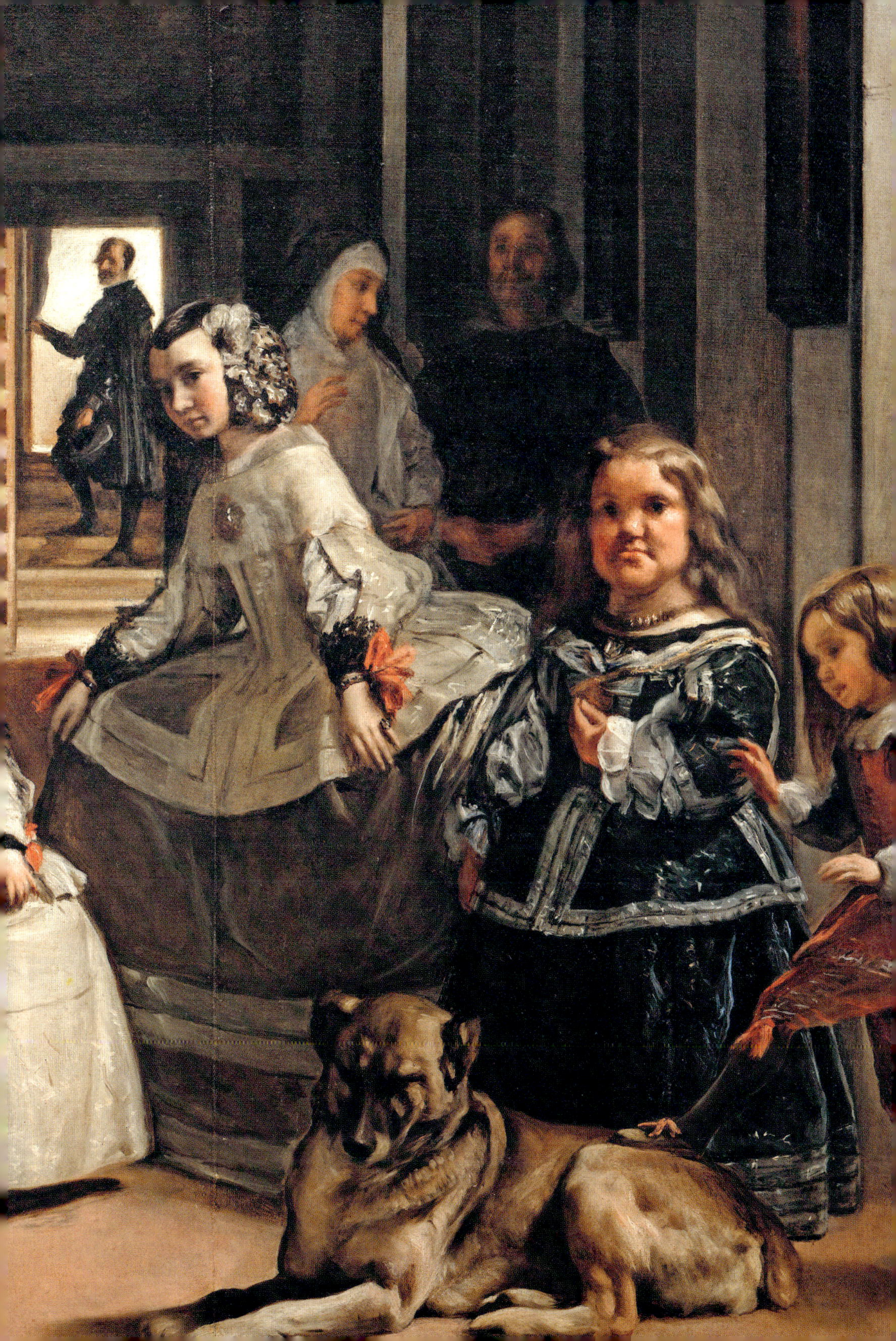

在普拉多博物馆找寻黑暗与光明

普拉多博物馆
西班牙马德里市普拉多大道
Museo del Prado
Paseo del Prado, Madrid, Spain
museodelprado.es

普拉多博物馆（Museo del Prado）坐落在一座新古典主义建筑里，它于1819年作为一间绘画和雕塑博物馆正式对外开放。普拉多博物馆是马德里，实际上也是西班牙最重要的博物馆，无论是馆内还是馆外都非常美。筹办藏品展出的美术馆里收藏了西班牙所有知名画家的最重要的作品，其中有埃尔·格列柯、迭戈·委拉斯凯兹、弗朗西斯科·德·苏巴朗（Francisco de Zurbarán）、胡塞佩·德里贝拉，以及最杰出的弗朗西斯科·戈雅。这位艺术家创作的14幅令人惊悚的黑色绘画（Black Paintings，约1820—1823）——实际上是他画在房间墙壁上的壁画——在这里展出；这些富有强烈情感色彩的作品清楚地展现出年迈的戈雅在半岛战争（Peninsular War，1804—1814）结束后所感受到的黑暗，还有他在战争期间目睹的恐怖情景。恐慌、恐怖、恐惧、歇斯底里以及凄凉绝望在这些作品中处处可见，就像在极其恐怖的《农神吞噬其子》（*Saturn Devouring His Son*）和《喝汤的两个老人》（*Two Old Men Eating Soup*）中表现出的几乎是一种对贪婪和饥饿的卡通化的沉思。看完这些作品后，再去看看委拉斯凯兹的《宫娥》，就会让你自己振作起来。

▼ 走进萨尔瓦多·达利的头脑世界，来一次心灵之旅

达利剧院博物馆
西班牙赫罗纳省菲格雷斯市萨尔瓦多·达利广场5号，邮编：17600
Dalí Theatre and Museum
Plaça Gala i Salvador Dalí, 5, 17600 Figueres, Girona, Spain
salvador-dali.org

疯狂始于外观。博物馆外红色塔楼顶上巨大无比的鸡蛋和阳台上长棍面包式的雕塑在欢迎游客去那里参观，那是世界上最著名的超现实主义艺术家萨尔瓦多·达利于1968年亲自构思和设计的世界。博物馆内是世界上收藏这位八字胡奇才大师作品最多的地方，其中有一个戴着罗马头饰、僵直地站在一辆老爷车引擎盖上的身材高大的裸体女人雕塑，一间向梅·韦斯特（Mae West）致敬的宜居公寓，而楼下的地下室里还有艺术家本人的雕塑。这里总共收集了大约15000件达利的作品，或许这就使它成为认识和了解这位最富想象力的艺术家的思想的最佳去处。在离这里大约20千米远的波蒂利加特（Portlligat）的一个海边小村子里，有他同样另类的住宅和工作室，这也是值得一看的地方。

本页图　达利剧院博物馆护墙上的巨蛋

对页图　在夜晚灯火通明的毕尔巴鄂古根海姆博物馆

▲ 沉浸在盖里的古根海姆博物馆的光辉中

毕尔巴鄂古根海姆博物馆

西班牙毕尔巴鄂市阿班多伊巴拉·埃托尔布大道2号，邮编：48009
Guggenheim Museum Bilbao
Abandoibarra Etorb. 2, 48009 Bilbao, Spain
guggenheim-bilbao.eus

　　1997年10月18日，西班牙国王胡安·卡洛斯一世（King Juan Carlos I）在为弗兰克·盖里的古根海姆博物馆（Guggenheim Museum）主持开馆典礼时，把博物馆称为"20世纪的最佳建筑"，20多年后，它经受住了时间的考验，让人们很难不赞同他的观点。馆内的作品，就像你对古根海姆博物馆的藏品所期待的那样，令人赞叹不已，比如克里斯蒂安·波尔坦斯基（Christian Boltanski）的《人类》（Humans，1994）等装置艺术作品，通过充分利用曲线空间来达到非凡的效果。然而，真正让你流连忘返的是这里的户外艺术作品。路易斯·布尔乔亚的《妈妈》（Maman，1999）和杰夫·昆斯（Jeff Koons）的《小狗》（Puppy，1997）虽然是两件截然不同的作品，却和它们背后的博物馆那流畅的钛合金线条形成了完美的互动和鲜明的对比。《妈妈》是一座9米高的由青铜、大理石和不锈钢创作的蜘蛛雕塑，它好像对建筑构成了威胁，似乎随时准备向它扑去；而昆斯的《小狗》却是一只身上铺满了植物和鲜花的巨型小猎犬，它只想博你一笑。此外还有很多精彩作品。

在托莱多古城见证宗教与历史的交汇

圣托美教堂

西班牙托莱多古城米兰达伯爵广场4号，邮编：45002
Iglesia de Santo Tomé
Plaza del Conde 4, 45002 Toledo, Spain
toledomonumental.com/santo-tome

　　大多数教堂都是用宗教作品来进行装饰的，许多不容错过的作品都已经被收录在本书里，但如果我们只有去看一件作品的时间的话，那么它必将是埃尔·格列柯为托莱多古城的圣托美教堂（Iglesia de Santo Tomé）创作的《奥尔加斯伯爵的葬礼》（Burial of Count Orgaz，1586—1588）。这幅16世纪的巨型油画被普遍认为是埃尔·格列柯最伟大的杰作，是矫饰主义（Mannerist）线条流畅、优美的扭曲人体，以及赋予人物复杂性情感的能力的最好的展示。在托莱多，你会发现埃尔·格列柯的许多其他作品，但这幅将穿灵缥缈的天堂与更自然写实的尘世传神地并置在一起的油画，其细节的深度就足以让你沉迷好几个小时。顺着埃尔·格列柯的儿子乔尔吉·曼纽尔（Jorge Manuel）伸出的手指，来到圣斯蒂芬（St Stephen）的左边，你一定会大饱眼福。

科洛尼亚古埃尔

西班牙巴塞罗那省圣科洛马·德·塞韦罗市卡雷尔·克劳迪·古埃尔路6号，邮编：08690

Colònia Güell
Carrer Claudi Güell, 6, 08690 Santa Coloma de Cervelló, Barcelona, Spain
gaudicoloniaguell.org

▲ 在科洛尼亚古埃尔找寻圣家族大教堂的根基

　　安东尼·高迪（Antoni Gaudí）与巴塞罗那之间的关系有很详尽的记录，但如果你想要真正了解这个人是如何实现他的独特愿景的话，那么就必须到附近的圣科洛马·德·塞韦罗走一趟。就是在这儿，在科洛尼亚古埃尔的工人住宅区，高迪创建了科洛尼亚古埃尔教堂地下室，这是他为尚在建造中的圣家族大教堂（Sagrada Família）设计的一个非同寻常的模型，而这只是工业大亨和慈善家欧塞比·古埃尔（Eusebi Güell）所设想的全新生活模式的一部分。1890年，古埃尔用他自己的工人住宅区彻底改变了当时流行的农村和郊区工人定居点的观念。作为一个加泰罗尼亚（Catalan）现代主义运动的支持者，古埃尔邀请他的朋友高迪为住宅区的教堂工作，于是这位建筑师和艺术家开始着手创建许多与众不同的元素，这些元素后来都被融入更为著名的圣家族大教堂的建设中，其中包括倾斜的柱子和悬链线拱门，以及对有机形状和象征手法的运用。

本页图　安东尼·高迪设计的科洛尼亚古埃尔教堂
对页图　安东尼·高迪设计的古埃尔公园的长凳

▶ 在古埃尔公园探索欧洲最怪诞离奇的住宅群

古埃尔公园
西班牙巴塞罗那市，邮编：08024
Park Güell
08024 Barcelona, Spain
parkguell.barcelona

在巴塞罗那的一个阳光明媚的日子里，最令人愉快的一件事情就是去卡梅尔山（Carmel Hill）上的古埃尔公园（Park Güell）转转，那里迎接你的是一只五颜六色的马赛克蜥蜴埃尔·德拉克（El Drac），像龙一般盘踞在此。这个公园的守护者对即将到来的事物，即安东尼·高迪在1926年公园开放时安放在公园里的流线形和有机形作品，开了个好头。慈善商人欧塞比·古埃尔和高迪设想按照英式花园城市的模式把这里改造成一个住宅公园，这就意味着这里要有高质量、高科技和充满艺术感的房子，然而两个样板房却没能找到买家，公园也就变成了今天的这个样子。令人瞠目的全景露台和那沿着露台蜿蜒而建的蛇形长凳真是可爱，从这儿可以俯瞰周围的花园和树木，注意不要错过柱廊小径、马赛克瓷砖、露台、龙喷泉以及点缀这座独特的公园的一些其他景致。

安东尼·塔皮埃斯基金会
西班牙巴塞罗那市卡雷尔·达拉格路255号，邮编：08007
Fundació Antoni Tàpies
Carrer d'Aragó 255, 08007
Barcelona, Spain
fundaciotapies.org

从一团看似旋转钢的云朵下走进安东尼·塔皮埃斯的原创世界

安东尼·塔皮埃斯基金会（Fundació Antoni Tàpies）落址从里到外都充满了乐趣。它坐落在加泰罗尼亚现代主义建筑师路易·多梅内克·蒙塔内尔（Lluís Domènech i Montaner）设计的一座漂亮的红砖铁皮建筑里，1990年，建筑顶部又多了一团看似旋转钢的云朵[实际上，这座名为《云和椅子》（Núvol i Cadira / Cloud and Chair）的雕塑是为了将曾是出版社的高度与它邻近的建筑保持一致]。由画家和雕塑家塔皮埃斯于1984年创立的基金会在1990年正式对外开放，它感觉上就像一个非常以自我为中心的项目，然而这里的作品（主要是塔皮埃斯创作的绘画和雕塑作品）得到了充分的展示，情景化设计也非常出色，让人感觉它一点都不像是基金会。雅致的扩展区的设置，其中包括只需两分钟就能到达的安东尼·高迪的巴特罗之家（Casa Batlló），也为基金会增加了不少吸引力。

▲ 来一次探索新老艺术的南特之旅

法国南特市
Nantes, France
levoyageanantes.fr/en

在一个被误认为只有二流艺术的地方发现了一流艺术，这真是有趣极了。就一个人口不到三十万的城市而言，南特在艺术领域的地位无疑是非同寻常和超乎想象的，而这一局面是由拿破仑·波拿巴（Napoleon Bonaparte）所开创的。1801年，拿破仑把南特选为15个省级城市之一，并在那里建立了被称为"小卢浮宫"的南特艺术博物馆（Musée d'Arts de Nantes），从那时起，南特就开始十分重视艺术。事实上，是太重视了。自2012年起，南特就开始举办席卷整座城市的当代艺术节，来自世界各地的艺术家为南特之旅（Le Voyage à Nantes，简称LVAN）在运河、广场、博物馆、公园、餐馆和商店等地设计创作了特定场域的现代雕塑装置作品。如今，许多装置作品都还保留在原地，因此一年四季不论何时去参观这座一流城市都会是一次非常有趣的艺术探索。

在一座古老的圆形建筑里欣赏令人目眩的新艺术

商业交易所——皮诺私人博物馆
法国巴黎市维亚梅斯街2号，邮编：75001
Bourse de Commerce–Pinault Collection
2 rue de Viarmes, 75001 Paris, France
boursedecommerce.fr/en

法国再也没有看到过任何类似弗朗索瓦·密特朗（François Mitterrand）的20世纪大巴黎计划（Grands Projets）的大规模艺术翻新项目了，因为那些项目实在太宏大了。然而，当法国亿万富翁及艺术收藏家弗朗索瓦·皮诺（François Pinault）在巴黎卢浮宫附近的一幢漂亮的前证券交易所大楼里的博物馆正式对外开放后，这一切就发生了变化。和这位收藏家在威尼斯的两个画廊[葛拉西宫（Palazzo Grassi）和海关大楼博物馆（Punta della Dogana）]一样，这座古典的圆形建筑是也由日本建筑师安藤忠雄（Tadao Ando）重新改建的，他在里面创建了七个画廊，用一条环形走道将它们连接在一起，以观赏19世纪的内部立面。博物馆计划每年从皮诺四十年来积累的藏品中挑选出一些作品，并借用一些明星藏品来作为支撑，举办大约十场展览。有了像达米安·赫斯特、村上隆（Takashi Murakami）和乌尔斯·费舍尔（Urs Fischer）这些艺术家的参与，展览也就有可能像密特朗的奥赛美术馆（Musée d'Orsay）的重大展览那样大受欢迎。

克吕尼博物馆（国立中世纪博物馆）

法国巴黎市萨默拉德街28号，邮编：75005

Musée de Cluny (Musée national du Moyen Âge)
28 rue du Sommerard, 75005 Paris, France
musee-moyenage.fr

▼ 了解一下《淑女与独角兽》

　　克吕尼博物馆里的《淑女与独角兽》（The Lady and the Unicorn，法语名为 La Dame à la Licorne）挂毯是一系列美丽的中世纪的艺术作品。这一系列挂毯由六幅墙面大小的作品组成，其中有五幅作品被认为涵盖了五种感官需求（视觉、触觉、味觉、嗅觉和听觉），而第六幅作品却很难分类。这幅法语名为 à Mon Seul Désir（意为《我唯一的愿望》或《我仅有的一个愿望》）的挂毯展示了一个戴着项链的少女，她的身旁有一个女仆，而两侧分别有一只狮子和一只独角兽。这幅挂毯的意义一直是争论的焦点，然而至今仍无定论。简单地解释挂毯上的图像就要花上好几个小时，但除挂毯的意义外，这里还有许多令人愉快的东西。在"视觉"部分的作品中，一个少女拿着镜子，好让独角兽能看到自己的模样；挂毯上的动物，其中有兔子、狐狸、狗和鸟，也都被渲染着色，非常漂亮，植物和花卉的背景也非常精美。

对页图　文森特·莫格尔（Vincent Mauger）为南特之旅在布菲广场（Place du Bouffay）上设计的《反对派力量的决议》（Résolution des Forces en Présence，2014）

本页图　《淑女与独角兽》挂毯作品中的《我唯一的愿望》

法国　119

欧洲

◀ 在巴黎光之工坊舞动光影

光之工坊
法国巴黎市圣莫尔街38号，邮编：75011
Atelier des Lumières
38 rue Saint Maur, 75011 Paris, France
atelier-lumieres.com

　　光之工坊数字艺术博物馆只不过是充满活力且非常成功的文化空间（Culture Spaces）组织所经管的14个空间中的一个，但可以说它是其中最受欢迎和最为有趣的一个空间。自2018年开馆以来，这座经过全面翻修的19世纪的铸造厂每年接待的参观人数已突破120万人。他们来干吗？来参观一些以10米的高度投射在工坊大厅每一块可利用的地板和墙壁上的极具吸引力的新旧影像——从文森特·凡·高和古斯塔夫·克里姆特（Gustav Klimt），到正在兴起的数字艺术家的全新作品，而且还可以在工作室和临时设置的空间里进行沉浸式和互动式体验。在如此令人着迷的建筑空间里看到如此令人惊叹的色彩组合真叫人难忘，单凭想象是无法体会沉浸其中时的震撼的。

跨页图　光之工坊沉浸式展览展出的佛登斯列·汉德瓦萨（Friedensreich Hundertwasser）的作品

法国

加尼叶歌剧院

法国巴黎市奥佩拉广场，邮编：75009

Opéra Garnier

Place de l'Opéra, 75009
Paris, France
operadeparis.fr/en/visits/palais-garnier

▲ 举杯向夏加尔的穹顶壁画致敬

　　1964年，马克·夏加尔（Marc Chagall）完成了对具有巴洛克风格的巴黎歌剧院穹顶的重新设计。这一计划是在1960年正式宣布的。对于一个俄罗斯移民将要触碰这个备受法国人喜爱的圣像，保守派表示愤怒（其中也隐藏着一些反犹太主义思想）。夏加尔为此做出了让步，他宣布自己不会在原来的穹顶上绘制壁画，而是用一块242平方米的画布将其覆盖。在持续不断的攻击下，夏加尔不得不在一个秘密地点完成画布上的创作，然后，在武装警卫的保护下，到一个军事基地把这些作品组合在一起。他那色彩缤纷的杰作取得了巨大的成功，而且很快赢得了大多数怀疑者的支持。他说这件作品映射出了"演员与艺术家们的梦想和创作"，他没有为自己的作品索要一分钱，因为这是他送给巴黎的礼物，可极具讽刺意义的是，在巴黎，他永远都是一个局外人。

本页图　马克·夏加尔在加尼叶歌剧院穹顶上绘制的壁画
对页图　引人注目的路易威登基金会的建筑

路易·威登基金会,令人赞叹

路易·威登基金会
法国巴黎市圣雄甘地大道8号,邮编:75116
Louis Vuitton Foundation
8 avenue du Mahatma Gandhi, 75116 Paris, France
fondationlouisvuitton.fr

弗兰克·盖里的这座引人注目的建筑,就像建筑里的作品一样,也是一件艺术品——在这座由曲面玻璃建造的宫殿里有一些令人赞叹的艺术作品。现代艺术的演变发展可分为冥想、流行、表现主义以及音乐/声音这四个类别,其范围从绘画作品到电影装置,声音景观到雕塑作品。高耸的展览空间意味着真正具有纪念意义的作品都可以放在这里展出。基金会已经委托艺术家们创作了一些作品,其中包括埃斯沃兹·凯利设计的悬挂在礼堂里的彩色嵌板(音乐是文化产物的重要组成部分)。在室外平台上,艺术仍在继续,但它必须与布洛涅森林(Bois de Boulogne)及其周边地区的迷人风景一较高下。在这里,公园环境、现代建筑和艺术成为一个强有力的组合,给人留下长久的印象。

或许是欧洲最好的现代艺术藏品?当然!

蓬皮杜艺术中心
法国巴黎市乔治·蓬皮杜广场,邮编:75004
Centre Pompidou
Place Georges-Pompidou, 75004 Paris, France
centrepompidou.fr

当理查德·罗杰斯(Richard Rogers)和伦佐·皮亚诺(Renzo Piano)设计的色彩丰富、展现多元文化的蓬皮杜艺术中心于1977年正式向公众开放时,它由内而外的设计以及五颜六色的机械系统和建筑管道,的确在艺术的表现形式上掀起了一场革命。这是一个完全以现代方式设计的全新空间,这里的国家现代艺术博物馆(Musée National d'Art Moderne)展出了欧洲许多的现代艺术作品。四十多年后,它不仅经受住了时间的考验,而且还成为国家的瑰宝。它收藏了十多万件可追溯至1905年的艺术作品,其中有野兽派、立体主义、超现实主义、波普艺术和当代作品。在那个时期所有知名艺术家的作品中,最值得一看的可能就是马塞尔·杜尚(Marcel Duchamp)的《喷泉》(*Fountain*)。这件于1917年创作的雕塑,就像六十年后的蓬皮杜艺术中心一样,也引发了一场革命,不过这次是在对艺术的感知以及艺术的定义上。

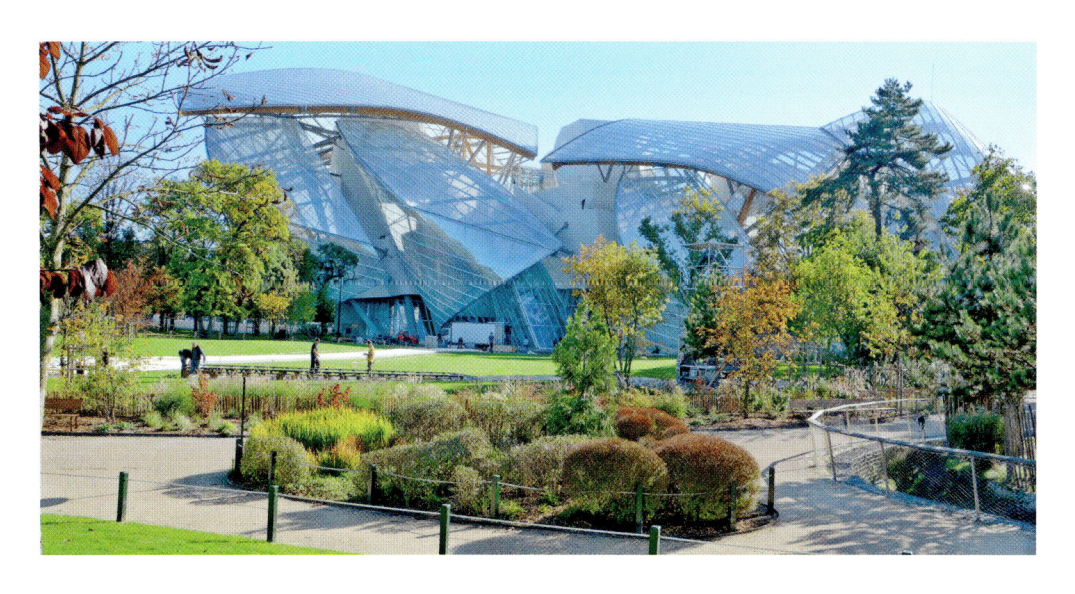

为文化挪用的有益之处找个理由

卢浮宫

法国巴黎市瑞弗里大道，邮编：75001

Musée du Louvre
Rue de Rivoli, 75001 Paris, France
louvre.fr

有1000多万人从贝聿铭（I.M. Pei）设计的玻璃金字塔入口，走进这座高雅的艺术教堂，去欣赏人类2500年的艺术创作（从公元前7世纪到19世纪中叶）。许多人会径直走向如《蒙娜丽莎》（*Mona Lisa*，1503—1506）和《米洛斯的维纳斯》（*Venus de Milo*，约公元前100年）这样的重磅作品，然而，收藏在堡垒和皇家宫殿里的35000件优秀作品中也有其他许多杰出的作品——其中包括泰奥多尔·席里柯（Théodore Géricault）的《美杜莎之筏》（*The Raft of the Medusa*，1818—1819）、提香的《田园音乐会》（*Pastoral Concert*，1509）和伦勃朗（Rembrandt）的《沐浴中的芭特叶巴》（*Bathsheba at Her Bath*，1654）。不过，如果我们必须要选一件作品的话，那可能会是来自叙利亚巴尔米拉（Palmyra）遗址的公元2世纪的一对夫妇的浮雕。虽然从无法保护文物的世界中窃取文物的行为是不被认可的，但我们必须对这些令人惊叹的文物的保护工作表示感谢，同时希望有一天它们能回到自己的家园。

在巴黎看艺术和商业的完美组合

卡地亚当代艺术基金会

法国巴黎市拉斯巴耶大道261号，邮编：75014

Fondation Cartier pour l'art contemporain
261 boulevard Raspail, 75014 Paris, France
fondationcartier.com

你可能会期望像卡地亚（Cartier）这样的品牌能够以一种新颖独创的最佳方式来进行艺术创作，而在这儿，在让·努维尔（Jean Nouvel）空气流畅、阳光通透、技艺精湛的建筑作品里，你的期望不会落空。就跟这座建筑一样，收藏在这里的艺术作品证明了赞助企业确实做得很好，无论你在这里看到了什么，它都会给你留下非常深刻的印象，是因为它的内容，但同样也是因为它的外观与设计。展览通常会持续几个月，主要是为个别艺术家或主题举办的，不论是马里摄影师马里克·斯蒂贝（Malick Sidibé）的大型回顾展，还是像《了不起的动物乐团》（*The Great Animal Orchestra*）这种深受美国音乐家和生物声学家伯尼·克劳斯（Bernie Krause）作品启发的沉浸式体验，它们永远都是一场华丽的盛宴。基金会也会委托艺术家进行创作，并在富有创意的空间里举办引人注目的巡回展览，这些展览空间都具有主办地创造性的所有特征。

本页图 卢浮宫巴尔米拉艺术珍品中的一件：马利库（Maliku）和他的妻子哈迪拉（Hadira）的浮雕（公元3世纪）

对页图 橘园美术馆墙壁上呈曲线延伸开来的克劳德·莫奈的《睡莲》（*Water Lilies*）系列作品

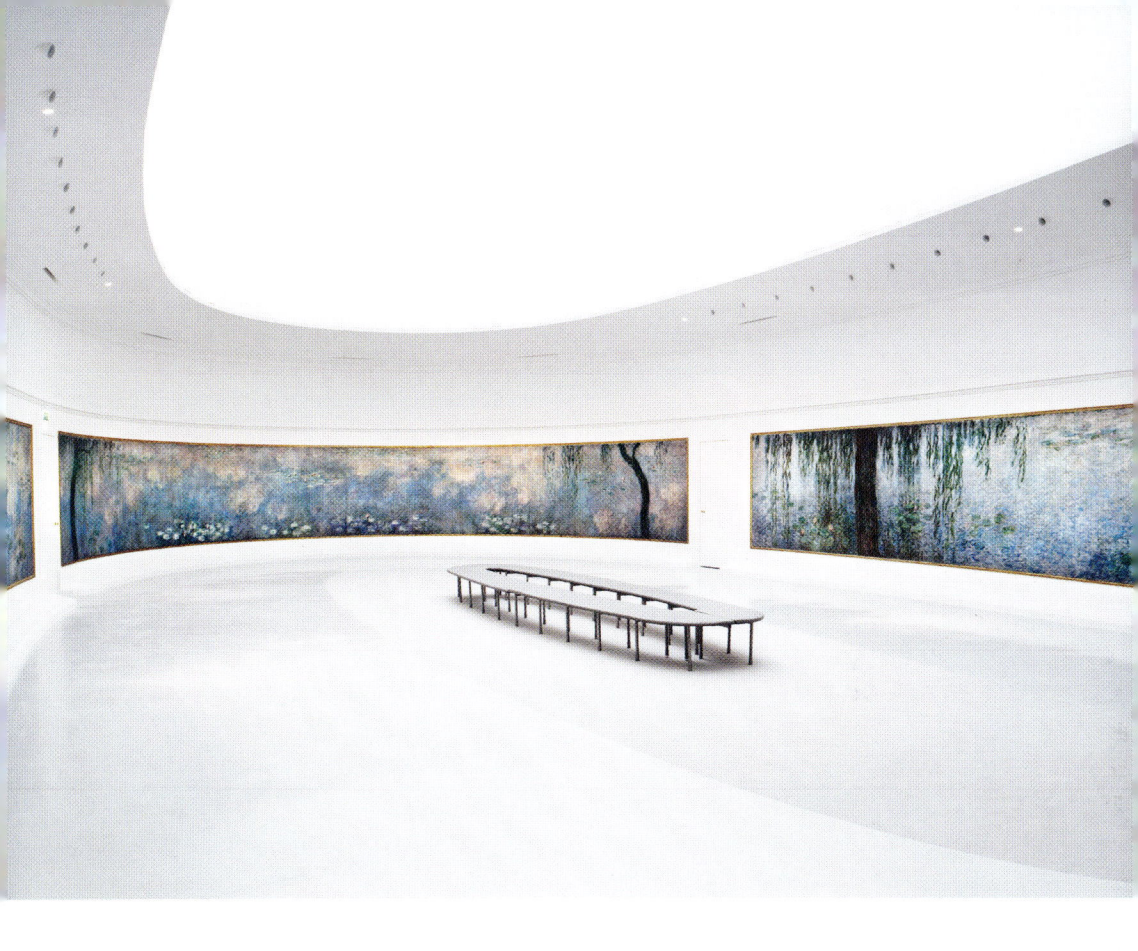

▲ 在橘园一片宁静的睡莲中漂浮

橘园美术馆
法国巴黎市协和广场杜伊勒里花园，邮编：75001
Musée de l'Orangerie
Jardin des Tuileries, Place de la Concorde, 75001 Paris, France
musee-orangerie.fr

如果不去参观杜伊勒里花园（Tuileries Gardens）角落里的橘园美术馆，那就不算是一次完整的巴黎艺术之旅。这个建于1852年，本是用来保护公园里的柑橘树过冬的空间，现在保护了其他许多奇观，其中最著名的或许就是克劳德·莫奈的八幅画布油画作品《睡莲》。艺术家坚持把它放在两个空气流通、由天窗透射进来的自然光照亮的椭圆形展厅里展出。很难用语言来形容这些作品的非凡之美和巨大影响——每幅作品都有2米高、91米宽，所以完全有必要到这里来参观一下。没错，可以到吉维尼（GIverny）小镇向这些作品的创作地点表达敬意，然而，在橘园，远离公园周围那熙熙攘攘的人群和游览车，你就会体验到一个难忘的艺术时刻。

特色线路：毕加索的许多面孔和许多有毕加索的地方

巴勃罗·毕加索无疑是西方绘画史上重要的艺术家之一。正因为他是一位多产的画家，我们才有幸能在世界各地欣赏到他的作品。以下是一些大家意料之中和意想不到的地方，在那里能欣赏到他的作品。

毕加索博物馆

法国巴黎市
Musée Picasso
Paris, France

这座大博物馆是马莱区的一座豪宅府邸，里面收藏了5000多件作品。这里有太多不能错过的作品，这些作品涵盖了毕加索创作生涯的每一个重要阶段，所以要给自己足够的时间去慢慢探索。

国立毕加索博物馆

法国瓦洛里小城
National Picasso Museum
Vallauris, France

在艺术家毕加索的第二故乡法国，有三座专为毕加索而建的博物馆。而这座建于16世纪的巨大的瓦洛里城堡（Chateau de Vallauris）里的博物馆无疑是令人难忘的，因为它会给你带来一种难忘的体验。因为这里有非常精美的陶瓷藏品，博物馆用它们来赞美当地艺术家和毕加索的手工技艺，但最重要的是，我们有机会欣赏到他的反战作品《战争与和平》（La Guerre et La Paix，1954），这幅作品覆盖了城堡里筒形罗马教堂的每一面墙壁。

蕾娜·索菲亚博物馆

西班牙马德里市
Museo Reina Sofía
Madrid, Spain

在它收藏的现当代西班牙的艺术精品中，有大约100件毕加索的作品，然而最具代表性的显然是《格尔尼卡》（Guernica，1937）。画中描绘的是1937年西班牙内战（Spain's Civil War）期间巴斯克地区的村镇遭到敌军轰炸的情景。这幅世界最负盛名的反战艺术作品距今已有近90年历史，却仍然能感受到它的情感力量。

毕加索博物馆

法国昂蒂布小镇
Musée Picasso
Antibes, France

1946年，毕加索在这里的蔚蓝海岸（Côte d'Azur）度过了富有成效和非常快乐的几个星期，他把博物馆的所在地格里马尔迪城堡（Chateau Grimaldi）当作自己的工作室。这里的美丽风景只是毕加索前去游览的原因之一；而其他则是因为毕加索要把在这里创作的23幅画作和44幅素描全都捐赠给城堡，捐赠条件是作品必须持续展出。

毕加索博物馆
西班牙巴塞罗那市
Museu Picasso
Barcelona, Spain

毕加索从14岁到24岁一直在巴塞罗那生活,这里收藏的一系列中世纪宫殿的作品能让我们很好地了解到他作为艺术大师的发展和成长历程。博物馆的3000多幅作品主要是他蓝色时期(Blue Period)的代表作,其中最精彩的或许就是他的《宫娥》(1957)系列作品,这58幅画作都是他对迭戈·委拉斯凯兹的油画作品的探索与研究。

罗森加特收藏馆
瑞士卢塞恩市
Museum Sammlung Rosengart
Lucerne, Switzerland

艺术品经销商齐格弗里德·罗森加特(Siegfried Rosengart)和他的女儿安吉拉(Angela)虽然没有专门收藏毕加索的作品,但他们的收藏品中有32幅毕加索的油画和其他材质的100件作品。收藏馆坐落在一座宏伟壮观的新古典主义的建筑里,至今仍由安吉拉管理。安吉拉负责收藏的作品中有毕加索于1950年创作的《一个画家的肖像》(Portrait of a Painter,一幅仿埃尔·格列柯的肖像画),以及5幅她的肖像画。

路德维希博物馆
德国科隆市
Museum Ludwig
Cologne, Germany

路德维希博物馆的镀锌层外观和与之相邻的科隆哥特式大教堂形成了鲜明的对比,这几乎和博物馆内的藏品一样非同寻常。博物馆收藏了20世纪的艺术精品,其中包括近900件毕加索的作品,是世界第三大毕加索作品的收藏地,这些作品清楚地记录了那个世纪的重要活动和参与者。此外,这里也有同样令人惊叹的俄罗斯先锋派艺术作品。

箱根雕刻之森美术馆
日本箱根小镇
Hakone Open-Air Museum
Hakone, Japan

来到这座充满田园气息、占地广阔的雕塑公园——也是日本第一家——真是一种享受。你可以沿着一条古老的铁道上山,然后换乘缆车走进公园。一旦来到这里,你就会看到一条迂回曲折的小径蜿蜒穿过120件现当代作品(奥古斯特·罗丹和胡安·米罗的作品就在其中),到处都有温泉在汩汩流淌。那精华在哪儿呢?在两层楼高的毕加索展馆(Picasso Pavilion),那里有300多件他的作品。

马拉加毕加索博物馆
西班牙马拉加市
Museo Picasso Málaga
Malaga, Spain

毕加索的出生地有两个专门用来纪念它最著名的"儿子"(指毕加索)的空间。这个博物馆里收藏了285件作品,这些作品要么作为永久性收藏品进行收藏,要么用作举办临时展览的核心,以把他的作品置于一个更广阔的创作和文化领域里加以思考。例如关于费里尼(Fellini)和毕加索的展览,以及体现毕加索的艺术与德国艺术之间关系的展览。

下页跨页图 ▶
毕加索博物馆,法国昂蒂布

毕加索的许多面孔和许多有毕加索的地方

Musée Picasso, Antibes

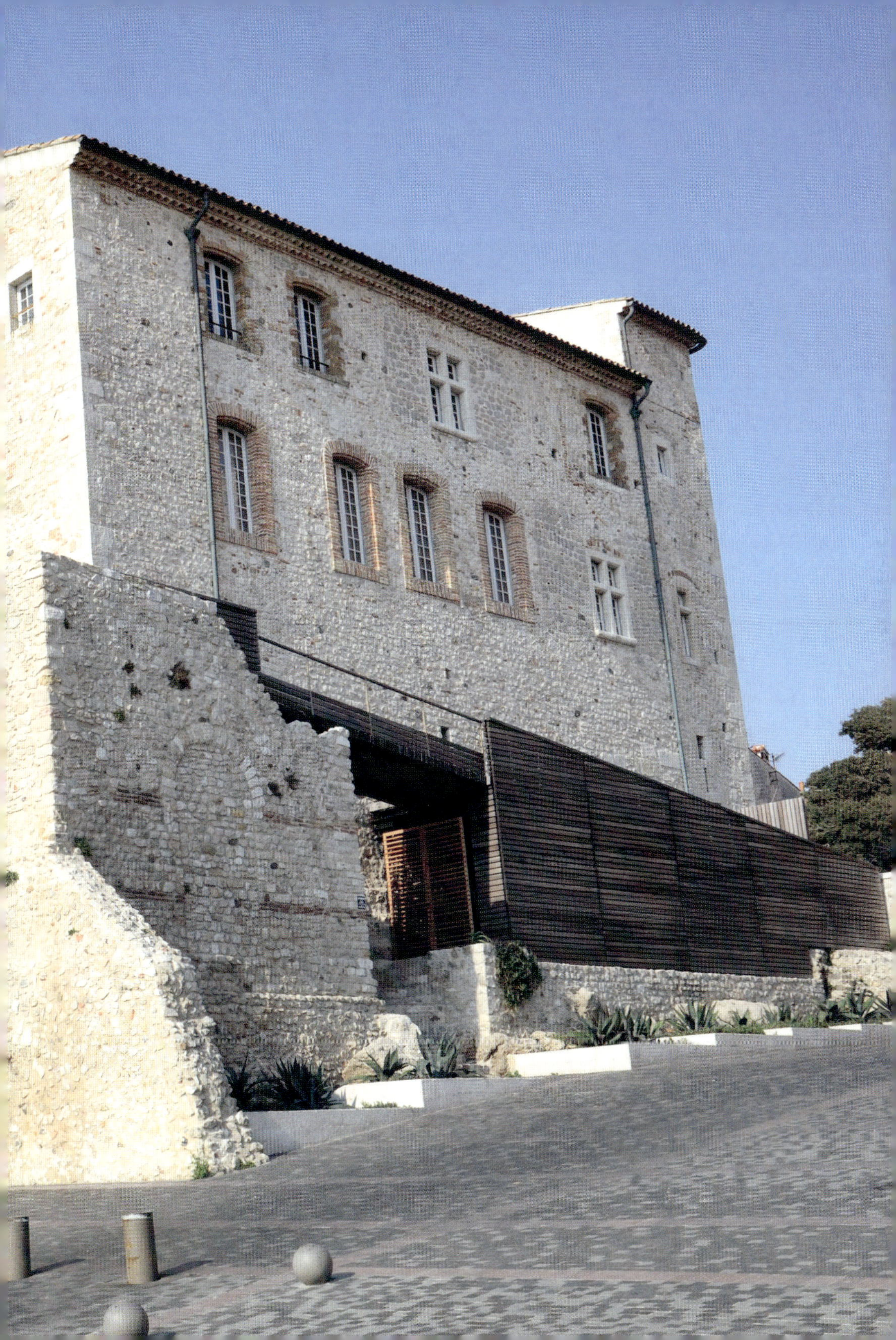

在阿尔勒寻找文森特·凡·高的影子

阿尔勒文森特·凡·高基金会
法国阿尔勒市范顿博士街35号，邮编：13200
Fondation Vincent van Gogh Arles
35 rue du Dr Fanton, 13200 Arles, France
fondation-vincentvangogh-arles.org

1888年2月至1889年5月期间，文森特·凡·高在这个风景优美的罗马小镇创作了200多幅画作，却没有一件作品被保存下来。为什么凡·高要来这里呢？因为这是一个非常能激发创作灵感的小镇，从让他创作出同名画作的规模宏大的古罗马露天圆形竞技场（Les Arenes）和汀克泰勒桥（Trinquetaille Bridge），到给他缝合耳朵的医院，都能让我们在现场体味艺术家的真实感受。为了纪念这位艺术家，文森特·凡·高基金会于2014年正式向公众开放。基金会收藏了像弗朗西斯·培根、罗伊·利希滕斯坦（Roy Lichtenstein）和大卫·霍克尼这些当代艺术家的作品，以表达对凡·高的敬意。此外，基金会还举办一些与凡·高相关的、非常吸引人的主题或专题展览，其中经常会有凡·高的作品出现。

蒙马特博物馆
法国巴黎市科尔托街12号，
邮编：75018
Museum of Montmartre
12 Rue Cortot, 75018
Paris, France
museedemontmartre.fr/en/le-musee

在波希米亚狂想曲中跳一曲方丹戈舞

在19世纪，科尔托街12号是一些印象派画家和少数几位野兽派画家的寓所，皮埃尔·奥古斯特·雷诺阿、莫里斯·郁特里罗、苏珊娜·瓦拉东（Suzanne Valadon）和拉乌尔杜菲（Raoul Dufy）等艺术家曾在这里生活和工作。他们在狡兔酒吧（Lapin Agile，仍在街角）里喝酒，在红磨坊（Moulin de la Galette，雷诺阿在这里创作了《红磨坊的舞会》，1876）里跳舞，在黑猫夜总会（Le Chat Noir）里尽情娱乐。巴黎从未如此疯狂，而科尔托街就是不受世俗陈规束缚的总部。现在，它已经成为一个讲述蒙马特黄金时代故事的博物馆，馆里收藏了如亨利·德·图卢兹–劳特累克（Henri de Toulouse-Lautrec）、阿美迪欧·莫蒂里安尼、瓦拉东和郁特里罗等艺术家的作品。雷诺阿于1876年创作的《秋千》（*The Swing*）中描绘的花园（仍在此地）里还有巴黎最后一个仍在盈利的葡萄园，葡萄园生产出的葡萄酒被《纽约时报》称为"巴黎最昂贵的劣酒"。

▲ 在从前的火车站里欣赏举世闻名的印象派画作

奥赛美术馆
法国巴黎市荣誉军团街1号，邮编：75007
Musée d'Orsay
1 Rue de la Légion d'Honneur, 75007 Paris, France
musee-orsay.fr

　　这座名为奥赛美术馆是于1986年由前新艺术火车站改建而成的，并迅速成为一座最好的美术馆，这里让巴黎成为拥有世界顶级美术馆的城市。在一个美丽优雅的高耸空间里，埃德加·德加的芭蕾舞女演员和亨利·德·图卢兹-劳特累克的卡巴莱舞者在旋转和摇摆，而文森特·凡·高的《罗纳河上的星夜》(Starry Night Over the Rhône, 1888)和克劳德·莫奈在吉维尼的花园通过富有表现力的笔触，展现出令人眼花缭乱的自然世界。然而，在这些家喻户晓的印象主义、后印象主义和新艺术运动（Art Nouveau Movements）的艺术家里，最值得探索的或许是保罗·塞尚。据说，这里展出的近60幅他的作品消除了19世纪的印象主义与激进的20世纪现代艺术之间的隔阂，也恰好完美地阐释了它们是如何做到这一点的——特别是从1873年创作的《自缢者之家》(La Maison du Pendu 或 The House of the Hanged Man) 中可以看到。

本页图　保罗·塞尚的《自缢者之家》（1873）
对页图　阿尔勒文森特·凡·高基金会的庭院景观

法国　131

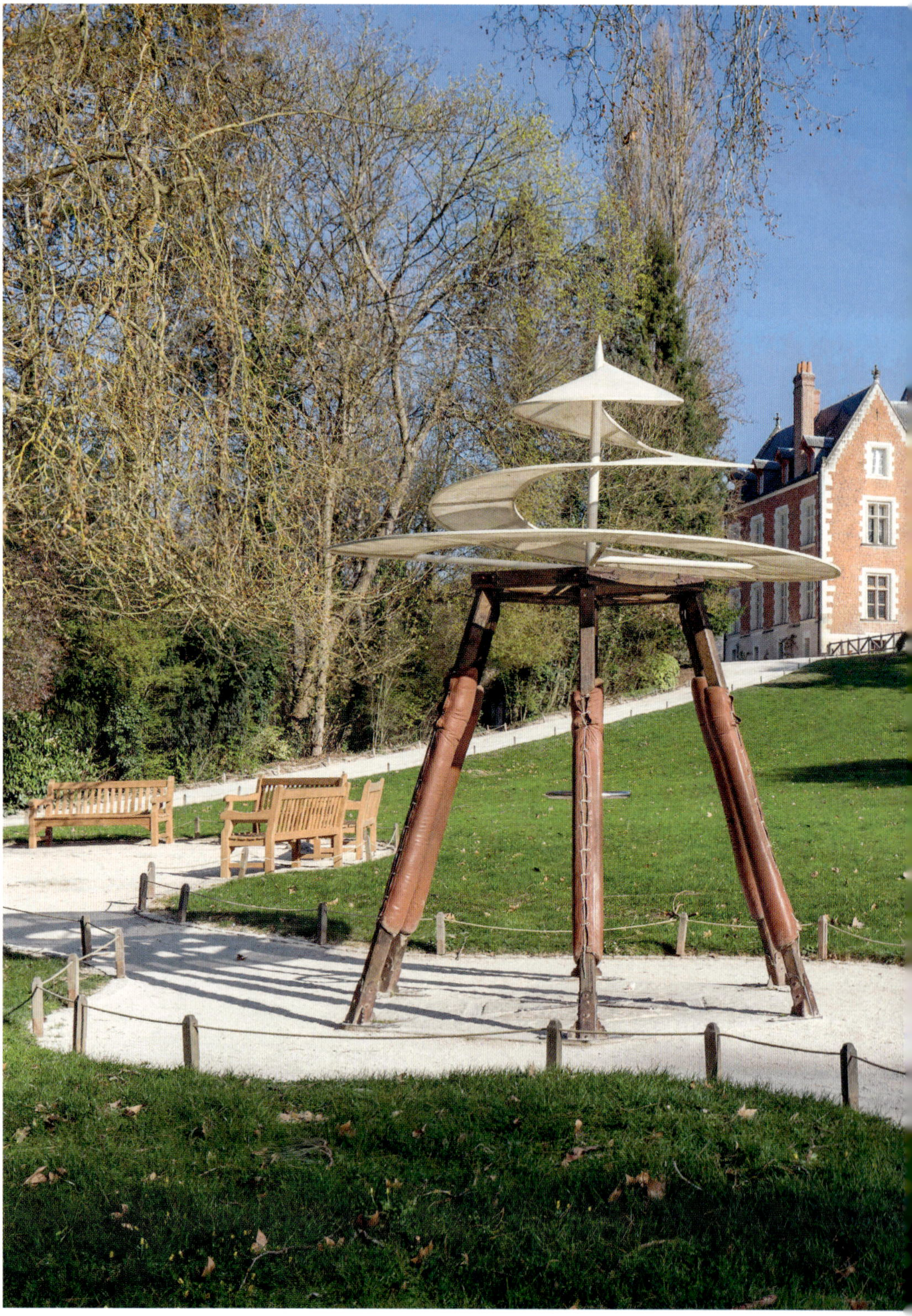

在克罗·吕斯城堡探索达·芬奇的世界

克罗·吕斯城堡

法国卢瓦尔河谷大区昂布瓦斯镇克洛·吕斯街2号,邮编:37400

Clos Lucé
2 Rue du Clos Lucé, 37400 Amboise, Val de Loire, France
vinci-closluce.com

全球有数以百计的列奥纳多·达·芬奇的世界名画《蒙娜丽莎》(1503—1505)的复制品,但在这儿,在卢瓦尔河谷(Loire Valley),你可以在一个特殊的地点看到它,这就是这位博学大师——以及作品本身——曾经待过的地方。克罗·吕斯城堡(Clos Lucé)因在1516年成为达·芬奇的官邸而闻名于世,当时,他应法国国王弗朗索瓦一世(King Francis I)的邀请,带着自己的三幅画作——《蒙娜丽莎》、《圣母子与圣安妮》(The Virgin and the Child with Saint Ann,约1503)和《施洗者圣约翰》(Saint John the Baptist,1513—1516)——来到这里生活,直到1519年5月2日,他在这座城堡里与世长辞。如今,克罗·吕斯城堡已成为列奥纳多·达·芬奇博物馆,馆内收藏了40件他设计的比例为1:1的机械模型,当然,还有安布罗斯·杜布瓦(Ambroise Dubois)在1654年制作的《蒙娜丽莎》的复制品。在花园里,40幅悬挂在树上的半透明画布使它成为一个能坐下来静观周围亮丽风景的好地方。

跨页图 在克罗·吕斯城堡的花园里到处都是根据列奥纳多·达·芬奇发明设计的与实物大小相同的模型

法国 133

阿尔代什省肖维岩洞2
法国阿尔代什省
Grotte Chauvet 2 Ardèche
Ardèche, France
en.grottechauvet2ardeche.com/home-page

▼ 在肖维岩洞体验时光倒流

想要接近史前艺术可能会有一定难度,我们必须确保这些具有创造力和表现力的早期奇迹得到完整保存,以便留给子孙后代。因此,你就无法看到有着3万多年历史的肖维岩洞洞穴壁画的原作,但是在2015年,整个遗址的完美复制品在距离原址不到1千米的一个世界上最大的装饰洞穴复制品空间里正式展出。它如实地再现了原洞穴里的代表性图像,其中不仅有在其他地方发现的为人熟知的食草动物,比如野牛和马,而且还有食肉动物,比如洞穴狮子、黑豹、熊、洞鬣狗,甚至据说还有犀牛。在其他洞穴艺术中很少能看到的手印、抽象图像以及技艺和主题(比如动物之间的互动)使肖维岩洞成为一个非同寻常的洞穴艺术景点。这个精心设计的复制品中,尽可能地接近了真实。

下图　肖维岩洞里的动物画的复制品

朗香教堂

法国朗香镇拉夏贝尔街13号，邮编：70250

Notre Dame du Haut
13 rue de la Chapelle,
70250 Ronchamp, France
collinenotredameduhaut.com

在朗香小镇了解勒·柯布西耶对艺术和宗教的看法

虽然建筑通常不被列入本书的范畴，但是在这儿，我们要为勒·柯布西耶（Le Corbusier）于1954年设计的朗香教堂破一次例。为什么呢？因为它那流动的曲线和被隐形石柱高高托起、高出白色墙面122厘米的巨大的混凝土屋顶，会让我们在走进教堂时感觉像是进入了一件伟大的雕塑作品。教堂里的色彩也会给人留下深刻的印象，一个小礼拜堂被漆成了亮红色，圣器收藏室则是紫罗兰色，还有在透明玻璃和彩色玻璃的组合中一系列放置不规则的玻璃窗。勒·柯布西耶基金会（Fondation Le Corbusier）煞费苦心地指出："这与彩色玻璃毫无关系……但透过玻璃向外看去，你就会看到云彩，或是飘动的枝叶，甚至还有行走的路人。"

旺斯罗塞尔教堂

法国旺斯镇亨利·马蒂斯大道466号，邮编：06140

Chapelle du Rosaire de Vence
466 avenue Henri Matisse,
06140 Vence, France
chapellematisse.fr

体验一次马蒂斯的宗教皈依仪式

当阳光洒落在旺斯罗塞尔教堂的地板上时，即使是最狂热的无神论者或不可知论者可能都会体验到一种类似宗教的精神反应。而所有这一切都要归功于亨利·马蒂斯（Henri Matisse）设计的三套美丽的彩色玻璃窗，在1947年至1951年，这些玻璃窗成为这座小天主教堂不可或缺的一部分。马蒂斯只使用了黄、绿、蓝这三种颜色，他的创作使粉刷过的墙壁上充满了令人愉悦的光线和色彩，这就与墙壁和网格地板上的黑色线条画形成了鲜明的对比。而教堂内的陈设、牧师的法衣，甚至还有教堂的建筑也被列为整体设计的一部分，这样就能营造出一种和谐之美。

布鲁塞尔古董与美术博览会

（每年1月举行的盛会）

比利时布鲁塞尔市港口大道88号旅游与的士展览中心，邮编：1000

BRAFA
Tour & Taxis, Avenue du Port 88, 1000 Brussels, Belgium
brafa.art

看看布鲁塞尔是如何展现它的艺术实力

布鲁塞尔古董与美术博览会（BRAFA）是历史最悠久的（创办于1956年）国际艺术博览会，也是久负盛名和藏品丰富的博览会之一。在最近举行的一次布鲁塞尔古董与美术博览会上展出了新近发现的一幅鲁本斯的作品、一幅非常出色的马格利特（Magritte）的作品，以及一些乌戈·罗迪纳的精彩作品。这里也有"买得起的"作品，但都是博物馆级别的，所以你没法买到便宜货。但是，博览会会让专家举办几次研讨会和艺术讲座，来帮助游客拓展艺术鉴赏力。它的折中主义意味着一种有趣的选择，那就是把艺术和中世纪的家具与陶瓷制品、玻璃器皿以及珠宝首饰结合在一起，但最突出的特点是参展商的友好态度，他们更愿意和你畅谈艺术，这与其他许多艺术博览会是大不相同的。

抬头看看让·法布尔那灿烂夺目的快乐天堂

布鲁塞尔皇宫
比利时布鲁塞尔市布雷德罗德街16号，邮编：1000
Royal Palace of Brussels
Rue Brederode 16, 1000 Brussels, Belgium
monarchie.be/nipolymath

　　视觉艺术家、戏剧艺术家及作家让·法布尔（Jan Fabre）在他40年的艺术实践中使用了许多素材来创作艺术，其中包括火腿、精子和经血。2002年，受比利时保拉王后（Queen Paola）的委托，他在皇宫里创作了一件作品，他选择了一种在他的生活和工作中扮演着重要角色的动物——昆虫，确切地说是宝石甲虫，或者更确切地说，是160万只宝石甲虫的鞘翅。在有29名助手的团队的帮助下，他用盾牌装饰了镜厅的天花板和三盏枝形吊灯中的一盏，创作出一件色彩斑斓、璀璨夺目的艺术品。而这件艺术品里有许许多多与比利时殖民统治刚果的历史相关的图案，其中有长颈鹿的腿，还有被砍掉的手和头骨——这是对侵占刚果的利奥波德二世（King Leopold II）委托建造的空间做出的恰当的回应。

安特卫普摄影博物馆（简称FOMU）
比利时安特卫普市瓦隆码头47号，邮编：2000
Fotomuseum Antwerpen (FOMU)
Waalsekaai 47, 2000 Antwerp, Belgium
fomu.be

在安特卫普拍拍这个，拍拍那个

　　谈及视觉文化，安特卫普或许是因其对世界绘画艺术（鲁本斯）和时尚界[安特卫普六君子（The Antwerp Six）]做出的贡献而享誉国际的，但是这座城市在其他领域也有所成就。安特卫普摄影博物馆（Fotomuseum Antwerpen，简称FOMU）坐落在斯凯尔特河（River Scheldt）附近的一个仓库后面，它致力于探索和鼓励佛兰德斯（Flanders）地区以及全球范围的摄影技术的发展。这里有一份欧洲最重要的摄影档案（既有图像，又有设备），同时还办讲座、研讨会并设有两个电影院。然而，真正吸引游客的是博物馆的临时展览。展览中既有比利时重量级艺术家[斯蒂芬·范弗莱特恩（Stephan Vanfleteren），哈利·格鲁亚特（Harry Gruyaert）]的个人作品展，也有严肃但又有趣的介绍（月球的摄影历史），还有一些为新人举办的展览。它形式多样、引人深思而且激情四溢——要是每座博物馆都能像这样就好了。

根特祭坛画

比利时根特市圣巴佛广场圣巴夫大教堂，邮编：9000

Ghent Altarpiece
St Bavo's Cathedral, Sint-Baafsplein, 9000 Ghent, Belgium
sintbaafskathedraal.be

▼ 仰慕根特的神秘羔羊

根特祭坛画仍然存在，这真是一个奇迹：几个世纪以来，它一直遭到宗教狂热分子的暴力攻击和破坏，充当战利品，被出售，甚至还被纳粹分子偷走——直到第二次世界大战结束时，它才被"盟军夺宝队"（Monuments Men）重新找回来。其中一块镶板至今仍未找到，但值得庆幸的是，胡伯特（Hubert）和扬·凡·艾克（Jan van Eyck）兄弟于1432年创作完成的其余18幅镶板画仍然可以在根特圣巴夫大教堂的原址看到。事实上，经过7年的艰苦修复，它看起来比以往任何时候都更让人觉得神奇。亮丽的色彩和对细节的关注——亲眼看到闪闪发光的宝石和复杂精细的发型，还有神秘羔羊（Mystic Lamb）那格外引人注目的人形眼睛——仍然令人惊叹不已。凡·艾克兄弟在描绘人与自然时新发现的现实主义画风成为真正的传统创作理念的颠覆者，并且永远改变了西方艺术。

对页图　让·法布尔的《快乐天堂》（Heaven of Delight），布鲁塞尔皇宫的永久性装置作品
本页图　胡伯特和扬·凡·艾克兄弟创作的根特祭坛画（1423）

在阿尔梅勒，你会越来越喜欢大教堂的艺术

绿色大教堂
荷兰阿尔梅勒市
The Green Cathedral
Almere, The Netherlands
landartflevoland.nl/kunstwerken/marinus-boezem-de-groene-kathedraal

《绿色大教堂》是马里努斯·博埃塞姆（Marinus Boezem）的一个具有生命气息的大地艺术项目。这个用178棵意大利杨树巧妙布置的大地艺术作品模仿了著名的兰斯圣母大教堂（Notre-Dame de Reims）的建筑风格。比起其他许多大地艺术家创作的具有大男子气概的作品，这个项目所展现的是大地艺术更为出奇和更浅显易懂的一面。博埃塞姆在1987年开始种植的树苗现已长成庄严耸立的大树，树木大约有30米高，覆盖了大约50米长、75米宽的空间。就跟大教堂一样，它是一个美丽而又宁静的地方，附近的一片形似大教堂的橡树和角树森林空地与杨树又形成一种有趣的对比。

花点时间到一个弥漫着雪茄味儿的缤纷世界去小憩片刻

雪茄标箍屋［紧邻沃伦丹博物馆（Volendam Museum）］
荷兰沃伦丹镇泽斯特拉街41号，邮编：1131
Cigar Band House
Zeestraat 41, 1131 Volendam, The Netherlands
volendamsmuseum.nl

尼科·莫勒纳尔（Nico Mollenaar）是阿姆斯特丹郊外的小渔村沃伦丹的一个退休修道士，他从1947年开始收集雪茄烟的标箍。他把雪茄的两端切掉，然后用心把这些圆形装饰物制作成一系列覆盖在墙、桌子，甚至椅子上的镶嵌图案，以装饰他的房子。直至1965年他去世的时候，他已经收藏了700万个标箍……但是故事并没有到此结束。他的邻居让·松布鲁克·卡斯（Jan Sombroek Cas）接手，继续收集了450多万个标箍，用它们来实现尼科的民间艺术的幻梦——一共有1150万支雪茄标箍被用来作为艺术材料，构成了一个满是镶嵌图案的沃伦丹式的缤纷世界。也许他期望能够得到国际游客的认可，于是还添加了一些像比萨斜塔、自由女神像和撒尿小童这样的全球旅游景点的标箍。真是一个了不起的壮举！

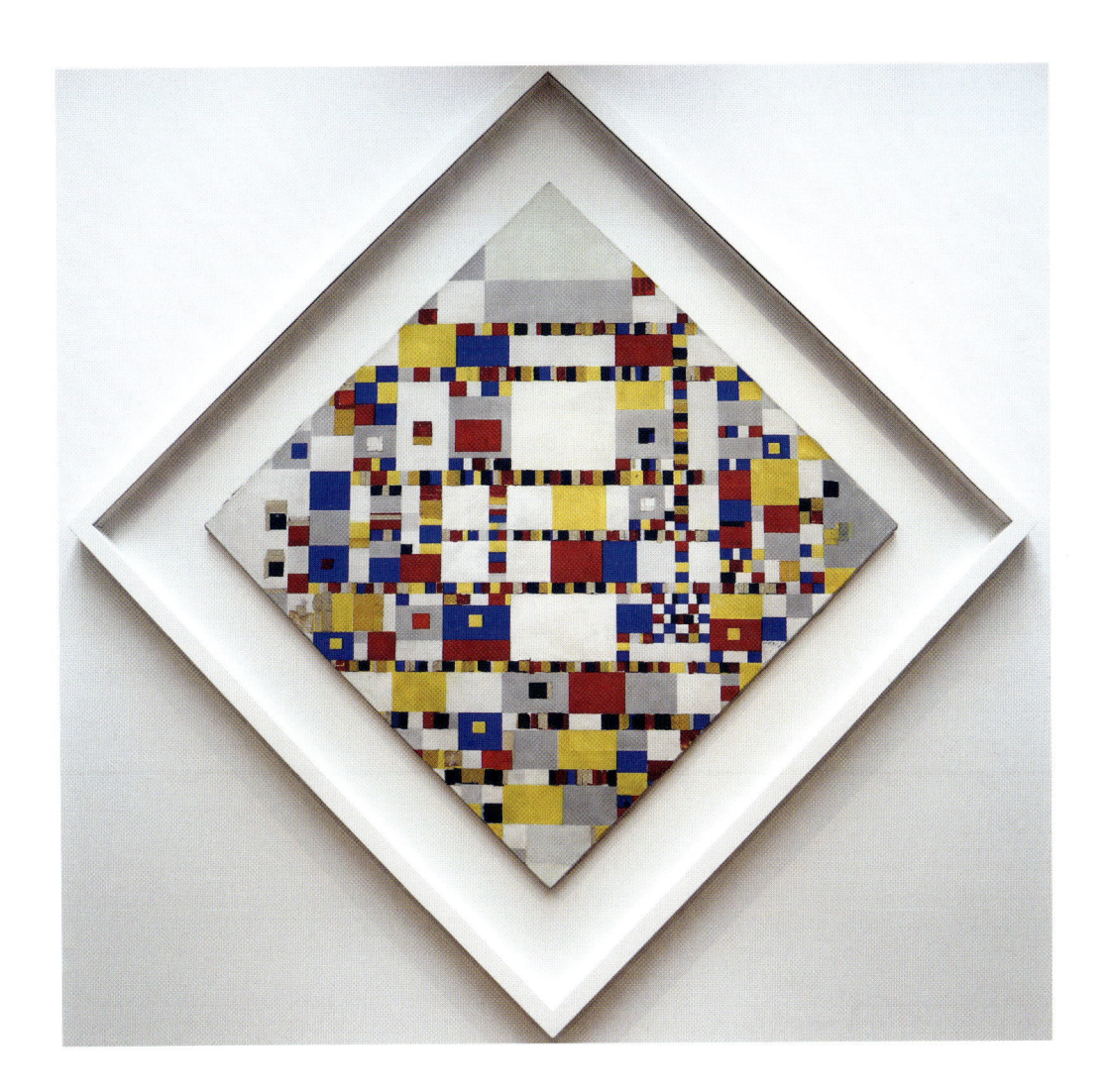

海牙市立美术馆

荷兰海牙市斯塔霍得斯兰街41号，邮编：2517 HV

The Kunstmuseum Den Haag

Stadhouderslaan 41, 2517 HV Den Haag, The Netherlands
kunstmuseum.nl

▲ 在海牙直面蒙德里安

你怎么会不想看一幅名叫《胜利之舞》（*Victory Boogie Woogie*）的艺术作品呢？特别是当你知道它是荷兰风格派（De Stijl）运动的代表人物和抽象画派的先驱皮特·蒙德里安（Piet Mondrian）最后一幅未能完成的作品的时候。这幅于1944年创作的、标题具有奔放色彩的作品只是世界上最大的蒙德里安收藏地藏品中的一件。能看到这么多他的几何图形作品可真是一种享受。这不仅能让我们对这位荷兰艺术家独特的抽象艺术道路有更加深入的了解，而且还能让我们从一组仅由红、黄、蓝三原色组成的作品中感受到欢乐和活力，这组作品简略地反映出战后欧洲对和平与幸福的初步希望。

本页图 《胜利之舞》（1944），皮特·蒙德里安

对页图 《绿色大教堂》（1987年开始种植），马里努斯·博埃塞姆

荷兰 **139**

和莫瑞泰斯皇家美术馆的一个微型自然奇迹来次亲密接触

莫瑞泰斯皇家美术馆
荷兰海牙市普莱因广场29号，邮编：2511 CS
Mauritshuis
Plein 29, 2511 CS Den Haag, The Netherlands
mauritshuis.nl

　　直到2014年，除了阿姆斯特丹的凡·高博物馆，艺术爱好者们才有机会前往海牙的莫瑞泰斯皇家美术馆（Mauritshuis）去享受宁静与快乐，这主要是因为他们想去看看约翰内斯·维米尔（Johannes Vermeer）光彩照人的《戴珍珠耳环的少女》（Girl with a Pearl Earring，约1665）和伦勃朗的《杜尔博士的解剖学课》（The Anatomy Lesson of Dr Nicolaes Tulp，1632）。唐娜·塔特（Donna Tartt）于2013年出版了小说《金翅雀》（The Goldfinch），这是一首为卡瑞尔·法布里蒂乌斯（Carel Fabritius）在1654年创作的一幅小小的金翅雀油画而写的爱的挽歌，这幅画也被收藏在这座宁静的海牙袖珍博物馆里。即使你没有读过这部小说或看过这部电影，这幅仅有33.5 厘米 x 22.9 厘米的油画也是一幅能让你沉醉其中的美丽画作，尤其是画中令人心酸的表现对象——小鸟，被拴在固定在墙上的鸟食罐上，这种视觉陷阱（trompe-l'oeil）的创作风格使其成为荷兰黄金时代绘画艺术中的一幅独一无二的作品。此外，还不能错过威廉王子五世画廊（Prince William V Gallery），这里有莫瑞泰斯皇家美术馆藏的150多幅经典名画。

国立博物馆
荷兰阿姆斯特丹市博物馆街1号，邮编：1071 XX
Rijksmuseum
Museumstraat 1, 1071 XX Amsterdam, The Netherlands
rijksmuseum.nl

到阿姆斯特丹国立博物馆去欣赏伦勃朗和其他更多艺术家的作品吧！

　　阿姆斯特丹的这座博物馆完美讲述了荷兰的工艺美术历史，这里有像约翰内斯·维米尔、扬·斯蒂恩（Jan Steen）、文森特·凡·高和伦勃朗这些画家的重要代表作品。伦勃朗在1642年创作的巨作《夜巡》（Night Watch）和维米尔大约在1660年创作的《倒牛奶的女仆》（Milkaid）无疑是荷兰黄金时代的象征，而你将会成为向它们表示敬意的数百人中的一员。然而，在博物馆的其他地方，一套高雅的代尔夫特蓝（Delft Blue）瓷器展现出了16和17世纪荷兰制陶工人的技艺，还有微型银制工艺品、音乐器材、玻璃、玩偶屋和船模的留存等也证明了荷兰具有的创造力。

库勒–穆勒美术馆

荷兰奥特洛木营路6号，邮编：6731 AW

Kröller-Müller Museum
Houtkampweg 6, 6731 AW Otterlo, The Netherlands
krollermuller.nl/en/sculpture-garde

了解凡·高的生活和时代

向荷兰有史以来伟大的画家之一凡·高表示敬意的最佳地点显然是凡·高美术馆（Van Gogh Museum）。在这里，200多幅油画、400多幅素描和700多封信件，以及记录他情感状态的展览和作品，使得艺术家的艰难生活和悲惨离世得到了完美的诠释，但是如果想在一个更安静的地方感受这位饱受磨难的天才的作品和思想的话，那么格尔德兰（Gelderland）的库勒–穆勒美术馆就是一个绝佳去处。这里，是世界上这位后印象派画家作品的第二大收藏点。你可以在一个宁静的环境里认真思考和欣赏他的90幅油画和180多幅素描，这会是一种非常特别的体验。而像皮特·蒙德里安、巴勃罗·毕加索、克劳德·莫奈和乔治·修拉等同时代艺术家的一流作品的出现，又会加深这种体验。在馆外附近的公园里，有一座欧洲最大的雕塑花园，里面有一件让·杜布菲（Jean Dubuffet）的令人惊叹的作品，以及格里特·里特维尔德（Gerrit Rietveld）在20世纪60年代设计的一座同样令人惊叹的展馆。

对页图　《金翅雀》（1654），卡瑞尔·法布里蒂乌斯
本页图　从库勒–穆勒博物馆里的里特维尔德展馆内看到的风景

▲ 在柏林寻找最令人难忘的德国田园风光

卡斯帕·大卫·弗里德里希（Casper David Friedrich）的名誉经历了一个多么动荡的时期啊！在早期的创作生涯中他被认为是世界上最优秀的浪漫主义风景画家，可在离世时却变得默默无闻，直到20世纪，人们对他才有了新的评价，他的画作因受到纳粹的青睐而遭到诋毁，最后，在20世纪下半叶，人们又开始对他的表现主义风格和象征主义的运用进行了重新评价，这使他重新获得了尊重。如果想在有许多德国经典绘画作品的背景下去欣赏他的作品，那么柏林的老国家艺术画廊就是一个不错的去处。在这里，《奥克伍德的修道院》（The Abbey in the Oakwood，1809—1810）、《海边的僧侣》（The Monk by the Sea，1808—1810）、《海上生明月》（Moonrise over the Sea，1822）和《凝视月亮的男人和女人》[Man and Woman Contemplating the Moon，约1824，据说是塞缪尔·贝克特（Samuel Beckett）的名剧《等待戈多》（Waiting for Godot）的灵感来源] 这几幅作品对孤独、凄凉、黑暗和死亡进行了阐释，而这些正是这位最有成就的德国浪漫主义画家的标志性风格。

老国家艺术画廊
德国柏林市波特大街1-3号，
邮编：10178

Alte Nationalgalerie
Bodestrasse 1–3, 10178
Berlin, Germany
smb.museum/museen-und-einrichtungen/alte-nationalgalerie

本页图　《奥克伍德的修道院》（1809—1810），卡斯帕·大卫·弗里德里希
对页图　1993年被安置在新岗哨的凯绥·珂勒惠支的《母亲与她死去的儿子》

新国家美术馆

德国柏林市波茨坦大街50号，邮编：10785

Neue Nationalgalerie
Potsdamer Strasse 50,
10785 Berlin, Germany
*smb.museum/en/
museums-institutions/
neue-nationalgalerie/home*

看一位现代大师重塑现代主义光辉

新国家美术馆是柏林国家博物馆（Berlin State Museums）国家美术馆的一部分，它会从一批令人叹为观止的藏品中选出一些现代艺术作品进行轮流展览，而其中重点关注的是德国的表现主义画派——恩斯特·路德维希·基尔希纳（Ernst Ludwig Kirchner）、马克斯·贝克曼（Max Beckmann）和奥托·迪克斯（Otto Dix）的作品都能在这里看到。而也许存放这些作品的建筑才是这里最令人兴奋的艺术品，这个由路德维希·密斯·凡德罗（Ludwig Mies van der Rohe）设计的光滑明亮的玻璃盒于1968年向公众开放。这是凡德罗作品中的典范，地板上闪烁的灯光和天花板上活动的红色液晶显示轨道所形成的一种灯光装置，可以和丹·弗莱文的灯光装置相媲美。在撰写本书时，博物馆已经闭馆，现在正由英国建筑师大卫·奇普菲尔德（David Chipperfield）对它进行现代化的改造；改造的重点是修复，所以当它重新开放时，它那闪闪发光的玻璃外观、钢梁和新创作的装置看起来一定会像它们在 "花之力"（flower power）时代对德国年轻人所做的那样，充满未来主义色彩。

▶ 走进卫兵室，去看柏林历史不同寻常的一面

新岗哨

德国柏林市菩提树大街4号，邮编：10117

Neue Wache
Unter den Linden 4, 10117 Berlin, Germany
visitberlin.de/de/neue-wache

在一间19世纪的德国希腊复兴式前普鲁士卫兵室里，自1931年以来就已经有四座纪念碑，里面还有一件艺术品，它可能比这座城市的其他任何纪念馆都更能唤起一种真正意义上的怜悯和悲伤之情。在这座城市的每一个角落里都能感受到死者的存在，而这件艺术品就在一个暴露在风雨之中的圆形洞口的下面（象征着第二次世界大战期间百姓所遭受的苦难），它的位置的确能让人感受到它易受攻击和伤害的脆弱性。这就是一座由凯绥·珂勒惠支（Käthe Kollwitz）创作的名为《母亲与她死去的儿子》（*Mother with her Dead Son*）的圣母怜子主题的雕塑，从某种程度上来说，它是为了纪念珂勒惠支在第一次世界大战中阵亡的儿子彼得（Peter）。1937年10月22日，在他逝世纪念日那天，她开始着手创作第一座较小版本的雕塑。这个空间和这件作品的历史背景都极有吸引力，所以，如果你真想去参观的话——每个人都应该去——那么在参观之前，一定要熟悉和了解它们。

德国 **143**

汉堡火车站

德国柏林市因瓦利登大街50-51号，邮编：10557

Hamburger Bahnhof
Invalidenstrasse 50-51, 10557 Berlin, Germany
smb.museum/museen-und-einrichtungen/hamburger-bahnhof/home

在柏林汉堡火车站的现代艺术藏品中训练你的眼睛

汉堡火车站确实曾经是一个车站，或火车站，但与巴黎的奥赛美术馆不同的是，在它作为从汉堡到柏林的铁路终点站开通150年后，也就是在1996年，被改造成了一座美术馆，一个现代藏品之家，这里收藏的全都是1960年以后的艺术作品。这座后期新古典主义建筑与作品形成了一种鲜明的对比。2004年，博物馆得到了弗里德里希·克里斯蒂安·弗里克家族藏品（Friedrich Christian Flick Collection）的大力支持。他们把家族专门收藏的像丹·格雷厄姆（Dan Graham）、辛迪·雪曼（Cindy Sherman）和卡塔琳娜·弗里奇（Katharina Fritsch）这些20世纪下半叶的艺术家的作品长期借给汉堡火车站使用。此外，博物馆还收藏了一些当代艺术作品，把所有这一切结合起来，它就成为欧洲兼容并蓄的当代艺术收藏馆之一。

包豪斯临时档案馆/设计博物馆

德国柏林市夏洛滕堡区克内塞贝克大街1-2号

Temporary Bauhaus-Aarchiv/ Museum für Gestaltung
Knesebeckstrasse 1-2, Berlin-Charlottenburg, Germany
bauhaus.de

在德国庆祝包豪斯百年诞辰

2019年是包豪斯成立100周年，为了庆祝这一盛事，德国在德绍（Dessau）、魏玛（Weimar）和柏林开建了三座新博物馆，用以纪念这个具有全球影响力的前卫的运动。其中，包豪斯档案馆/设计博物馆（Bauhaus Archiv/Museum für Gestaltung），最终将会与一个全新的博物馆和一座经过重大翻修的瓦尔特·格罗皮乌斯（Walter Gropius）的标志性建筑一起揭幕，它会成为世界上收集包豪斯最广泛的历史资料、增添新的研究的档案室和图书馆。到它开放的时候，你可以在名为包豪斯临时档案馆的地方看到这些收藏资料。

科隆大教堂

德国科隆市大教堂修道院4号，邮编：50667

Cologne Cathedral
Domkloster 4, 50667 Cologne, Germany
koelner-dom.de

让那里有像素式的光吧

在第二次世界大战中，建于13世纪的科隆大教堂被盟军轰炸了70多次，却奇迹般地幸存了下来，而科隆的其他地方则被夷为平地。教堂的许多中世纪时期的窗户被放在贮藏室里，但也有一些在轰炸中被炸毁了，其中有南耳堂那边的窗户。2007年，在决定重新设计这些窗户时，不可知论艺术家格哈德·里希特（Gerhard Richter）并不是每个天主教徒的首选设计师（而且很多人都表示反对），但他却成为一个赋有灵感的被选择者。在和他的初始设计斗争了一段时间后，里希特决定使用一种抽象的设计方案。窗户上有11500块25.8平方厘米的吹制玻璃，或者说是从大教堂的其他窗户上复制出来的72种颜色的"像素"，然后通过一种电脑程序随机放置。它将世俗与宗教、中世纪与现代的元素结合在一起，形成了一个万花筒似的艺术杰作。对了，尽量在一个阳光明媚的日子去那里参观。

维尔茨堡宫

德国维尔茨堡市主教宫广场2号,邮编:97070

Würzburg Residenz
Residenzplatz 2, 97070
Würzburg, Germany
residenz-wuerzburg.de

把你的目光转向天国,体味不同的宇宙观

18世纪巴洛克风格的主教官邸坐落在巴伐利亚维尔茨堡小镇上,它那洛可可风格的元素特征和炫目的镀金外观,真是华丽至极。为了与宏伟的设计保持一致,威尼斯艺术家乔瓦尼·巴蒂斯塔·提埃坡罗(Giovanni Battista Tiepolo)在宫殿的皇家大厅和高高的楼梯间绘制了两幅华丽的屋顶壁画。提埃坡罗和他的儿子吉安多梅尼科(Giandomenico)在大厅里绘制的充满寓意的历史场景给王子主教卡尔·菲利普·冯·格雷芬劳(Prince-Bishop Carl Philip von Greiffenclau)留下了深刻的印象,于是他又邀请他们装饰楼梯间。在那里,他们对神话和现实世界进行了别出心裁的描绘,并用希腊神话中的神灵、仙女、飞马,以及大象群、金字塔、短吻鳄,还有代表着不同世界文化的物品进行装饰,形成了一种独特的18世纪物理和文化的宇宙观。

下图 乔瓦尼·巴蒂斯塔·提埃坡罗和他的儿子在维尔茨堡宫楼梯间绘制的华丽的屋顶湿壁画

伊瓦连瓦非洲艺术馆
德国拜罗伊特市沃尔费尔大街2号，拜罗伊特大学，邮编：95444
Iwalewahaus
University of Bayreuth, Wölfelstrasse 2, 95244 Bayreuth, Germany
iwalewahaus.uni-bayreuth.de

在巴伐利亚探索非洲的现代主义，真让人难以置信

在巴伐利亚大学城拜罗伊特市中心的这座传统的巴洛克式建筑立面的另一边，有一个令人难以置信的发现——通过来自非洲、亚洲和太平洋地区的引人入胜的现当代视觉艺术作品，审视了20世纪艺术创新中常被遮蔽的一面，它就是由乌利·贝尔（Ulli Beier）创立的艺术馆。该馆收藏了一批20世纪非洲现代主义的艺术精品，其中大部分是20世纪60年代尼日利亚的恩苏卡流派（Nsukka-school）和奥绍博（Oshogbo）艺术家的作品，此外还有来自苏丹、莫桑比克、坦桑尼亚、刚果民主共和国、海地和印度的艺术作品。它很特别，因为它提供了一个难得的机会，让参观者可以看到在风云涌动的时期和许多非洲国家处于民族独立时期出现的殖民主义和后殖民主义的艺术作品，它也能让参观者体会到艺术家对局势变化做出的反应，提出了许多关于殖民和后殖民时期文化挪用的有趣问题。

丁格利博物馆
瑞士巴塞尔市保罗·萨赫尔公园2号，邮编：CH-4002
Museum Tinguely
Paul Sacher-Anlage 2, CH-4002 Basel, Switzerland
tinguely.ch

在瑞士倾听音乐之声

任何去过巴黎蓬皮杜艺术中心的人，应该都很熟悉让·丁格利（Jean Tinguely）的作品，他和他同是艺术家的妻子妮基·桑法勒（Niki de Saint Phalle）（见第174页）联手创作的《斯特拉文斯基喷泉》（*Stravinsky Fountain*，1983），以一种有趣的方式装点着艺术空间外的广场。他的《参与和声》（*Méta Harmonies*，1978—1985）的声音雕塑却不太为人所知，因为他只制作了其中四件。这些巨大的雕塑是用废弃的金属和奇形怪状的拾得艺术品精心打造而成的，随着时间的流逝，它们已经逐渐退化到越来越难让人看到它们，甚至更难让人听到它们运作声音的地步了。丁格利博物馆则是一个例外，2018年，已经在那里运作了38年的《参与和声II》（*Méta Harmonie II*，1979）不得不关停，经过艺术研究机构舒拉格现代美术馆（Schaulager）的精心翻修改造后重新安装，这样一来，参观者就可以再一次沉浸在它所发出的所有和谐的——以及偶尔出现的刺耳且不和谐的——声音之中。这是这位最有趣的雕塑家的藏品典范。

对页图　贝耶勒基金会美术馆的建筑，周围是田园诗般的闲适环境

在瑞士来一次大师级体验

巴塞尔艺术博览会

瑞士
Art Basel
Switzerland
basel.com

　　艺术博览会有利于观察和学习艺术世界的当前动态。它有免费导览服务、讲座和活动,这些都会让你对当代艺术的现状有深入的了解。巴塞尔艺术博览会(Art Basel)是较早举办的博览会之一,它于1970年正式推出,其强大的策展视角已被证明是非常适合在各地推广的——现在,巴塞尔艺术博览会每年都会在迈阿密海滩(Miami Beach)和中国香港举行。在这里,在原有的形式里,它是如此强势,以至于在展会期间整座城市吸引了许多一流的展览,所以,除作为展会一部分的300个画廊外,这里还有37座可供参观的博物馆,它们都有自己的大型展览。再加上一系列的卫星展会——"一览表"(Liste)展示了70个"年轻一代"的画廊,"巴塞尔的照片"(Photo Basel)展示了大约30个画廊,"沃尔特"(Volta)强调了"发现"——真是没时间休息,穿上你最时髦的运动鞋,赶紧行动起来吧!

▲ 在瑞士的田园艺术场景里转一两圈儿吧

贝耶勒基金会美术馆

瑞士里恩市巴塞尔大街101号,邮编:CH-4125
Fondation Beyeler
Baselstrasse 101, CH-4125 Riehen, Switzerland
fondationbeyeler.ch

　　伦佐·皮亚诺设计的贝耶勒基金会美术馆坐落在巴塞尔郊区里恩的一片花田和连绵起伏的绿地中,美丽极了。美术馆的玻璃外墙正对着一片玉米田和延伸到泰林格山(Tüllinger Hill)的葡萄藤蔓,它会吸引你不时地向外凝望,而当你的目光转回到室内空间的时候,又会提升周围作品的美感。20世纪一些重要的艺术家的作品会在这里展出,包括巴勃罗·毕加索、保罗·塞尚、马克·罗斯科、马克·夏加尔和恩斯特·贝耶勒(Ernst Beyeler),收集这些作品的热心艺术收藏家和艺术品经销商希尔迪(Hildy)和恩斯特·贝耶勒还把一些来自非洲、大洋洲,以及北美洲的阿拉斯加等各种部落艺术带进了美术馆。他们还会不断增添藏品,像最近收购的塔西亚·迪恩(Tacita Dean)、路易斯·布尔乔亚、奥拉维尔·埃利亚松和珍妮·霍尔泽(Jenny Holzer)的作品。这所美术馆确保总有一些新鲜和精彩的东西值得一看——当然,除了季节更替和室外不停变幻的光线。

▶ 欣赏瑞士的域外艺术

原生艺术馆
瑞士洛桑市贝尔吉埃雷斯大道11号，邮编：1004
Collection de l'art Brut
Avenue Bergières 11, 1004 Lausanne, Switzerland
artbrut.ch

　　艺术家让·杜布菲是域外艺术（outsider art）或原生艺术（art brut）的狂热爱好者。他把域外艺术定义为"未受到艺术文化影响的人所完成的作品，因此模仿……在作品中几乎没有起到任何作用，所以它们的创作者是从他们自己的深度，而不是跟随古典艺术的陈词滥调或流行艺术来汲取一切的"。从1945年起，他就开始着手收集这样的作品，作品都是由处于社会边缘和被社会排斥的艺术家创作的，他们中有许多人都是不同精神病院的病人。几十年后，他在1971年捐赠给洛桑市的藏品——当时是133个创作者的5000幅作品，现已增加到1000个创作者的70000幅作品——今天看来，仍然是一套极具吸引力的作品，它们激发了我们所有人的艺术家般的想象力、潜在的技艺和表达能力。

跨页图　《心形玫瑰花冠》（*Couronne d'épines de Rosalie en forme de coeur*，1922），阿道夫·沃尔夫利（Adolf Wölfli）

瑞士

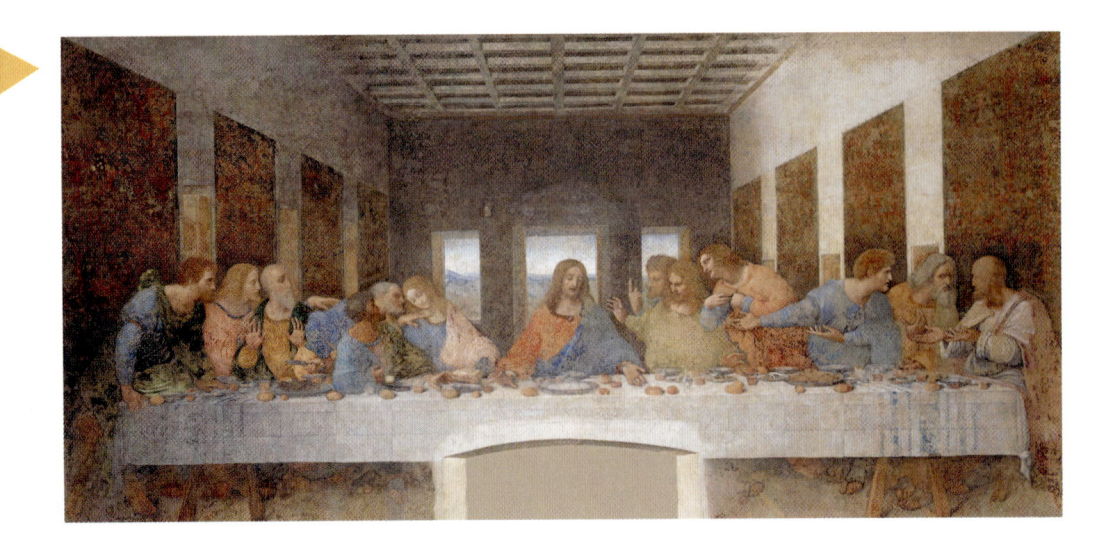

在12世纪的修道院和啤酒厂里尽享一些21世纪的奇景

苏什博物馆

瑞士苏什镇苏尔蓬特路78号，邮编：7542
Muzeum Susch
Sur Punt 78, 7542 Susch, Switzerland
muzeumsusch.ch

　　你可别期望能在阿尔卑斯山谷的一个漂亮的小村庄里找到前沿艺术，不过，苏什博物馆里的一切会让你出乎意料。这个由波兰科技企业家和艺术收藏家格罗苏那·库奇科（Grażyna Kulczyk）建造的艺术中心，占用了一座12世纪的修道院和啤酒厂，还有它后山的一部分，这片山脉已经被钻孔打洞，好为画廊腾出空间。这个空间决定把关注的焦点投向女性艺术家——2019年的开幕展"一个女人看着男人观察女人"（A Woman Looking at Men Looking at Women），明确表达了展览的目的是探索"不同层面的女性概念"，这真是绝无仅有。馆内收藏了一群实力雄厚的概念派艺术家（他们中大多是女性）创作的优秀的永久性特定场域作品，其中包括海伦·查德威克（Helen Chadwick）的《尿花》（*Piss Flowers*，1991），作品看起来就像许许多多巨大的雪绒花，它是根据查德威克在雪中小便时形成的图案用青铜铸成的。

▲ 和米兰最好的人共进圣餐

最后的晚餐博物馆

意大利米兰市圣玛利亚感恩教堂广场2号，邮编：20123
Museo del Cenacolo Vinciano
Piazza Santa Maria delle Grazie 2, 20123 Milan, Italy
cenacolovinciano.org

　　你需要提前预订这次艺术体验，因为它非常值得等待，也非常值得付入场费。15世纪末列奥纳多·达·芬奇在圣玛利亚感恩教堂（Santa Maria delle Grazie）的餐厅，即"最后的晚餐博物馆"里创作的壁画杰作《最后的晚餐》（*The Last Supper*）是值得你去米兰参观的，即使在逗留期间没有什么其他可看的东西。一旦你走进教堂，你就会有充足的时间去欣赏这幅宏伟壮观的壁画和它的每一个细节——或者，如果你是丹·布朗（Dan Brown）《达·芬奇密码》（*The Da Vinci Code*）一书的爱好者，你还可以自己试着去搞清楚在耶稣左边的使徒是否真的是抹大拉的玛丽亚（Mary Magdalene）。在佛罗伦萨，安德烈亚·德尔·卡斯塔尼奥（Andrea del Castagno）在圣阿波罗尼亚修道院（Cenacolo di Sant'Apollonia）创作的版本（约1450）可以与之比较。列奥纳多试着通过姿势、手势和表情来表现一种"灵魂的运动"，创作出一幅空灵优雅、超脱尘俗的作品，而卡斯塔尼奥创作的则绝对是一幅自然主义的作品。

他者他乡大都会博物馆（简称MaaM）

意大利罗马市普雷内斯蒂纳大道913号

Metropoliz Museum of the Other and the Elsewhere (MaaM)
913 Via Prenestina, Rome, Italy
facebook.com/museoMAAM

▼ 支持罗马的"非法博物馆"去保护一种独特的共生关系

在罗马郊区的一个前萨拉米香肠工厂里，住着一群擅自占用工厂建筑的"大都市人"，他们大约有200人，其中有70个儿童。他们是来自世界各地的移民，在策展人乔治·德·菲尼斯（Giorgio de Finis）于2011年建立的他者他乡大都会博物馆里生活和工作。德·菲尼斯一开始在这个空间组织活动和表演，十年过去了，现在，这里又有来自世界各地的300多位艺术家创作的壁画、绘画作品以及特定场域装置，其中一些艺术家是家喻户晓的人物——甚至连米开朗琪罗·皮斯托莱托（Michelangelo Pistoletto）的作品都在这里展出。在这个观看者与艺术家共生的强有力的例子里，尽管擅自占用建筑物是非法的，但是到艺术空间来参观的游客却增加了某种形式的合法性，因此，居民们得到了一定程度的保护，没有被驱逐。

对页图　《最后的晚餐》（1495—1498），列奥纳多·达·芬奇
本页图　他者他乡大都会博物馆把一个被非法占用的工厂改造成一个艺术场所

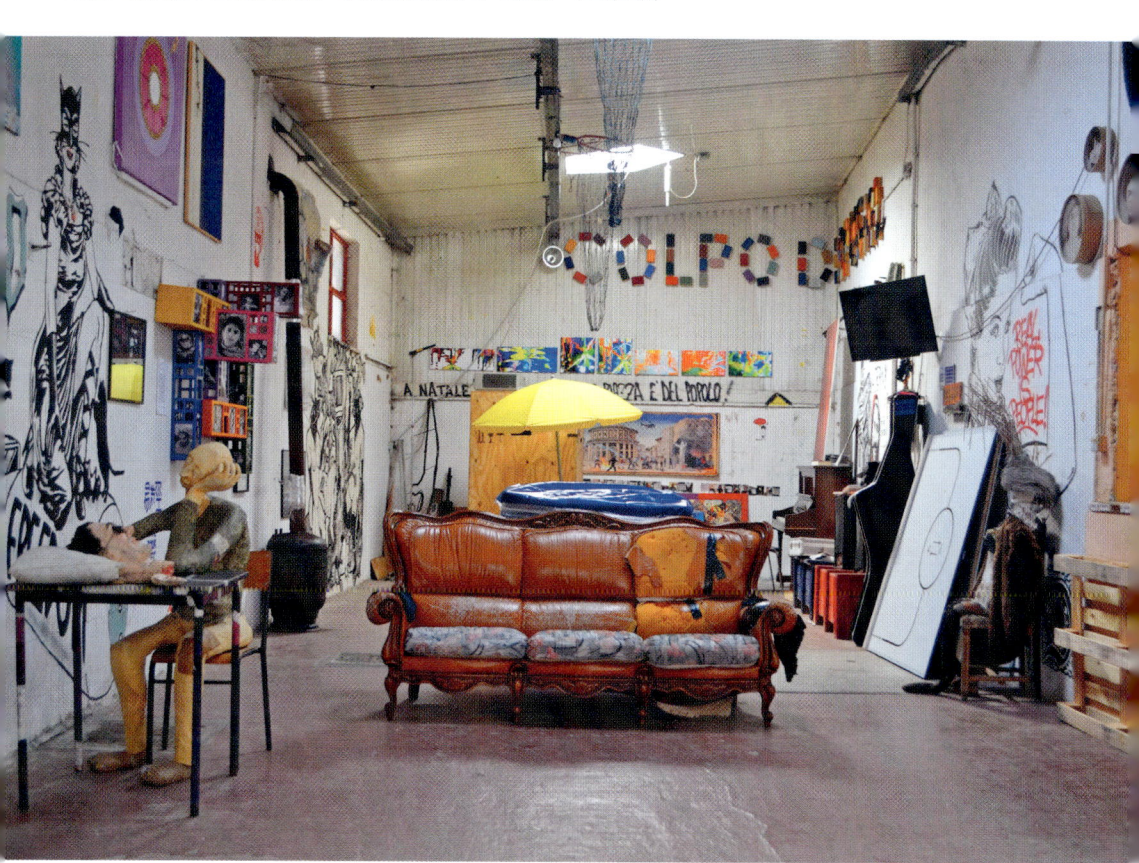

特色线路：罗马教堂里最出色的宗教艺术

位于意大利的梵蒂冈城（Vatican City）在西斯廷教堂（Sistine Chapel）、梵蒂冈画廊（Pinacoteca Vaticana）和梵蒂冈博物馆（Vatican Museums）等地收藏了一些世界著名的基督教艺术作品。在圣城之外，在罗马更为安静的宗教空间里，你才能真正理解宗教艺术的力量和威严。跟随我们的足迹，去寻找著名的宗教艺术。

胜利之后圣母教堂
梵迪塞滕布雷大道
Santa Maria della Vittoria
Via Venti Settembre

贝尔尼尼（Bernini）的《圣特蕾莎的狂喜》（*Ecstasy of Saint Teresa*，1647—1652）雕塑展示了西班牙阿维拉省（ávila）加尔默罗会（Carmelite）的修女特蕾莎由一个天使带入宗教中神圣时刻的表现。这座雕塑从感官体验上讲非常性感，而且还会让人感到震撼。

河畔圣方济各堂
阿西西圣方济各广场
San Francesco a Ripa
Piazza di San Francesco d'Assisi

贝尔尼尼在1674年创作的《受祝福的卢多维卡·阿尔贝托尼》（*Beata Ludovica Albertoni*）雕塑，比他的圣特雷莎雕塑更有煽动性。她明显陶醉的状态使她成为贝尔尼尼受争议的作品之一，这一点都不让人感到惊讶。

圣伯多禄锁链堂
圣伯多禄锁链堂广场
San Pietro in Vincoli
Piazza di San Pietro in Vincoli

到这里来看看米开朗琪罗的极不寻常的《摩西像》（*Moses*，1513），他头上长着角[这是《圣经》中误译造成的结果，在《圣经》中这个表示"光芒"（rays of light）的词语被翻译成了"角"（horns）]。

越台伯河的圣母大殿
越台伯河的圣母大殿广场
Santa Maria in Trastevere
Piazza di Santa Maria in Trastevere

对，这是一座很受欢迎的教堂，但更值得一看的是教堂里由彼得罗·卡瓦利尼（Pietro Cavallini）在13世纪设计的描绘圣母玛利亚生活的马赛克镶嵌画，作品令人惊叹。在圣克莱门特教堂（San Clemente）和圣科斯坦萨教堂（Santa Costanza）里还能看到更多拜占庭风格的马赛克作品。

四殉道堂圣殿
圣卡特罗大街
Basilica of Santi Quattro Coronati
Via dei Santi Quattro

这座始建于12世纪与世隔绝的女修道院，不管用什么标准来衡量，都可谓一座美丽的圣殿；再加上圣西佛斯小堂（Chapel of St Sylvester）里一组栩栩如生的壁画，你就能体验到一个真正非同凡响的空间。

圣则济利亚圣殿
圣则济利亚圣殿广场
Santa Cecilia in Trastevere
Piazza di Santa Cecilia

一幅9世纪的马赛克镶嵌画、13世纪彼得罗·卡瓦利尼的壁画，还有斯特凡诺·马德尔诺（Stefano Maderno）创作的一座17世纪的圣则济利亚的著名雕塑，这些都只是这座出奇美丽的教堂里的上乘之作。

圣巴西德圣殿
圣巴西德圣殿大道
Santa Prassede
Via di Santa Prassede

这座建于9世纪的教堂[距离世界著名的圣母大殿（Basilica Papale Santa Maria Maggiore）只有两分钟的路程]从外表看起来不太像座教堂，而像一个失去光泽的首饰盒，教堂里面却是闪闪发光的壁画和马赛克镶嵌画。

圣洛伦佐教堂
维拉诺广场
San Lorenzo fuori le Mura
Piazzale del Verano

这座建于5世纪的教堂外部是用13世纪的马赛克镶嵌画来装饰的，而在它里面则是湿壁画，描绘了在公元258年殉难的圣劳伦斯（St Lawrence）的生活。

圣王路易堂
圣王路易堂广场
San Luigi dei Francesi
Piazza di San Luigi dei Francesi

到著名的孔塔雷利教堂（Contarelli Chapel）去欣赏卡拉乔瓦（Caravaggio）的《圣马修系列作品》（St Matthew Cycle，1599—1602），然后再到波莱教堂（Polet Chapel）去看看多米尼奇诺（Domenichino）的湿壁画《圣塞西莉亚的历史》（Histories of Saint Cecilia，1612—1615）。

见第156页。

圣奥古斯丁教堂
圣欧斯塔基奥大道
Sant' Agostino
Via di Sant'Eustachio

到这里来欣赏一下卡拉瓦乔的《罗雷托的圣母》（Madonna di Loreto，1604），但别错过拉斐尔的湿壁画《先知以赛亚》（Prophet Isaiah，1512），还有雅各布·桑索维诺（Jacopo Sansovino）的《圣母临产》（Madonna del Parto，1518），据说这是参照阿格里皮娜（Agrippina）抱着尼禄（Nero）的雕像创作的。

圣斯德望圆形堂
圣斯德望圆形堂大道
Santo Stefano Rotondo
Via Santo Stefano Rotondo

在这座不同寻常的圆形教堂里，有难得一见的7世纪的马赛克镶嵌画和34幅16世纪的有着生动形象的湿壁画，作品描绘了34位殉道者遭受折磨的场景。

神殿遗址圣母堂
弥涅耳瓦广场
Santa Maria sopra Minerva
Piazza della Minerva

这座离万神殿（Pantheon）只有几步之遥的罕见的罗马哥特式教堂，从它镶嵌着镀金星星模型的钴蓝色天花板，到菲利皮诺·利比（Filippino Lippi）的湿壁画，真可谓色彩斑斓。这里还有米开朗琪罗和贝尔尼尼的雕塑作品（教堂前面的大象）。

人民圣母教堂
人民广场
Santa Maria del Popolo
Piazza del Popolo

这是一座长方形的小教堂，里面有一些非常重要的作品，其中有两幅卡拉瓦乔的名画[1600年的《圣保罗的皈依》（Conversion of Saint Paul）和1601年的《圣彼得受难》（Crucifixion of Saint Peter）]。这两幅作品被分别放在卡拉齐（Caracci）于1601年创作的《圣母升天》（Assumption of the Virgin）的两侧。此外，这里还有拉斐尔、布拉曼特（Bramante）、贝尔尼尼和平图里乔（Pinturicchio）的画作。

下页跨页图 ▶
圣斯德望圆形堂（Basilica di Santo Stefano Rotondo al Celio）的中央祭坛

罗马教堂里最出色的宗教艺术

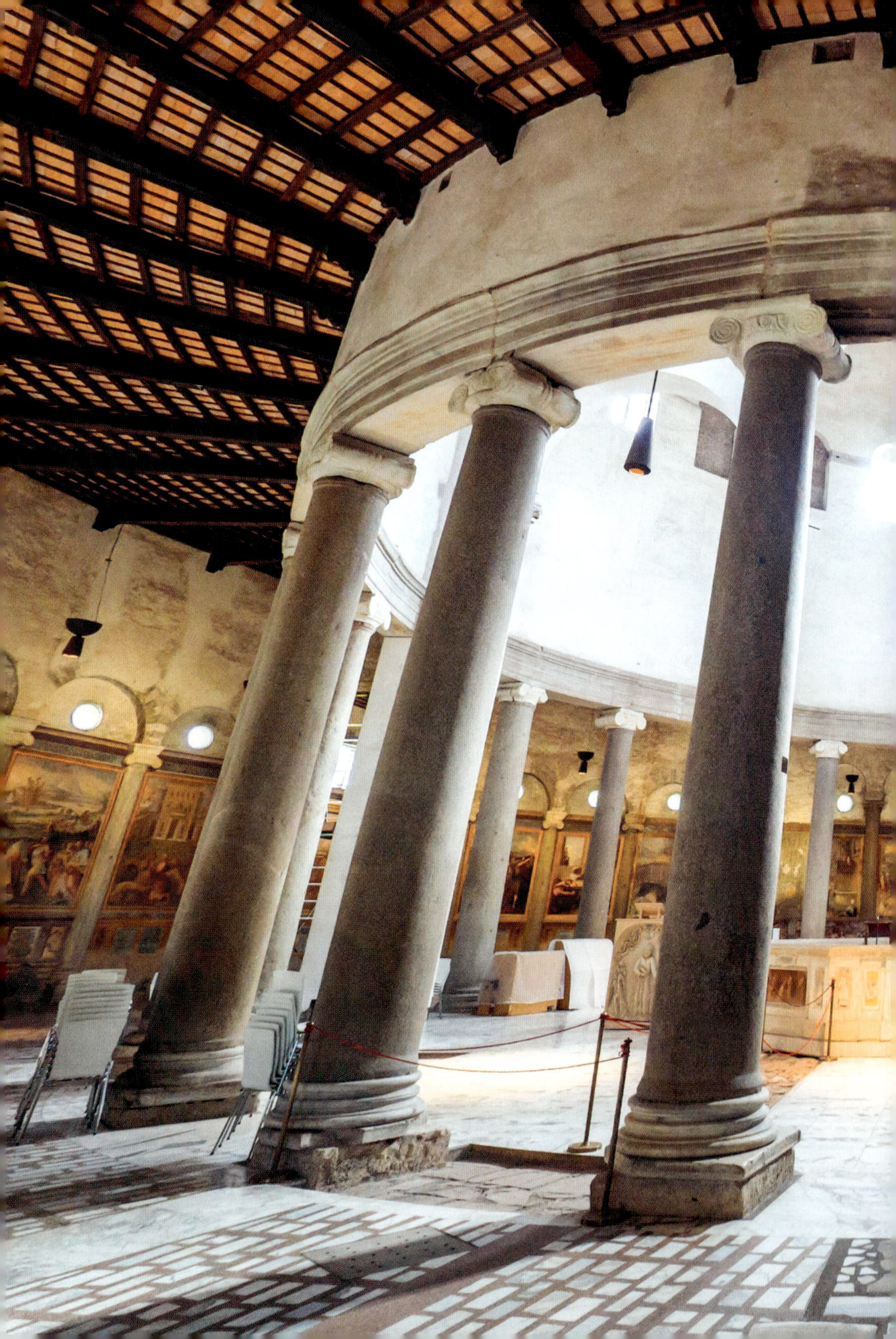

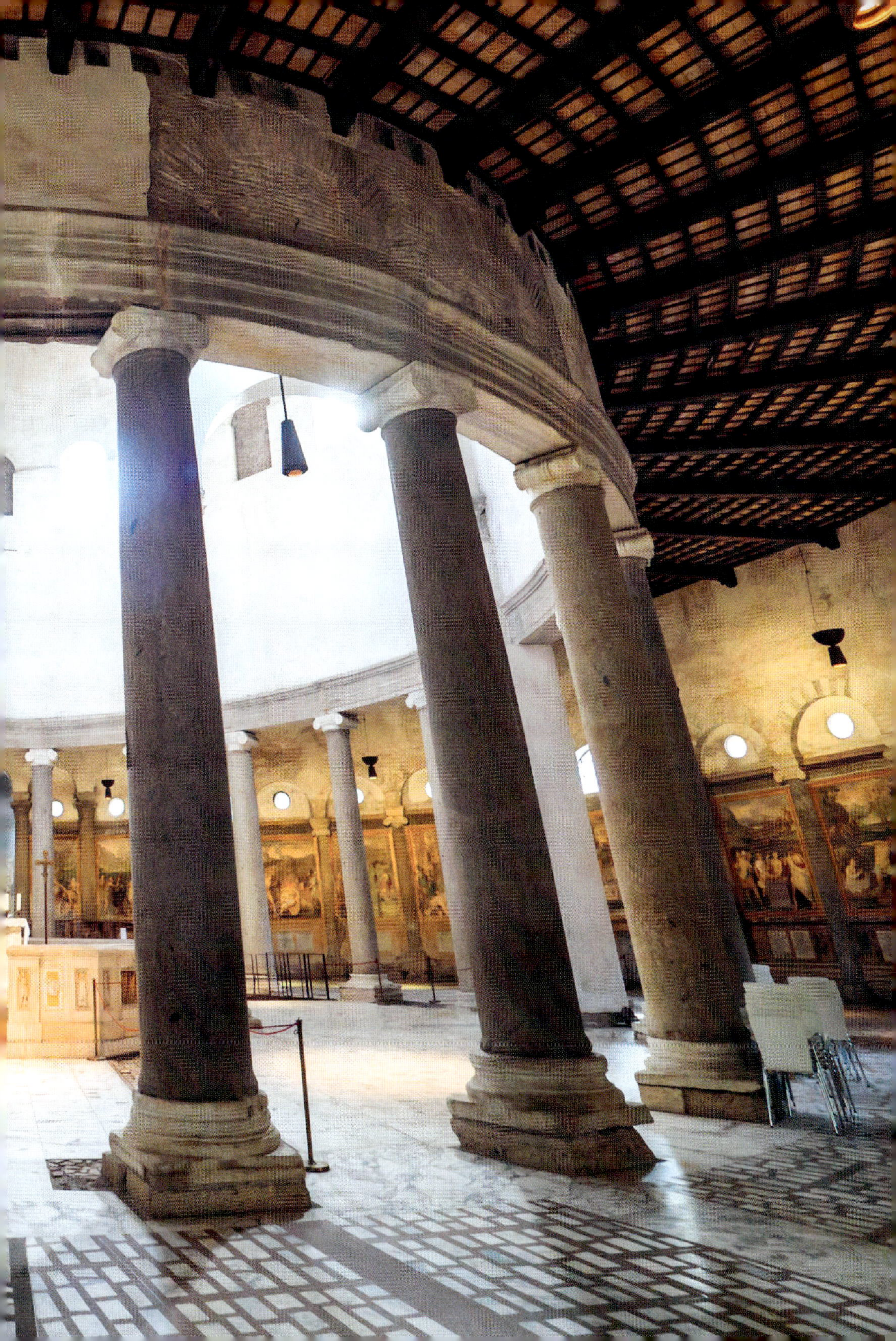

▶ 离开西斯廷教堂，让你的脖子休息一下吧

梵蒂冈博物馆
意大利梵蒂冈城00120号
Vatican Museums
00120 Vatican City, Italy
museivaticani.va

　　梵蒂冈的现代艺术藏品与西斯廷教堂的画作相比，往往会显得黯然失色。这些作品必然会有一种宗教主题，但除此之外，它们的现代性可能会给你带来意外的惊喜。这里有文森特·凡·高在1890年去世前创作的令人惊叹的《圣母怜子像》(Pietà)，又有激进的无神论者弗朗西斯·培根依据迭戈·委拉斯凯兹于1650年创作的《教皇英诺森十世肖像》(Portrait of Innocent X) 而创作的作品，培根非常崇拜这幅作品，他多次访问罗马，却没有去观看过它，而是根据它的一张明信片进行了多次重新创作。然而，博物馆的精彩亮点绝对是亨利·马蒂斯的房间或礼拜堂，因为这里有与旺斯罗塞尔教堂规划阶段相关的大型预备草图（见第135页）。

在罗马的一个小教堂里发现了启示录、殉道者和福音书

圣王路易堂
意大利罗马市圣王路易堂广场
San Luigi dei Francesi
Piazza di San Luigi dei Francesi, Rome, Italy
saintlouis-rome.net

　　圣王路易堂是纳沃纳广场（Piazza Navonna）和万神殿之间的一个法国教堂，在它小小的康塔雷利礼拜堂（Contarelli Chapel）里存放着卡拉瓦乔的三幅壮观的画作（1599—1600）。《圣马太蒙召》(The Calling)、《圣马太与天使》(St Matthew and the Angel) 和《圣马太殉难》(The Martyrdom) 这三幅关注圣马太生活的作品简直就是旷世杰作。在第一幅画作中，一束光绕过基督那柔软的像米开朗琪罗似的手，从人群中挑选出马太，而马太似乎在说："谁，我吗？"在《圣马太与天使》中，一个天使在看马太写他的福音书，这是卡拉瓦乔的第二次尝试，他的第一次尝试曾因太过"现实"而遭到拒绝，因为画中的天使正在向目不识丁的圣马太口述福音书……这对教堂来说不够"圣洁"！让人遗憾的是，第一个版本在第二次世界大战中丢失了。从构图上看，《圣马太殉难》（还有卡拉瓦乔的自画像）真可谓一幅运用明暗对照法（chiaroscuro）的大师级作品。

米斯特里别墅街

意大利庞贝古城

Via Villa dei Misteri
Pompeii, Italy
pompeiisites.org

▲ 在庞贝古城神秘别墅的壁画中漫步寻思

庞贝古城（Pompeii）的遗址和风景总会让人惊叹不已，它那保存完好的文物、街道和广场似乎重现了公元79年维苏威火山大爆发时，致使大约2000名罗马城居民死亡的可怕场景。这里有许多令人难忘的风景，但从艺术的角度来说，令人印象最深的要数神秘别墅里的一系列湿壁画，它们是一些现存完好的古罗马绘画作品。这些画作之所以能从众多作品中脱颖而出是因为它们的神秘主题，其中被人们普遍接受的解释是作品表达了女人对酒神巴克斯（Bacchus）的崇拜，但是其他一些观点却对此提出了质疑。尽管作品的意义和象征主义可能仍存在争议，但艺术家们的创作技巧和娴熟的手法却毫无争议，是他们绘制出了这些惊人画作。画作中的人物表情丰富，充满了从满足、欲望到恐惧和惊慌的情绪。

对页图　《圣母怜子像》（1890），文森特·凡·高

本页图　神秘别墅里的壁画描绘的可能是新娘被介绍加入酒神秘密祭祀仪式（Bacchic Mysteries）的场景

意大利　**157**

跳上地铁，去寻找那不勒斯的地下艺术风景

意大利那不勒斯市的不同地点
Various locations across Naples, Italy
anm.it

想起那不勒斯，就一定会想到庞贝古城和古典艺术，对吧？那可不一定。城市的艺术车站（Art Stations）项目已经运行了一段时间，并且取得了一些独创性的成果。在地铁网络上，国际艺术家、设计师和建筑师——其中包括亚历山德罗·门迪尼（Alessandro Mendini）、安尼施·卡普尔、盖·奥兰蒂（Gae Aulenti）、雅尼斯·库奈里斯（Jannis Kounellis）、凯瑞姆·瑞席（Karim Rashid）和索尔·勒维特（Sol LeWitt）——都受到委托设计车站，比如由西班牙建筑师奥斯卡·图斯盖茨·布兰卡（Oscar Tusquets Blanca）设计的托莱多地铁站（Toledo Station）是一个以水和光为主题的时尚别致的紫色空间。这个由艺术评论家和威尼斯双年展前负责人阿基利·博尼托·奥利瓦（Achille Bonito Oliva）策划的项目，包括两幅由南非艺术家威廉·肯特里奇（William Kentridge）创作的壁画，以及罗伯特·威尔逊（Robert Wilson）设计的光电板，还有弗朗切斯科·克莱门特（Francesco Clemente）、伊利亚与艾米利亚·卡巴科夫（Ilya and Emilia Kabakov）、希林·涅萨特（Shirin Nehsat）和奥利韦罗·托斯卡尼（Oliviero Toscani）的作品。

卡波迪蒙特博物馆
意大利那不勒斯市米尼亚诺路2号，邮编：80131
Museo e Real Bosco di Capodimonte
Via Miano 2, Naples, Italy
museocapodimonte.beniculturali.it

在那不勒斯读一本充满戏剧色彩的巴洛克艺术传记

在撰写本书时，伦敦的国家美术馆里只收藏了21幅由女性画家创作的绘画作品（在总共收藏的2300多幅藏品中），而阿特米谢·简特内斯基（Artemisia Gentileschi）创作的《亚历山大港的圣凯瑟琳自画像》（Self-Portrait as St Catherine of Alexandria，约1615—1617）就是其中的一幅，这一事实足以说明这位艺术家的作品所具有的价值，以及她作为17世纪重要的巴洛克风格画家之一的地位。她动荡不安的生活——包括她在十几岁时被人强奸的经历——对她的作品有着非常深远的影响。她在作品中描绘的主要人物通常都是一些坚强的女性，就像在那不勒斯——她在那里生活和工作了20多年——卡波迪蒙特博物馆（Museo e Real Bosco di Capodimonte）里的《朱迪斯杀死荷罗孚尼》（Judith Slaying Holofernes，1610）一画中看到的那样。这是一幅充满黑暗和血腥色彩的油画，画中的两个女人按住一个男人，而其中有一个用刀割开了他的喉咙。许多人都把这幅画当作传记来读，认为这是简特内斯基向她的强奸者复仇反击的自画像，虽然这仅仅是一种推测，但这位女艺术家的实力是毋庸置疑的，她既是一位技艺精湛的创作者，又是一名富有创造性的叙述者。

乌菲兹美术馆

意大利佛罗伦萨市乌菲兹美术馆研究中心广场6号，邮编：50122

Uffizi Gallery
Piazzale degli Uffizi 6,
50122 Florence, Italy
uffizi.it

▼ 在乌菲兹美术馆发现了一堆一流作品

美第奇（Medici）家族将1500多件杰出的艺术作品赠予这座有101个展厅的皇宫博物馆，其中有许多具有开拓性和创新性的作品，它们从本质上影响了五个多世纪的艺术历史和艺术道路的发展。这里有许多可供选择的作品，其中包括米开朗琪罗的《圣家庭与圣约翰》（Doni Tondo，约1506—1508），这是一幅极为罕见的嵌板油画，画中描绘了一个神圣家族，其两侧是一群赤身裸体、体型完美的年轻男子；还有帕尔米贾尼诺（Parmigianino）的《长颈圣母》（Madonna with the Long Neck，1534—1535），这幅作品在构图、透视和形式上也采用了一些不同凡响的全新手法；然而，最出色的或许是提香的《乌尔比诺的维纳斯》（Venus of Urbino，1534），它就被认为是绝对会令人震撼的，因为它那显而易见的色情描绘和毫无遮掩的性意味从创作时起便创造了一个贯穿艺术史的不朽传奇。

对页图　那不勒斯的托莱多地铁站
本页图　《乌尔比诺的维纳斯》（1534），提香

意大利　159

布兰卡契礼拜堂
意大利佛罗伦萨市卡米尼广场，邮编：50124
Brancacci Chapel
Piazza del Carmine, 50124
Florence, Italy
museumsinflorence.com/
musei/Brancacci_chapel

▼ 看一个文艺复兴时期的人是如何跟一位年轻大师学艺的

　　卡尔米内圣母大殿（Church of Santa Maria del Carmine）布兰卡契礼拜堂（Brancacci Chapel）的湿壁画是由三位艺术家——马萨乔（Masaccio）、马索利诺（Masolino）和菲利皮诺·利比（Filippino Lippi）——创作的，他们的贡献无疑促成了艺术的发展方向，影响了几个世纪一代又一代艺术家。这种影响始于年轻的米开朗琪罗，他是众多通过培训，临摹礼拜堂马萨乔作品的艺术家之一，他大约是从1425年开始临摹马萨乔创作的有关圣彼得的故事。尽管礼拜堂的所有作品都令人着迷，但马萨乔的《逐出伊甸园》（Expulsion from the Garden of Eden，1425）充满了戏剧性和雕塑般的存在感，是一件多层次的作品，它通过科学的视角和自然光影的闪现来定义和塑造颜色和形式的区域，其现实主义和自然主义在某种程度上加强了作品的戏剧性和感情色彩，这就给艺术注入了一些新鲜的血液。马萨乔年仅27岁就离开了人世，之后由利比完成了这幅作品。

下图　布兰卡契礼拜堂内的华丽装饰

在大教堂博物馆登上穹顶之王

大教堂博物馆
意大利佛罗伦萨市大教堂广场,邮编:50122
Museo del Duomo
Piazza del Duomo, 50122 Florence, Italy
museumflorence.com

位于佛罗伦萨的大教堂博物馆(Museo del Duomo)经常会被游客忽略,因为它坐落在它所颂扬的布鲁内莱斯基(Brunelleschi)的杰作附近。虽然许多人来这里是为了欣赏吉贝尔蒂(Ghiberti)的经典之作《天堂之门》(Gates of Paradise,1425—1452,用氮气保存),这当然是一件非常壮观的作品,但是博物馆还展示了更多的作品。米开朗琪罗在1547—1555年间创作的晚期作品《圣母怜子图》(Pietà,他完成这件作品时已经80岁了)就是一件精彩的画作,它是一幅以尼哥底母(Nicodemus)为原型的自画像。然而,真正的亮点是一个有关穹顶建筑的精彩展览,它展示了世界第一位现代工程师使用过的原始工具、滑轮系统和起重车。你可以爬到三楼外面的布鲁内莱斯基露台(Terrazza Brunelleschi),俯瞰大教堂的壮观景色,然后结束这次参观。

在阿西西寻找圣方济各的灵魂

阿西西的圣方济各教堂
意大利阿西西市圣方济各广场2号,邮编:06081
Basilica of St Francis of Assisi
Piazza San Francesco 2, 06081 Assisi, Italy
sanfrancescoassisi.org

精美绝伦的宗教艺术作品是阿西西的重要支柱。在阿西西的圣方济各教堂(Basilica of St Francis of Assisi)里摆满了保存完好的13和14世纪的壁画,以纪念这位生于此地,死于此地的圣人的一生。两座大教堂的两侧是契马布埃(Cimabue)、西蒙·马丁尼(Simone Martini)、彼得罗·洛伦泽蒂(Pietro Lorenzetti)和乔托(Giotto)创作的壁画。其中乔托沿着大教堂中殿下半部分绘制的28幅描绘圣人一生中重大事件的壁画可谓此行的亮点,令人难忘。虽然作者身份可能还存有争议,但作品的耀眼光辉和灵性得到了广泛认可。

在皮耶罗·德拉·弗朗西斯科最伟大的作品中找出异常之处

圣弗朗西斯科大教堂
意大利阿雷佐市圣弗朗西斯科广场,邮编:52100
The Basilica of San Francesco
Piazza San Francesco, 52100 Arezzo, Italy
polomusealetoscana.beniculturali.it/index.php?it/176/arezzo-basilica-di-san-francesco

由于大教堂每次只允许25人进入,所以能站在皮耶罗·德拉·弗朗西斯科(Piero della Francesco)的《真十字架传奇》(Legend of the True Cross,1447—1466)前欣赏此画,可真是一种非常亲密的体验。这幅壁画虽然还存在争议,但不管怎么说,它真的是一幅非常吸引人的作品。在阿雷佐圣弗朗西斯科大教堂(The Basillica of San Francesco)的无伴奏合唱《马焦雷》(cappella maggiore)的乐声中,忽略同行的崇拜者,整个15世纪的清晰的色彩和完美的比例会让你完全着迷⋯⋯也会让你觉得十分有趣,尤其当你了解这段艺术史时。因为这段中世纪十字架的"历史"有着许许多多意想不到的故事。壁画故事中有身穿文艺复兴时期富丽长袍的示巴女王(Queen of Sheba),而所罗门国王的宫殿看上去像是模仿了文艺复兴时期的著名建筑师莱昂·巴蒂斯塔·阿尔伯蒂(Leon Battista Alberti)的设计。

▶ 透过普利亚大区的钢丝墙凝视远方

西旁托考古遗址公园

意大利曼弗雷多尼亚市s.n.c.朱塞佩·迪·维托里奥普通大街，邮编：71043

Archaeological Park of Siponto
Viale Giuseppe di Vittorio, s.n.c., 71043
Manfredonia, Italy
musei.puglia.beniculturali.it/en/musei/parco-archeologico-di-siponto

  在最近的几次柯契拉音乐节（Coachella Festivals）上，当游客们看到爱德华多·特雷索尔迪（Edoardo Tresoldi）的作品时，可能会觉得自己出现了幻觉，这是情有可原的。这位意大利装置艺术家因设计出神奇的建筑物而闻名于世，他在柯契拉的作品也不例外。然而，这些作品都是临时性的。要想欣赏特雷索尔迪的永久性装置作品，就去西旁托考古遗址公园（Archaeological Park of Siponto），在那里，艺术家对一个空间进行了重新诠释，这个空间曾被一座古老的早期基督教教堂所占用，它旁边就是现存的罗马式教堂。它那看上去精美虚无，实际上却是把实实在在的铁丝网、光和空间结合在一起，呈现出一件似有似无的作品，就像21世纪的海市蜃楼，或是在中世纪遗迹上描画出来的一个罗马式建筑的仿效品，在景观上大放异彩。

跨页图 《西旁托大教堂》（*Basilica di Siponto*），爱德华多·特雷索尔迪

意大利 163

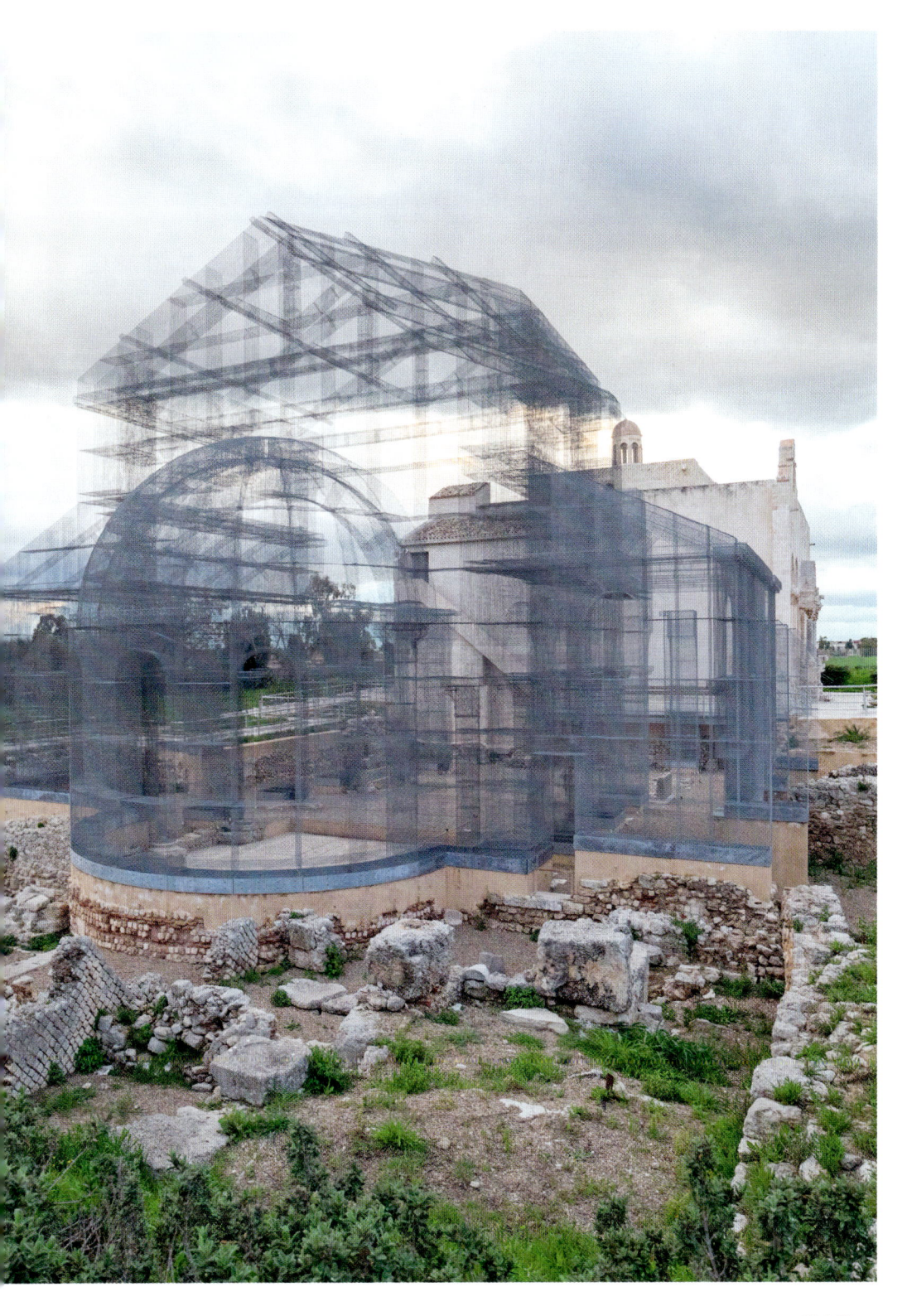

威尼斯双年展
意大利威尼斯市
Art Biennale of Venice
Venice, Italy
labiennale.org

▲ 开辟一条通往世界上最好的双年展的道路

　　说到艺术博览会，金牌肯定要颁给盛大而又古老的威尼斯艺术双年展。它的确盛大而又古老，这个始于1895年的双年展仅在官方的绿园城堡（Gardini）里就有30个标准尺寸的展馆，这些展馆展现了一个世纪的建筑风格，形成了一件极具吸引力的艺术品。展馆内陈列的是来自29个国家的官方艺术作品和一个由双年展总监策划的多国主题展览，但是除军械库（Arsenale）遗址外，在威尼斯的建筑群中[甚至在它的运河里，洛伦佐·奎恩（Lorenzo Quinn）于2017年创作的《支持》（*Support*）和于2019年创作的《建筑桥梁》（*Building Bridges*）既让人高兴，又让人震惊]还有数百个官方和非官方展馆、展览和活动，它们结合起来创造了地球上最大的艺术展览。它们不仅提供了一个能看到当代艺术发展趋势的机会，而且还展示了通常被隐藏的室内设计，创造了一种充满活力的艺术体验，亮点就在于艺术是唯一能把批评家和艺术爱好者们团结在一起的事情……还有威尼斯本身。

本页图　2017年的威尼斯双年展上洛伦佐·奎恩创作的《支持》
对页图　克拉赛圣阿波利纳雷教堂的半圆形后殿

佩吉·古根海姆收藏馆

意大利威尼斯市多尔索杜罗区701—704号，邮编：30123
Peggy Guggenheim Collection
Dorsoduro, 701-704, 30123 Venice, Italy
guggenheim-venice.it

想象一场在佩吉·古根海姆的宫殿里举行的睡衣派对

当最后一批参观者离开放置着佩吉古根海姆奢华收藏品的、美丽的威尼斯大运河河畔宫殿时，一个奇特的活动开始了。从毕加索[《诗人》（The Poet，1911）和《在海滩上》（On the Beach，1937）]以及布朗库西[Brâncuşis，《火鸟》（Maiastra，1912）和《空中之鸟》（Bird in Space，1932—1940）]，经由康定斯基[Kandinskys，《红点景观2号》（Landscape with Red Spots, No. 2，1913）与《白十字》（White Cross，1922）]和波洛克[Pollocks，《月亮女人》（The Moon Woman，1942）与《炼金术》（Alchemy，1947）]，到德·基里科[de Chiricos，《红塔》（The Red Tower，1913）与《诗人的怀旧之情》（The Nostalgia of the Poet，1914）]和蒙德里安[Mondrians，《红与灰的构图1号》（Composition No. 1 with Grey and Red，1938）与《红构图》（Composition with Red，1939）]，每一位艺术家的作品都被精心包裹在给它定制的套子里，套子就像睡衣一样柔软，上面还印着艺术品的图片。这是为什么呢？是为了在第二天早上工作人员打开百叶窗时，不让洒进房间的强光照射到作品上。真是棒极了！

▶ 照亮拉文纳的黑暗时代

意大利拉文纳市
Ravenna, Italy
turismo.ra.it/eng/

如果你想来一次接触早期基督教艺术的最佳体验，那么就去意大利艾米利亚–罗马涅大区（Emilia-Romagna）的拉文纳小城，那里有八个能证明罗马衰落后这座城市重要性的世界遗产所在地。圣维塔莱大教堂（The Basilica of San Vitale）无疑是这些展地中的明星，这是因为教堂穹顶和壁龛里的巴洛克风格的湿壁画，但更多是因为在鲜艳明亮、令人愉悦的自然场景中那些与五彩斑斓的《圣经》场景相关的早期马赛克镶嵌画。圣安德烈教堂（Chapel of Sant'Andrea）里的自然装饰图案也很出色，图案中的鲜花、基督雕像和至少90种鸟类都让人赞叹不已。仕克拉赛（Classe），圣阿波利纳雷教堂（Basilica of Sant'Apollinare）里的拜占庭风格的马赛克镶嵌画同样值得称道，而普拉西狄亚陵墓（Mausoleum of Galla Placidia）里的那些画作也是如此，这座建于5世纪中叶的陵墓里有一些这座城市最古老的马赛克镶嵌画。最后，正教洗礼堂（Ortodossi）和亚略洗礼堂（Ariani）这两个洗礼堂的穹顶也很值得让你忍受脖子的痉挛。

在瓦莱塔与卡拉瓦乔一较高下

圣约翰大教堂和博物馆
马耳他瓦莱塔II区圣高安大街
St John's Co-Cathedral and Museum
Triq San Gwann, Il-Belt Valletta, Malta
stjohnscocathedral.com

　　谋杀、骚乱和疯狂充斥在米开朗琪罗·梅里西（Michelangelo Merisi）的生活和作品里，并在他创作《被斩首的施洗者圣约翰》（The Beheading of St John the Baptist，约1607）和《圣杰罗姆在写作》（St Jerome Writing，约1605）这两幅杰作时发挥了不小的作用。这位艺术家更广为人知的名字是卡拉瓦乔，而这两幅杰作现被收藏在马耳他瓦莱塔的圣约翰大教堂（St John's Co-Cathedral）里。1606年5月，正在罗马工作的艺术家卡拉瓦乔多次与人斗殴，其中有一次他杀死了一个人，于是开始四处逃亡，先逃到了那不勒斯，然后又逃到马耳他，在那里他成为耶路撒冷圣约翰骑士团（Order of St John of Jerusalem）的宫廷画家，但这并没有持续很久。卡拉瓦乔的暴力本性很快又让他遇到了麻烦，在《被斩首的施洗者圣约翰》一画充满戏剧性的残酷暴行面前，这位陷入困境的艺术家又因太多暴力事件中的一起被逐出骑士团。这是唯一一幅有卡拉瓦乔签名的绘画作品，画中光明与黑暗的强烈对比成为后来被称为明暗对照法的一种创作技巧，这幅画作也对随后的巴洛克艺术发挥了非常重要的影响。

▼《贝多芬横饰带》，令人惊叹

分离派展览馆
奥地利维也纳市弗里德里希大街12号，邮编：1010
Secession
Friedrichstrasse 12, 1010 Vienna, Austria
secession.at

　　古斯塔夫·克里姆特那令人着迷和疯狂的《贝多芬横饰带》（Beethoven Frieze）被收藏在一座同样具有吸引力的建筑里，它就是分离派展览馆（Secession，分离派艺术运动的总部）。他对《第九交响乐》（Ninth Symphony）的诠释是为第14届分离派展览（被认为是对作曲家的褒扬）而创作的，但这幅作品直到1986年才再次得到展出。这幅长34米、横跨三堵墙的作品富有戏剧性并令人不安，还充满了象征意义。横饰带生动描绘了人类对幸福的追求，以及光明和黑暗的力量——其中有一个身穿金光闪闪的盔甲的骑士和一个极度恐怖的巨型怪兽堤福俄斯（Typhoeus）——最后，以一个欢乐和救赎的精美场景结束。

雷切尔·怀特瑞德大屠杀纪念碑

奥地利维也纳市犹太广场，邮编：1010
Rachel Whiteread
Holocaust Memorial
Judenplatz, 1010 Vienna, Austria
visitingvienna.com/sights/museums/holocaust-memorial

▲ 在维也纳回顾20世纪奥地利的黑暗历史

维也纳是欧洲一些灿烂辉煌的艺术品的家园，但其中二战后的作品却寥寥无几，更别提会有涉及那场战争恐怖事件的作品了。英国雕塑家雷切尔·怀特瑞德的大屠杀纪念碑是奥地利第一座为大屠杀中惨遭杀害的65000名犹太人建立的纪念碑，是一个非常值得尊敬的例外。这座又被称为无名图书馆（Nameless Library）的纪念碑建在一个小小的不起眼的犹太广场上，是用钢筋混凝土倒置设计而成的。无名图书馆线条分明，没有可进入的通道，成千上万本书的书脊都朝内放置，因此被纪念的犹太人的身份就不得而知，这是用一种残忍而又有效的方式来象征大批大屠杀受害者和他们生活中一些鲜为人知的故事。怀特瑞德表示，纪念碑是为了"颠覆人们对世界的认知，揭示意想不到的历史"。而它的位置也有它独特的引发共鸣的力量：纪念碑坐落在一个被挖掘出来的犹太会堂的遗址上，这座犹太会堂在近600年前的一次大屠杀中惨遭摧毁。

本页图 犹太广场大屠杀纪念碑（2000），雷切尔·怀特瑞德
对页图 古斯塔夫·克里姆特创作的《贝多芬横饰带》的一小部分

马耳他／奥地利

在列奥波多博物馆了解一下埃贡·席勒

列奥波多博物馆
奥地利维也纳市博物馆广场1号博物馆区，邮编：1070
Leopold Museum
Museums Quartier, Museumsplatz 1, 1070 Vienna, Austria
leopoldmuseum.org

这座收藏了19和20世纪奥地利艺术作品的神殿是世界上收藏埃贡·席勒作品较多的博物馆之一，藏品中有42幅油画和184幅素描、水彩画和版画，以及大量的短时效收藏品。鲁道夫（Rudolf）和伊丽莎白·列奥波多（Elisabeth Leopold）在过去的50年里收集了成千上万件作品，并把他们的精华藏品放在列奥波多博物馆里展出。博物馆于2001年正式开放，它那简朴、明亮而又感性的室内设计非常适合欣赏席勒的作品。这位艺术家曾因创作一些露骨和越界的画作而声名狼藉，如1910年的《裸男坐像（自画像）》[Seated Male Nude（Self-portrait）] 和1912年的《红衣主教和修女（爱抚）》[Cardinal and Nun（Caress）]，但他一些迷人的风景画也得到了永久展出，比如1913年的《落日》（Setting Sun）。现场的埃贡·席勒文献资料中心（Egon Schiele Documentation Centre）预约开放，提供了在线访问席勒作品和往来信件的机会。

▲ 在施华洛世奇水晶世界的十七个奇妙展室里漫游

施华洛世奇水晶世界
奥地利瓦滕斯镇水晶世界大街1号，邮编：6112
Swarovski Kristallwelten
Kristallweltenstrasse 1, 6112 Wattens, Austria
swarovski.com/kristallwelten

在瓦腾斯附近的提洛尔（Tyrolean）小村，有一个巨大的长满绿草的脑袋正把水从它的嘴里喷进一个闪闪发光的倒影池，这就是施华洛世奇水晶世界（Swarovski Kristallwelten）的入口。降临在这里的外星人会把它当成什么，可能谁都猜测不到，但更让人难以猜测的是，他们会把这张张开的大嘴后面的东西想成什么。这里有17个奇妙展室（Chambers of Wonder），里面是各种各样用施华洛世奇水晶做成的装置和雕塑作品，令人大开眼界，其中包括令人惊叹的草间弥生的《悲伤的枝形吊灯》（Chandelier of Grief，2018），亚历山大·麦昆（Alexander McQueen）和托德·布歇尔（Tord Boontje）的《寂静之光》（Silent Light），以及韩国艺术家李昢（Lee Bul）的迷魂世界《进入晶格太阳》（Into Lattice Sun，2015）和《水晶穹顶》（Crystal Dome，1995），而展室里布莱恩·伊诺的音乐和镜子，又使它成为一个大受欢迎的婚礼场地。

维格兰雕塑公园

挪威奥斯陆市弗鲁格纳公园，
邮编：0268

Vigeland Sculpture Park
Frognerparken, 0268 Oslo, Norway
vigeland.museum.no

▼ 站在古斯塔夫·维格兰充满感情色彩的作品前

雕塑家古斯塔夫·维格兰（Gustav Vigeland）的技艺显然不只局限于他的艺术作品，因为他还成功说服了奥斯陆市政府为他建造了一个家园/工作室，作为回报，他会把他所有的雕塑作品都捐赠给市政府（日期不详），同时，他还设法把一个喷泉的设计任务升级成为一座全新的雕塑公园，公园里的作品全都是他对表达不同情感的人体形态的具象探索。现在，这两个地方就组成了维格兰雕塑公园和博物馆，前者收藏了200多件青铜、花岗岩和铸铁雕塑作品，而后者则被改造成维格兰博物馆（Vigeland Museum），用来保存和展出他的作品。这些独出心裁但过于考究的作品，基本都是飞龙和膨胀的形态，它们或许不适合每个人的品位，但绝对会令人难忘。

对页图 安装在施华洛世奇水晶世界里的草间弥生的《悲伤的枝形吊灯》（2016）
本页图 《生命之环》（*Wheel of Life*，1933—1934），古斯塔夫·维格兰

蒙克博物馆
挪威奥斯陆市，邮编：0194
Munch Museum
0194 Oslo, Norway

在奥斯陆细细品味蒙克的艺术珍品

自世界著名画家爱德华·蒙克（Edvard Munch）在1944年去世之后，他的大约28000幅油画、素描、照片和雕塑都被收藏在奥斯陆蒙克美术馆里，但是在2021年，这些作品将全部被安置在比约尔维卡（Bjørvika）的一个名为蒙克（MUNCH）的崭新的滨海空间。除了艺术家遗赠给国家的这28000幅作品，还有12000幅与他相关的作品也被纳入新的收藏品，其中当然会有《呐喊》（The Scream，1893）、《麦当娜》（Madonna，1894）和《桥上的女孩》（Girls on the Bridge，1899）。有趣的是，按照计划，一些历史珍品将会被埋在一块建筑的基石里，其中有一个小小的骨灰盒，里面装着蒙克生前生活过的不同城市留下的物品，包括他在艾可利（Ekely）花园里的苹果种子、他出生的农场的土壤，还有他的一份遗嘱，你可以到这座建筑的门厅里去寻找它。这是一座令人惊叹并且备受争议的现代新型建筑，建筑的玻璃外墙是为了映射出周边的景观，并与之融为一体。

女巫审判案受害者纪念馆
挪威瓦尔德镇安德烈亚斯·利斯门，邮编：9950
Steilneset Memorial
Andreas Lies Gate, 9950
Vardø, Norway
nasjonaleturistveger.no/en

在挪威瓦尔德被彼得·卒姆托和路易斯·布尔乔亚所折服

如果说艺术的作用之一是为了让我们感受到世界的黑暗和光明的力量，那么2011年建在瓦尔德小镇崎岖荒芜的海岸线上，在巴伦支海（Barents Sea）黑色汹涌的浪涛冲击下的女巫审判案受害者纪念馆就是一个成功的典范。这是一座为了纪念在1621年被指控使用巫术并遭到处决的91名女性和男性而建立的纪念馆。建筑师彼得·卒姆托（Peter Zumthor）在幽暗和令人不安的走廊里随意放置了91个悬挂着灯泡的小窗，设计出一件让人伤感的装置艺术作品，而它又通过一条木栈道连接一个黑色的玻璃立方体，里面有雕塑家路易斯·布尔乔亚最后受委托创作的一件作品《被诅咒、被附身和被爱戴》（The Damned, The Possessed and The Beloved，2011）——一团永不熄灭的火焰周围是七面椭圆形的镜子，镜子里反射出的火焰就像是站在被判处死刑的受害者身边的法官。综合起来看，这两个元素是为了表达出受害者的人性和令人感伤的特质，以及烧死他们的火焰的残酷性和毁灭性，这就像纪念碑所应表达的那样，传递了一种令人不适和不安的艺术感受。

对页图　用黑色熔岩混凝土铸造的奥德罗普格园林博物馆的延伸建筑

在拉斯·赫特维格的浪漫风景中漫步

斯塔万格美术馆

挪威斯塔万格市亨里克·易卜生路55号，邮编：4021
Stavanger Museum of Fine Arts
Henrik Ibsens gate 55, 4021 Stavanger, Norway
stavangerkunstmuseum.no

  把拉斯·赫特维格（Lars Hertervig）的绘画作品收藏在斯塔万格美术馆里，真的再合适不过了。这座坐落在乡村湖畔的建筑不禁会让你觉得这位挪威浪漫主义风景画家是活在今天，而不是19世纪。他会把自己的画架永远放在这片土地上——或许还会过上更加轻松舒适的生活。70幅藏品——从对原始森林和令人赞叹的峡湾风情的沉思和描绘，到光线弥漫的天空风景画——不仅清晰地展示出艺术家在他一生的大部分时间里所经历的起起落落的精神折磨，而且还标志着他是挪威重要的画家之一。同样不能错过的还有作品中的哈夫斯滕收藏品（Hafsten Collection），这是20世纪中期的一位挪威画家以前的私人藏品。

▲ 欣赏法国最著名的女性艺术家的作品……在丹麦

奥德罗普格园林博物馆

丹麦夏洛滕隆市维尔沃德韦伊街110号，邮编：DK-2920
Ordrupgaard
Vilvordevej 110, DK-2920 Charlottenlund, Denmark
ordrupgaard.dk/en

  从哥本哈根出发，乘坐一趟舒适愉快的短途水边列车，就能来到这个精彩奇妙的博物馆。它是一片开阔绿地上的一个空气流通的空间（由扎哈·哈迪德设计扩建），里面收藏了一些19世纪和20世纪早期北欧最好的丹麦和法国艺术藏品——前者中有威尔海姆哈默什伊（Wilhelm Hammershøi）、L.A.瑞恩（L.A. Ring）、约尔根·罗德（Jørgen Roed）和克里斯滕·科布克（Christen Købke）的画作，后者中则有爱德华·马奈、克劳德·莫奈和贝尔特·莫里索（Berthe Morisot）的作品。众所周知，莫里索是马奈的弟媳以及灵感缪斯，但她同样也是一位才华横溢的多产画家，你可以在世界各地的国家博物馆，比如伦敦、法国以及北美的博物馆里找到她的作品。但只有在这儿，在丹麦，你才能在欣赏她作品的同时，欣赏到另一件独具特色的作品——家具设计师芬·尤尔（Finn Juhl）的房子，他在紧邻奥德罗普格园林博物馆的地方设计并装饰了丹麦最早的功能性独户住宅。

在路易斯安那现代艺术博物馆，感受莫扎特与米罗的交融

路易斯安那现代艺术博物馆
丹麦哥本哈根市胡姆勒拜克镇加摩尔海滩路13号，邮编：3050
Louisiana Museum of Modern Art
Gl. Strandvej 13, 3050 Humlebæk, Copenhagen, Denmark
louisiana.dk

　　一直以传统的设计理念而闻名的丹麦在艺术欣赏方面也非常用心，路易斯安那就是这个国家美丽的艺术景点之一。从哥本哈根乘坐一趟轻松愉快的约31千米路程的列车就能到达海滨小镇胡姆勒拜克。首先映入眼帘的是展馆收藏的4000件第二次世界大战后显著的藏品，这些藏品都被放置在花园里，其中考尔德（Calder）设计的悬挂饰物在微风中翩翩起舞、米罗设计的一个像小鸟似的雕塑依偎在树丛中，还有杜布菲的单色作品在一片绿色中独树一帜。其实，在厄勒海峡（Øresund Sound）的背景下，还可以欣赏60多件艺术品。这个现代露天展览馆是任何时候都可以参观的好地方，那里的咖啡馆偶尔会在星期五举办周五休闲音乐会（Friday Lounge），到时会有爵士乐、流行音乐、灵魂音乐和民间音乐等各种现场音乐，但是，室内音乐似乎与周围的环境更加协调，伴随着莫扎特或舒伯特的旋律，欣赏公园里的雕塑，这绝对是一种令人难忘、不同寻常的艺术体验。

在布拉万海滩骑骡子造型的掩体

布拉万海滩
丹麦西日德兰半岛
Blåvand Beach
West Jutland, Denmark
visitdenmark.com/denmark/explore/bunker-mulesblavand-gdk769752

　　在丹麦布拉万的美丽海滩上，可以向小朋友们推荐可供他们玩耍的有趣艺术品。那里的骡子非同一般，它们站在陆地上眺望大海，好像在邀请热情的骑手爬到它们背上。二战时期，德国在占领丹麦期间，在这里修建了7000多个混凝土掩体，其中只有一小部分被英国艺术家比尔·伍德罗（Bill Woodrow）改造成了很有感染力的雕塑作品。作为不止24位艺术家参加的合作项目中的一员，伍德罗受委托创作纪念战争结束五十周年的作品。他的骡子雕塑看起来可能有点愚蠢可笑，然而，要不是因为这里土地贫瘠，伍德罗是绝不会做出这样的选择的。他原来的声明"不应重现战争的恐怖"过去是，现在仍然是一个强有力的象征。

桑德波恩卡尔·拉森公园

瑞典桑德波恩村卡尔·拉森路12号，邮编：790 15

Carl Larsson-gården in Sundborn
Carl Larssons väg 12, 790 15 Sundborn, Sweden
carllarsson.se

▲ 追踪瑞典最著名的艺术伴侣

　　瑞典最著名的艺术家的新艺术作品有着精美的线条、愉快的主题和动人的色彩，但不见得适合每个人的口味，然而在卡尔·拉森（Carl Larsson）和他的妻子卡琳·贝格奥（Karin Bergöö），还有他们的孩子一起建造的名为利拉·赫特尼斯（Lilla Hyttnäs）的家里看到它们，就会有一种神奇的体验，因为这种体验不仅会让你在相关的背景中欣赏作品，而且可以让你了解拉森到这里后所忍受的艰难困苦。同样令人愉快的是，在这里还能看到设计师和制作者卡琳的作品，大胆的色彩和饰有抽象图案的纺织品和刺绣品在她优雅的室内设计中尤为突出。在法伦（Falun）和桑德波恩村之间的小路漫步，沿途有介绍老路的历史信息以及与这个家庭有关的故事和信息的标识牌，这就为旅途增加了吸引力。最后可以在斯德哥尔摩国家博物馆结束你的参观，在那里，你能看到拉森的不朽之作《仲冬牺牲》（*Midvinterblot*，1915）。

对页图　布拉万海滩上被改建成骡子造型的二战废弃掩体
本页图　卡尔·拉森和卡琳·贝格奥的家

特色线路：在妮基·桑法勒的众神与怪兽作品间行走

如果概念派艺术家妮基·桑法勒是一位男性，那么对我们许多人来说，可能就会比现在更加熟悉她的生活和时代。因为这两者都很不一般——11岁时她遭到父亲强奸，17岁时成为《时尚》（*Vogue*）杂志的封面模特，后来又被关进精神病院接受电休克治疗，接着与让·丁格利结婚，最后成为一位艺术家。她的毕生之作包括《射击艺术（射击）》[*Les Tirs*（*The Shots*）]系列，这是她在1961年创作的概念艺术作品，作品中，她举枪对着自己画布上的颜料袋射击。她的《娜娜》（*nanas*）系列作品和马赛克雕塑才是她留给后人的宝贵艺术遗产，几十年过去了，世界各地的人们对它们既爱又恨。

托斯卡纳大区
意大利
Tuscany
Italy

这座建在托斯卡纳（Tuscan）大区卡帕尔比奥（Capalbio）小镇伊特鲁里亚（Etruscan）废墟上，占地5.7公顷的塔罗花园（Tarot Garden）雕塑公园最初被当地居民所厌恶，他们对这个疯女人和她的怪兽作品极为愤怒，但之后在建造花园的过程中，她又因创作出一系列极富创造性的人物而博得了阵阵掌声。在花园里，她用玻璃马赛克把塔罗牌（Tarot）大阿卡纳（arcana）主牌上的22个人物做成了巨大的彩色雕塑。

巴黎
法国
Paris
France

桑法勒和让·丁格利的婚姻在蓬皮杜艺术中心外的斯特拉文斯基喷泉（1983）得到了真实的体现。在那里，她创作的一组雕塑——其中有红色的嘴唇、彩虹色的鱼和鸟、疯狂的美人鱼和跳动的心——被放置在喷泉里她丈夫设计的动力铁制机械旁边，所有雕塑间互相喷水。

斯德哥尔摩
瑞典
Stockholm
Sweden

1967年，桑法勒和丁格利花了紧张而又忙碌的六周时间创作了《幻想天堂》（*Le Paradis Fantastique*），在此期间，桑法勒瘦了6.8千克，并因肺炎住院。她用0.3立方米的膨胀聚苯乙烯、2吨聚酯和8千米的玻璃纤维制作出了鲜花、怪兽和其他虚构的怪物，至今它们都还在斯德哥尔摩中心区的船岛（Skeppsholmen）上嬉戏。

吉焦中央公园
日本福冈市
Jigyo Central Park
Fukuoka City, Japan

桑法勒从1990年开始创作的《恋爱中的小鸟》（*Oiseau amoureux*）看起来悠然自若，活像某个从未来世界降落在市中心的岩石上的动漫人物——在东京多摩市（Tama City），她的作品《蛇树》（*Arbre Serpents*，1999）也是如此。

基特·卡森公园
美国加利福尼亚州埃斯孔迪多市
Kit Carson Park
Escondido, California, USA

加利菲亚皇后的魔法圈（Queen Califia's Magical Circle）是桑法勒在美国的唯一一座雕塑公园，它就像你所期望的那样怪诞离奇。一群蛇坐在花园边界的围墙上，图腾雕塑描绘了神灵、怪兽、动物、人类和一些抽象的形状，而在花园中央是神秘的亚马逊黑人女皇和地球天堂岛的统治者加利菲亚。

果川市
韩国
Gwacheon
South Korea

桑法勒创作的《美惠三女神喷泉》（*The Three Graces, Les Trois Graces Fontaine*，1995）与安东尼奥·卡诺瓦（Antonio Canova）在1815—1817年的原作相去甚远，但是在韩国的一个城市喷泉里，三个身着彩衣、翩翩起舞的游泳者，在某种程度上，似乎与他们所处的21世纪的环境氛围完全契合。

上图 妮基·桑法勒的《娜娜》系列作品之一，汉诺威

汉诺威
德国
Hanover
Germany

在汉诺威的莱茵河畔，可以看到桑法勒三座最大的《娜娜》雕塑。当它们在1974年揭幕时，引发了一场关于公共艺术作品形式规范的激烈争论。2002年，在她去世一年后，她为这座城市创作的另一件作品——海恩豪森皇家花园（Herrenhausen Grosser Garten）的彩绘石窟才得以落成，这也是她最后一个待完成的重要艺术项目。

下页跨页图 ▶
托斯卡纳大区卡帕尔比奥小镇上妮基·桑法勒的塔罗花园雕塑公园

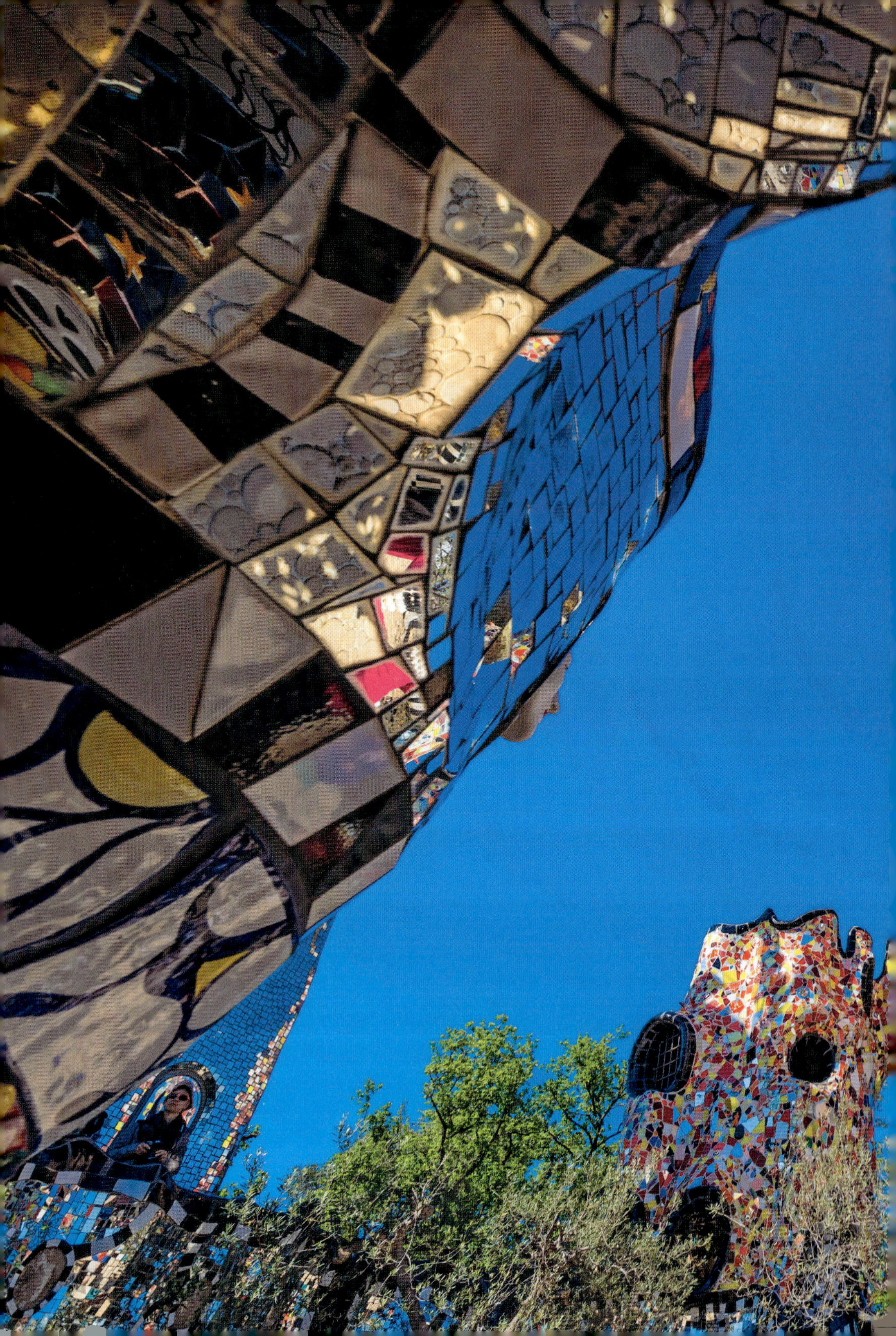

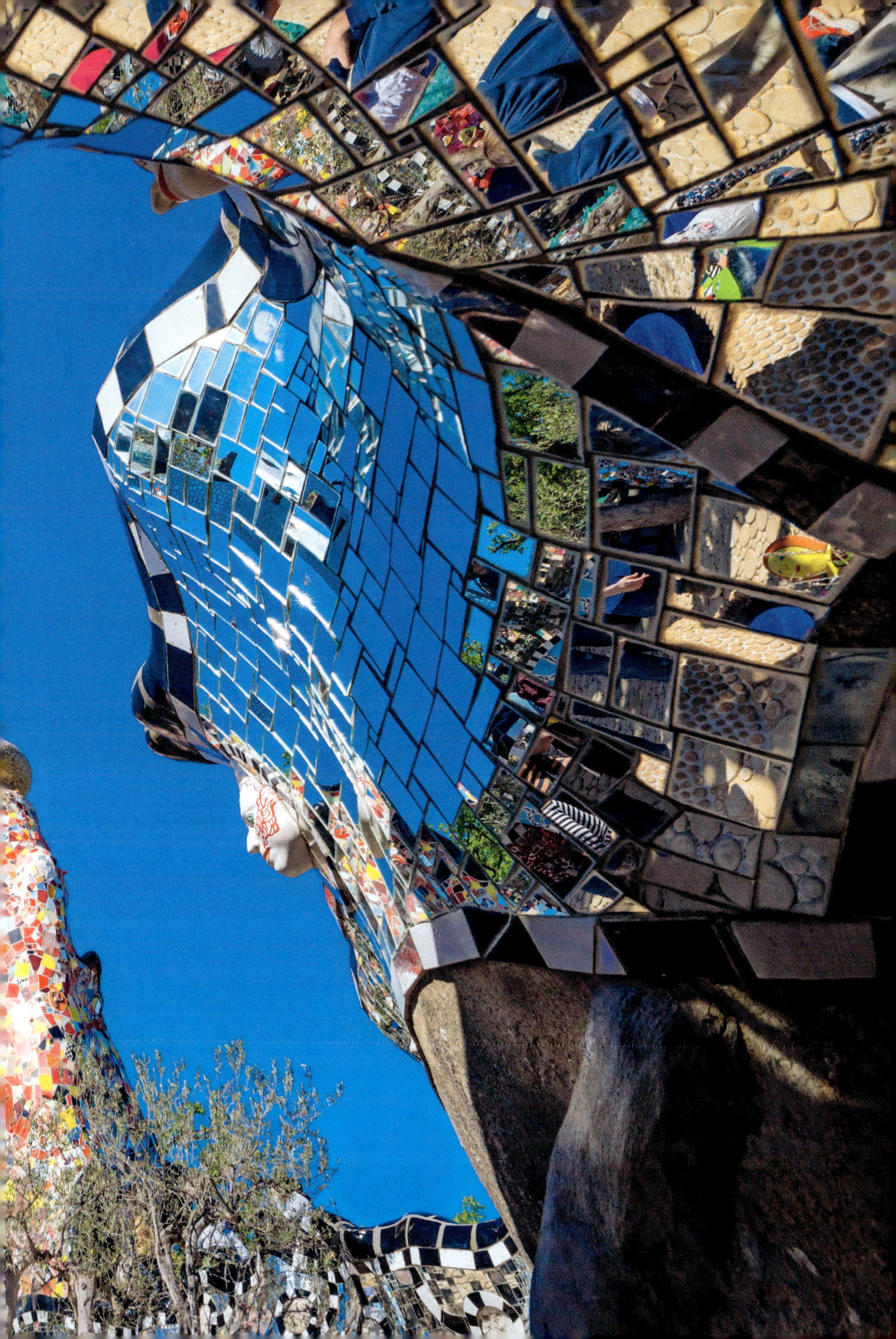

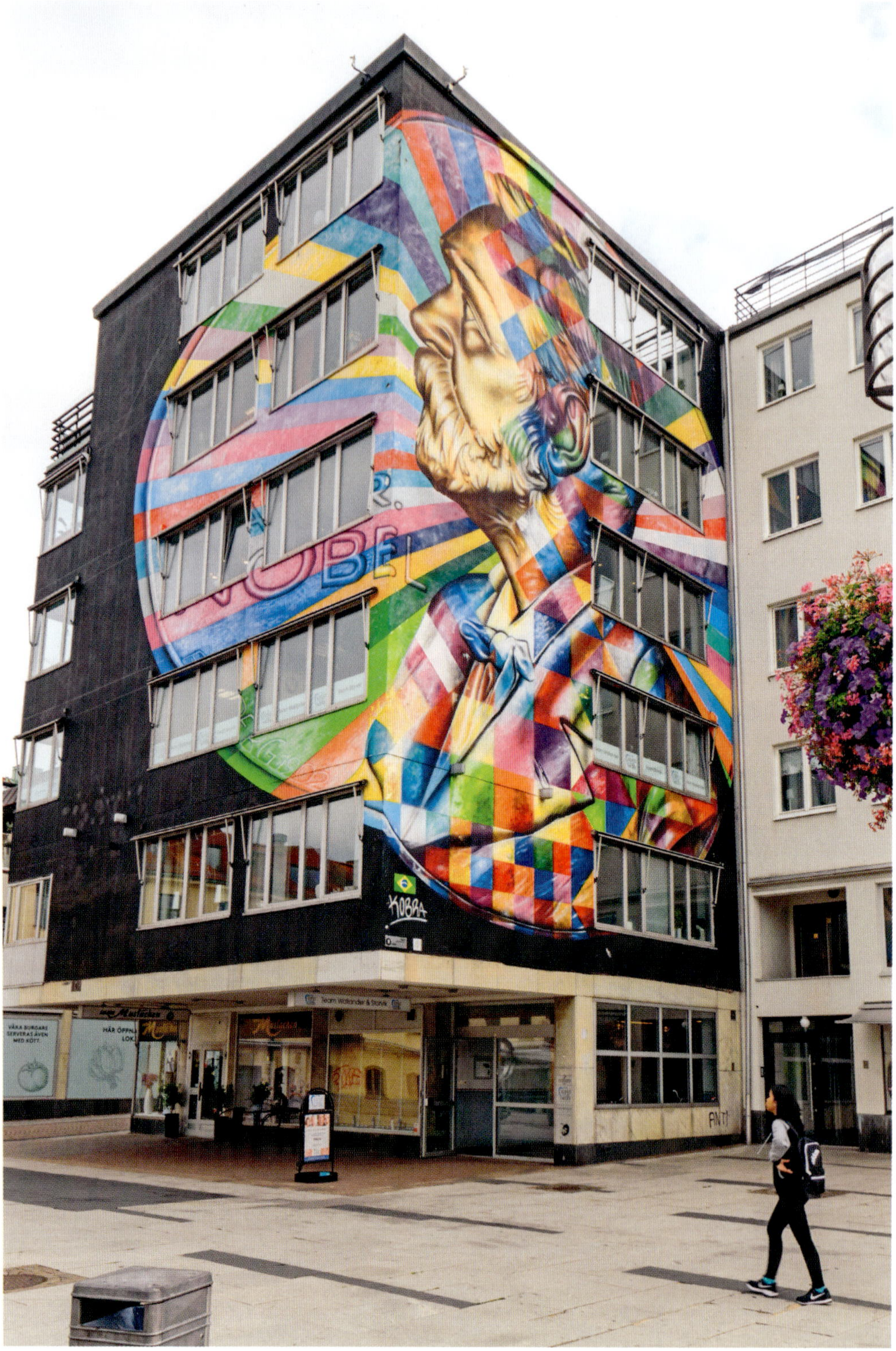
KOBRA

无极限
瑞典布罗斯镇
No Limit
Borås, Sweden
nolimitboras.com

◀ 在瑞典尽享丰富多彩的周末时光

布罗斯的无极限（No Limit）街头艺术节即将进入第五个年头，经过一年又一年的活动之后，艺术节变得更盛大更好——实际上，去年它与名为"艺术风景"（Artscape）的艺术组织一起创办了一个国际艺术节，艺术节不仅在整个小镇展示了来自遥远的加拿大和智利等地方的城市艺术家的大型和小型街头艺术作品，而且还为由无极限提供的有向导的步行游览地带来了新的元素。这座坐落在维斯坎河（River Viskan）上的大学城景色迷人，城里的艺术作品使它显得更加生气勃勃，在一个秋高气爽的日子到那儿去体验一下，会让你度过一个充满活力的周末。

现代艺术博物馆
瑞典斯德哥尔摩市船岛艾克瑟斯普兰街4号，邮编：11149
Moderna Museet
Exercisplan 4,
Skeppsholmen, 111 49
Stockholm, Sweden
modernamuseet.se

跳上小船，来一次与众不同的游船之旅

要坐船才能去参观的现代艺术博物馆并不多见，但是斯德哥尔摩的现代艺术博物馆正是如此。这座坐落在美丽船岛上的亮红色的博物馆不仅会举办一些艺术家的临时展览，像路易斯·布尔乔亚在这里展出过几件以前从未公之于世的作品，而且还有一批特别精美的俄罗斯先锋派艺术家的永久性藏品。女性艺术家的作品在这里也尤为突出，特别是多萝西娅·坦宁（Dorothea Tanning）、朱迪·芝加哥、苏珊·席勒（Susan Hiller）、罗斯玛丽·特洛柯尔（Rosemarie Trockel）、莫娜·哈透姆（Mona Hatoum）和多丽丝·萨尔塞多（Doris Salcedo）的作品。馆外的雕塑花园里有一件非常有趣的作品，那就是妮基·桑法勒和让·丁格利创作的《幻想天堂》（1967）。

芬兰国家美术馆
芬兰赫尔辛基市凯沃卡图路2号，邮编：00100
Finnish National Gallery
Kaivokatu 2, 00100
Helsinki, Finland
kansallisgalleria.fi

在新旧空间里欣赏芬兰艺术的巅峰之作

奇亚斯玛（Kiasma）当代艺术博物馆那白色的曲线的空间会让艺术爱好者想起纽约的古根海姆博物馆，但它的原创当代艺术作品却有其独特之处，博物馆有四层楼专门用于永久性藏品、季度展览和个人策划项目的工作室。奇亚斯玛只是芬兰国家美术馆的三座建筑中的一座，而其他两座，阿黛浓艺术博物馆（Ateneum Art Museum）和辛伯里可夫艺术博物馆（Sinebrychoff Art Museum）分别展示了1969年以前的芬兰和国际艺术品中相当出色的藏品，以及从14世纪到19世纪早期的古老的国际艺术作品。阿黛浓艺术博物馆里有一些名副其实的上乘之作，其中包括阿尔伯特·埃德菲尔特（Albert Edelfelt）于1887年创作的《卢森堡花园，巴黎》（*Luxembourg Gardens, Paris*）。此外，在这座城市最优雅的一座建筑里，还收藏着勒·柯布西耶、爱德华·蒙克和文森特·凡·高的作品。

对页图　布罗斯五彩缤纷的无极限街头艺术

克拉托维 / 克兰诺瓦画廊

捷克共和国亚诺维奇–纳德–赫拉扎武市克兰诺瓦村，邮编：34021

Galerie Klatovy Klenová
Klenová 1, 340 21
Janovice nad úhlavou,
Czech Republic
gkk.cz

漫步在中世纪的废墟中，寻找现代的喜悦

在捷克共和国的这个小角落里，坍塌的废墟和现代雕塑的组合会给你带来一种很有吸引力的、难忘的体验，特别是舒马瓦山谷（Šumava Valley）国家公园的优美环境。在这儿的一座风景宜人的城堡里有一个同样也很有吸引力的小画廊，但它的外观，结合了中世纪的城堡废墟、壮观的背景以及由文森克·文格勒（Vincenc Vingler）、温塞斯拉斯·菲亚拉（Václav Fiala）和吉日·塞弗特（Jiří Seifert）等国家级重要雕塑家精心设计的雕塑作品，会给你留下深刻的印象。不经意间，看到一件作品，或是发现一幅以山脉为背景、以窗户为边框的画作，会让人心旷神怡。

▶ 跟着那个——还有其他更多的——婴儿踏上一条不同寻常的布拉格雕塑之路

大卫·切尔尼旅游路线

捷克共和国布拉格市

David Černy Trail
Prague, Czech Republic
praguego.com/honest-tips/david-cerny-tour

布拉格艺术世界的大顽童大卫·切尔尼（David Černy）从不讨论他自己的作品，但其中的许多作品都不言自明。自从1991年给一座战争纪念碑涂上了粉红色（他因此被捕）以来，他就一直在挑起争论，而当你在布拉格参观他的作品时，就会发现其中的原因。不能错过的作品有《小便》（Piss，2004），作品中两个像机械人似的雕塑在捷克共和国的地图上撒尿；《马》（Horse，1999），一个戏仿著名的温塞斯拉斯国王（King Wenceslas）的雕像，许多人认为这是对捷克前总统瓦茨拉夫·克劳斯（Václav Klaus）的批判；还有著名的没有面容的《婴儿》（Babies，2000），这个系列的作品随处可见，但特别具有影响力的是在兹科夫（Žižkov）电视塔上攀爬的一群婴儿；在《马屁精》（Brown Nosers，2003）这件作品中，你甚至可以把头伸到一位政客的背后——爬上梯子，把你的头伸进去，然后你就会看到一段捷克政客们（包括克劳斯）互相喂食人类排泄物的视频。切尔尼被看作是班克西（Banksy）和达米恩·赫斯特（Damien Hirst）的疯狂组合，但他也是一位真正具有原创性的艺术家。

本页图　兹科夫电视塔上大卫·切尔尼的《婴儿》（2000）
对页图　维利奇卡盐矿大厅里的小礼拜堂

▲ 到地下去欣赏天堂的风景

维利奇卡盐矿

波兰维利奇卡市达尼洛瓦路10号,邮编:32-020
The Wieliczka Salt Mine
Daniłowicza 10, 32-020 Wieliczka, Poland
kopalnia.pl

想象一下,在一个地下遗址里,有一个湖泊和超过9层的长达300千米的隧道,其中有雕像、雕带、雕刻品、枝形吊灯,甚至还有小礼拜堂——所有这些都是用岩盐制成的。欢迎来到波兰南部克拉科夫(Kraków)东南14千米的维利奇卡盐矿(The Wieliczka Salt Mine)。这个联合国教科文组织的世界遗产从13世纪起就开始被挖掘、开采,一直到2007年都在生产食用盐,真可谓一个工程奇迹。如今,它承载着成千上万名矿工和最近一段时期艺术家的努力尝试,结果是出现了像列奥纳多·达·芬奇的《最后的晚餐》、圣巴巴拉(St Barbara)和教皇约翰·保罗二世(Pope John Paul II)的雕像,还有令人惊叹的圣金嘉公主礼拜堂(Chapel of St Kinga)这样的作品。这里,从祭坛装饰品到枝形吊灯,所有的一切都是用盐雕琢出来的,你会有一种非凡的文化体验。

在克拉科夫寻找现代与传统的快乐组合

阿西西的圣方济各教堂

波兰克拉科夫市诸圣节广场5号,邮编:31-004
The Church of St Francis of Assisi
plac Wszystkich Świętych 5, 31-004 Kraków, Poland
franciszkanska.pl

你可能从未听说过他,但如果你去参观(而且你应该去参观)克拉科夫的圣方济各教堂,那么斯坦尼斯拉夫·维斯皮安斯基(Stanisław Wyspiański),这位克拉科夫的画家、诗人、舞台设计师和排版师的名字就会一直留在你的脑海里,这其中有一个或八个原因。受到西欧狂热的新艺术风格的启发,维斯皮安斯基发现自己很早就喜欢上了彩色玻璃,于是他在他家乡(当时被奥地利占领)的教堂的八扇彩色玻璃窗上采用了这种风格,并达到了惊人的效果。从与他早期的空间壁画相呼应的抽象的自然图案——鲜艳美丽的紫罗兰、玫瑰、天竺葵和几何图案的雪花,所有这些灵感都来自圣方济各对大自然的关爱——到流光溢彩的现代主义的具象的窗,他把大胆的、具有表现主义的特色的现代主义与波兰传统的民间主题和浪漫主题结合在一起,真是别具一格。

花上一两个小时去了解布拉迪斯拉发的雕塑作品

斯洛伐克布拉迪斯拉发市
Bratislava, Slovakia

尽管布拉迪斯拉发没有一座雕塑能被认为是"高雅艺术",但它们都非常有趣。汉斯·克里斯蒂安·安徒生(Hans Christian Andersen)曾在这里生活过一段时间,他喜欢这座城市,市民为他塑造一座雕塑,周围环绕着许多他书中的人物形象(除了被偷走的丑小鸭)。离这座雕像不远的《科尔佐石碑》(Stone Korzo),是一座2003年被放置在这里的、据说与苏联占领有关的雕塑,而主广场上的《银先生雕塑》(Schöne Náci)是这里唯一一座银制雕塑(其他的都是青铜雕塑),也是唯一一座以真人为原型的雕塑。千万不要错过布拉迪斯拉发的标志性雕塑《守望者》(Čumil),你会看到他正从一个打开的窨井盖中探出头来。事实上,真的很想念他——1997年,当他刚放在这里安装时,他两次被运货卡车碾压,又有好几个醉汉摔倒在他的身上,所以最后为了健康和安全起见,这里设立了标志牌,用以警告那些没有注意到他的人。

在匈牙利的天空屋顶上思考精神层面的问题

特科斯加尔文教堂
匈牙利特科斯村巴伊奇–齐林斯基路29号,邮编:4845
Tákos Calvinist Church
Bajcsy-Zsilinszky u. 29, Tákos 4845, Hungary
templomut.hu/uk/takos/34

小教堂在许多方面往往会比大教堂更让人有一种庄严神圣的感觉,特别是当发现它们简朴的外观下竟有意想不到的宝藏时。匈牙利东北部贝拉格(Bereg)地区的加尔文教堂就是一个例子。像在切萨罗达(Csaroda)和特科斯(Tákos)这样的村庄里,这些简朴的木质教堂经常会被涂成白色,再配上小小的窗户,而在教堂内的狭小空间里则隐藏着缤纷的色彩——建造者以用亮丽色彩绘制的自然图案和比较传统的罗马风格的壁画来装饰墙壁、天花板等,除此之外,还会增添一些民间雕塑。其中特别令人难忘的是18世纪的特科斯加尔文教堂,费伦茨·伦多尔·阿斯塔洛斯(Ferenc Lándor Asztalos)在那里的天花板上绘制的58幅色彩明亮的镶板画会让你情不自禁地望向天顶,凝视片刻,甚至会让你好奇除了天空和太空之外,是否还有其他什么存在。

德里博物馆

匈牙利德布勒森市德里广场1号,邮编:4026

Déri Museum

4026 Debrecen, Déri tér 1, Hungary

derimuzeum.hu

在技艺精湛的匈牙利藏品中发现民间艺术和其他更多的东西

德里博物馆是那种你认为会花费一个小时,却很容易用掉一天时间去参观的地方。这边有来自远东地区(Far East)的主题和作品,另一边有考古学和人种志收藏品,还有贯穿始终的来自四面八方的各种民间作品。来这里的主要目的是看看画家米哈伊·蒙卡奇(Mihály Munkácsy)的作品,他显然是受到了19世纪晚期的旅行——特别是J.M.W.透纳松散的笔法和爱德华·马奈的自然主义风格——的影响。蒙卡奇避开了匈牙利前辈们的那种过于矫情的浪漫主义绘画风格,转而采用一种新的表现主义、现实主义的风格,也因此成为这个国家较受尊敬的画家之一,他的《基督受难记三部曲》(Passion of Christ Trilogy,1882—1896)在专为他建造的蒙卡奇大厅(Munkácsy Hall)里占据了最重要的位置,《彼拉多面前的基督》(Christ before Pilate)、《各各他》(Golgotha)和《头戴荆冠的耶稣画像》(Ecce Homo)这三幅不朽之作直到1995年才在这里团聚。

来一次维尔纽斯获奖艺术之旅吧!

国家艺术馆

立陶宛维尔纽斯市宪法路22号,邮编:LT-08105

National Gallery of Art

Konstitucijos pr. 22, LT-08105, Vilnius, Lithuania

ndg.lt

猜猜是哪个国家获得了2019年威尼斯双年展金狮奖(Golden Lion)这个最负盛名的奖项?你肯定不会想到是立陶宛。《太阳和大海(小船坞)》[Sun & Sea(Marina)]博得了观众和艺术专家们的交口称赞,并在世界各地持续受到追捧。在这部类似歌剧表演的作品中,度假者们懒洋洋地躺在一片室内海滩上,而站在上面的游客正在注视着他们。这部由导演露吉尔·巴丘卡特(Rugilė Barzdžiukaitė)、作家瓦伊娃·格兰涅特(Vaiva Grainytė)和艺术家兼作曲家丽娜·拉普利特(Lina Lapelytė)联合创作完成的作品,在维尔维斯极为简陋的苏联时期的国家艺术馆首次亮相,而国家艺术馆只是这座人口刚刚超过五十万的小城里众多艺术中心中的一个。它们的范围从丹尼尔·里伯斯金棱角分明的MO博物馆(MO Museum),经由小镇郊区充满活力的局外人鲁珀特(Rupert),到深色的、半破碎的阿特莱蒂卡画廊(Atletika Galeria)。总的来说,这一切造就了一个你在其他地方很难找到的有趣的艺术机构的混合体,这或许就解释了获奖作品《太阳和大海(小船坞)》的魅力所在。

对页图 《守望者》,一个人从窨井盖里探出头来,布拉迪斯拉发的著名雕塑

▶ 和山上的女巫们一起兴风作浪吧

女巫山雕塑公园
立陶宛朱迪可兰特渔村，邮编：93101
Hill of Witches Sculpture Park
Juodkrantė, Lithuania
lithuania.travel/en/place/hill-of-witches

　　就一个令人难忘的民间艺术的案例而言，没有什么地方比立陶宛朱迪可兰特渔村郊野的女巫山更令人难忘了。因为在这座多沙、森林茂密的山丘上，女巫木雕比比皆是，这个场景就跟《麦克白》（Macbeth）一剧中的许多片段一样。据推测，这些人像的所在地就是当年真实存在的女巫聚集在一起跳舞和施魔法的地方，这一推测激发了当地的林务官乔纳斯·斯坦纽斯（Jonas Stanius）的灵感，1979年，他邀请了一群艺术家来制作第一批雕塑。现在有近100座雕塑分布在山丘的明暗两部分，不用说，它黑暗的一面会把你吸引到龙和魔鬼雕塑跟前。山丘两侧的风景——一边是波罗的海（Baltic Sea），另一边是库尔斯潟湖（Curonian Lagoon）——也会像雕塑一样，让人流连忘返。

跨页图　女巫山雕塑公园里刻画龙和人像的木雕

立陶宛

马马耶夫岗
俄罗斯伏尔加格勒州伏尔加格勒市
Mamayev Kurgan
Volgograd, Volgograd Oblast, Russia
stalingrad-battle.ru

▼ 怀敬畏之心凝视着所有雕像的母亲

苏联的许多公共委托作品都具有一定的纪念意义,如《母亲山》(*Rodina Mat*,1967),或《祖国母亲在召唤》(*The Motherland Calls*)。她站在伏尔加格勒(前斯大林格勒)马马耶夫岗(Mamayev Kurgan)山顶祭奠亡灵的圣地上,高85米,以此纪念在1942—1943年斯大林格勒保卫战(Battle of Stalingrad)中死去的数百万灵魂。它是由雕塑家叶夫根尼·武切季奇(Yevgeny Vuchetich)设计的,直到1967年它都是世界上最大的雕像,而今,她依然挥舞着世界上最大的利剑(22米),然而雕像的尺寸并不是最重要的特色。在乌克兰的基辅(Kiev),另一座《母亲山》雕像实际上比她还要大,但是伏尔加格勒的这个版本,以其大胆无畏的姿态和女性形体的力量,证明了尺寸大小并不总是很重要的。

本页图　马马耶夫岗上纪念斯大林格勒保卫战阵亡者的纪念碑《母亲山》(1967)
对页图　欣赏在莫斯科国立特列季亚科夫画廊里展出的卡西米尔·马列维奇的作品

▲ 走进冈察洛娃和其他俄罗斯艺术家的现代艺术作品

国立新特列季亚科夫画廊
俄罗斯莫斯科市拉夫鲁申斯基胡同,邮编:119017
The State and New Tretyakov Galleries
Lavrushinsky Lane, 119017 Moscow, Russia
tretyakovgallery.ru

莫斯科国立特列季亚科夫画廊和新特列季亚科夫画廊,就像同一枚银币的两面,是截然不同的。前者是由画家维克托·瓦斯涅佐夫(Viktor Vasnetsov)以俄罗斯童话风格设计的古怪离奇的世纪建筑,收藏了一些国家著名的美术作品,但是收藏在新特列季亚科夫画廊里的藏品才最能代表这个国家的近代史。在这个晚期现代主义建筑外观的背后有瓦西里·康定斯基(Wassily Kandinsky)、柳博芙·波波娃(Lyubov Popova)和俄罗斯先锋派运动的发起人纳塔莉亚·冈察洛娃(Natalia Goncharova)和卡西米尔·马列维奇(Kazimir Malevich)等艺术家的重要作品,作品讲述了美术在革命后的俄罗斯独特、前卫的发展历程。另外,也许最重要的是,所有这一切都是在一个现代框架下进行的,通过举办有创新精神并引人入胜的临时展览,比如2018年在精心重建的冈察洛娃和马列维奇工作室里的全沉浸式虚拟现实,把参观者带入21世纪。

在高尔基公园找寻莫斯科现代艺术领域的驿动的心

车库当代艺术博物馆
俄罗斯莫斯科市克里姆林斯基瓦尔街9号4栋,邮编:119049
The Garage Museum
Krymsky Val, 9, стр.4, Moscow, Russia 119049
garagemca.org

提起俄罗斯艺术,你可能会想到雄伟壮观、色彩鲜艳的古典建筑和里面所收藏的世界最伟大的视觉艺术作品(没错,我们在看你呢,国立特列季亚科夫画廊,看左边),然而在2015年,一家新画廊开业了,画廊里所提供的是一些完全不同的展品。这个被覆盖着聚碳酸酯的车库当代艺术博物馆是由雷姆·库哈斯(Rem Koolhaas)的大都会建筑事务所(OMA)设计的一个壮观的现代艺术画廊,它在莫斯科高尔基公园(Gorky Park)的一个重新翻修过的苏联时期的餐馆里正式开业。这是俄罗斯画廊老板达莎–朱可娃(Dasha Zhukova)和她的前夫罗曼·阿布拉莫维奇(Roman Abramovich)所拥有的画廊,他们不仅举办了一些令人赞叹的国际展览,还在9.4米 x 11米的大厅里委托创作了一些特定场域艺术作品,并展出当地的作品。最重要的是,空间保留了原来的苏联时期的马赛克以及一些装饰瓷砖和砖砌部分,展现出一种新旧并存的优雅。

欧洲

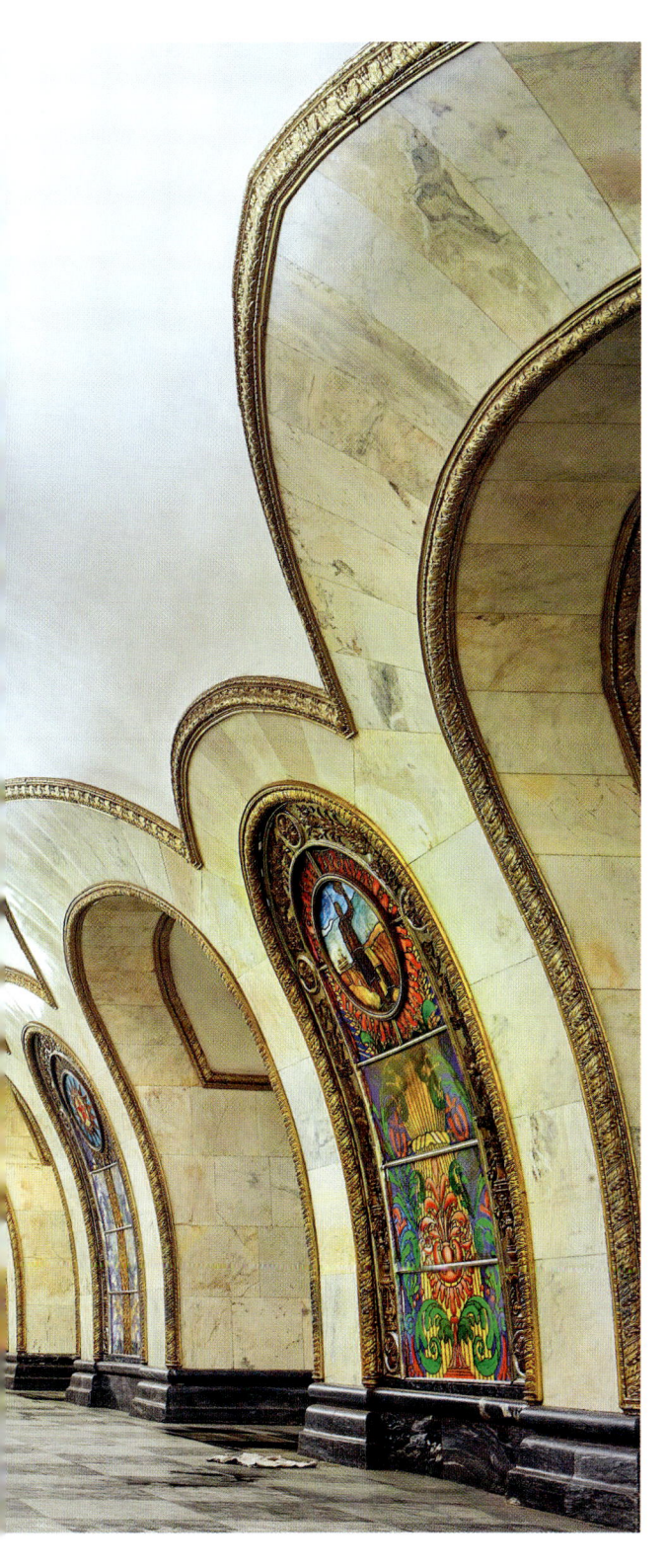

◀ 到地下面去找点莫斯科的高雅艺术吧

莫斯科地铁
Moscow metro
mosmetro.ru

　　在地面上，莫斯科拥有世界上一些优秀的艺术作品，但在它的街道下面，同样也有一系列极有吸引力和创造力的尝试。组成地铁环线（Koltsevaya）的十二个车站是由苏联20世纪早期的著名艺术家和雕塑家精心设计和装饰的，以展现苏联的权力和财富，只需要一天的车票价格，你就能看到所有作品。其中的上乘之作有艾萨克·拉比诺维奇（Isaac Rabinovich）在大理石覆盖的文化公园站（Park Kultury）里设计的浅浮雕、阿维亚摩托纳亚（Aviamotornaya）站以金色和银色飞机为主题的华丽装饰，也许最好的是苏联著名艺术家帕·德·科林（Pavel Korin）为新村庄站（Novoslobodskaya）设计的32块彩色玻璃面板。在河畔线（Zamoskvoretskaya Line）上，马雅可夫斯基（Mayakovskaya）站的马赛克装饰艺术也是不能错过的。

跨页图　新村庄地铁站

国立艾尔米塔什博物馆
俄罗斯圣彼得堡市冬宫广场2号，邮编：190000

The State Hermitage Museum
Palace Square, 2, St Petersburg, Russia 190000
hermitagemuseum.org

▲ 在艾尔米塔什博物馆挖掘抽象表现主义的根源

叶卡捷琳娜大帝（Catherine the Great）那宏伟的、镀金绿色的冬宫（Winter Palace）出现在现代世界里，这真是奇妙啊！从外观来说，这座由六座建筑组成的建筑群，无论怎么看，都像一座规模巨大的私人住宅。它是世界宏伟的艺术博物馆之一，收藏了跨越几千年的充满创意和艺术表现力的作品。在这些作品中，或许瓦西里·康定斯基于1913年创作的《构图6号》（Composition VI）最能说明抽象表达所带来的抗争。这位俄罗斯画家为这幅作品奋力准备了六个月的时间，他想尝试着在一张完全脱离现实世界的画布上唤起洪水、洗礼、毁灭与重生等形象，只用线条和色彩来表达情绪和感觉。他的同行画家和伙伴加布里埃尔·穆特（Gabriele Münter）建议他在创作时关注"洪水"（uberflut）这个词，接着康定斯基在三天内就完成了这幅作品。

本页图　《构图6号》（1913），瓦西里·康定斯基
对页图　粉红色玫瑰形状的先知穆罕默德的墙饰（18世纪）

190　欧洲

俄罗斯国家博物馆
俄罗斯圣彼得堡市涅瓦大街4号，邮编：191186
The State Russian Museum
4 Inzhenernaya Street, St Petersburg, Russia 191186
en.rusmuseum.ru

与流浪汉一起探索俄罗斯艺术史

这座专门用来展示俄罗斯艺术的综合性博物馆规模庞大（超过40万件藏品）、令人生畏，这里有一件作品在俄罗斯艺术史上占有非常特殊的地位。巡回展览画派（Peredvizhniki），在英语中被称为"Wanderers"或"Itinerants"（意为流浪汉），指的是一群19世纪后期的苏联现实主义艺术家。为了反对学术规范，他们成立了一个合作团体，关注农民和社会问题等普通人的题材，以表现和反映这个即将被推翻的国家。在伊里亚·列宾（Ilya Repin）、伊万·克拉姆斯柯依（Ivan Kramskoy）、伊萨克·列维坦（Isaak Levitan）和米哈伊尔·涅斯捷罗夫（Mikhail Nesterov）的画作中，最能概括、总结俄罗斯革命道路的也许是列宾在1907—1911年创作的作品《1905年10月17日宣言》（*The Manifesto of October 17th, 1905*）。一些精彩的革命艺术作品在现代藏品中得以延续，其中有卡西米尔·马列维奇从1923年开始创作的变革性作品《黑色方块》（*Black Square*）的第二版（第一版是从1915年开始创作的，现收藏在莫斯科的特列季亚科夫画廊，见第187页）。

▶ 在萨德伯克·哈尼姆博物馆美丽的纺织品中徜徉

萨德伯克·哈尼姆博物馆
土耳其伊斯坦布尔市萨热耶尔镇比亚萨步行街25/29号，邮编：34453
Sadberk Hanım Museum
Piyasa Caddesi No: 25/29 Büyükdere, 34453 Sariyer, Istanbul, Turkey
sadberkhanimmuzesi.org.tr

伊斯坦布尔是一座非常非常繁忙的城市，它有足够的景点能让你马不停蹄地看上一个周末，几乎所有你想参观的景点都需要挤进熙熙攘攘的人群中排长队，但令人不可思议的是，可爱的萨德伯克·哈尼姆博物馆却是一个例外。博物馆的藏品被收藏在博斯普鲁斯（Bosphorus）海峡岸边的一座19世纪避暑别墅的经典建筑里。别墅主人塞尔哈特·科茨（Sadberk Koç）和韦赫比·科茨（Vehbi Koç）最初的私人藏品现已增加到两万多件，从公元前6000年的史前安纳托利亚（Anatolian）艺术作品到拜占庭艺术，其中有珠宝、瓷器、玻璃制品、雕塑，还有我们最喜欢的色泽鲜明、做工精美的土耳其纺织品和世界一流的伊兹尼克（İznik）陶瓷艺术。这是一个逃离人海的好办法，而且还能看到伊斯坦布尔鲜为人知的一面。

▶ 精美绝伦的卡里耶教堂和博物馆让人眼花缭乱

卡里耶博物馆
土耳其伊斯坦布尔市法提赫区卡里耶街18号德维沙利，邮编：34087
Chora Museum
Dervişali, Kariye Cami Sk No. 18, 34087 Fatih, Istanbul, Turkey
muze.gov.tr/muze-detay?DistId=KRY&SectionId= KRY01

伊斯坦布尔还有更为著名和规模更大的宗教遗迹，但在16世纪从拜占庭教堂改建为一座清真寺的精美的卡里耶教堂和博物馆，证明了宗教遗迹并非总是关乎名望和规模。它的独特之处在于其内部全都是该地区最古老和最杰出的拜占庭马赛克镶嵌画和湿壁画。1948年，在这座建筑脱离宗教控制，转变成博物馆后，所有这些作品都被揭开了面纱，并得到修复。这些14世纪的作品之所以能够保存下来，要感谢西奥多·梅托其特斯（Theodore Metochites），他是一位富有的东正教拜占庭贵族，是他在被迫流亡之前接受委托，创作了湿壁画、马赛克镶嵌画和壁画，最后又回到了他深爱的教堂，成为一名僧侣，死后被埋葬在这里。

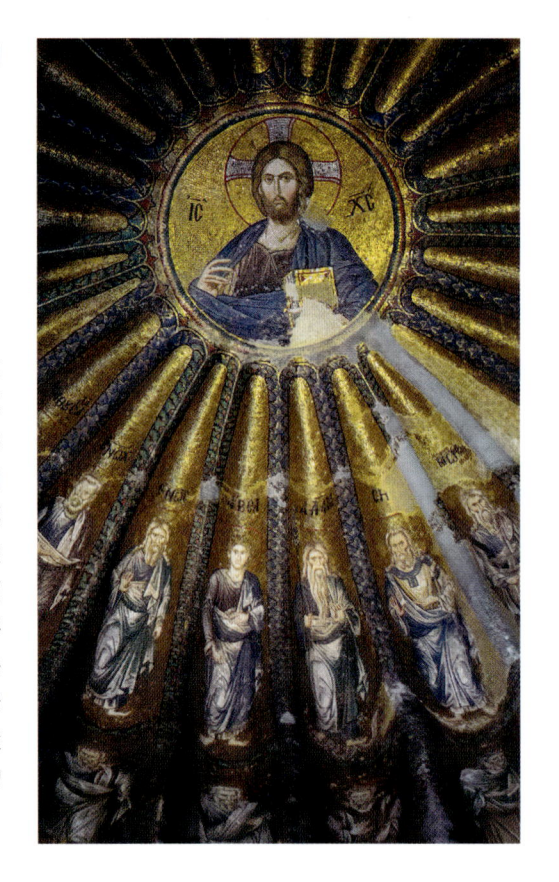

伊斯坦布尔现代艺术博物馆
土耳其伊斯坦布尔市贝伊奥卢区迈鲁蒂耶步行街99号，邮编：34430
Istanbul Museum of Modern Art
Meşrutiyet Caddesi, No. 99, 34430 Beyoğlu, Istanbul, Turkey
istanbulmodern.org

在一个非常现代的新家里捕捉非常现代的收藏品

在撰写本书时，我们对"正在建设中的"这个伊斯坦布尔现代艺术博物馆会变成什么样子还一无所知，但如果它和原建筑还有任何相似之处的话，那么意大利星级建筑师伦佐·皮亚诺重启中的建筑肯定会是个赢家。这座建筑用作艺术画廊已经有14年了，它是20世纪50年代建造的几个仓库中的一个，设计师是著名建筑师塞达特·哈基·埃尔德姆（Sedad Hakkı Eldem），人们希望它重新开放的时候，经过彻底改造的场馆依然能保留它漂亮雅致、神气十足的特色，同时又应进行彻底更新，使其成为21世纪功能多样化且时尚典雅的博物馆。在那之前，当代艺术的精美藏品——其中有一些20世纪著名抽象派画家法赫雷尼萨·扎伊德（Fahrelnissa Zeid）的绘画作品，这是2017年泰特现代美术馆举办的回顾展的主题——非常值得在现在的法兰西联盟（Union Française）展厅里欣赏，该展厅设在贝伊奥卢区艺术文化中心的一座宽敞明亮的低矮建筑里。

奥顿帕扎里现代艺术博物馆

土耳其埃斯基谢希尔市奥顿帕扎里区萨基耶·马赫·阿塔蒂尔克路37号

Odunpazarı Modern Museum
Şarkiye Mah. Atatürk Bul., No. 37, Odunpazarı, Eskişehir, Turkey
omm.art/en/collection

▲ 在现代木质博物馆里欣赏现代艺术的巅峰之作

在土耳其埃斯基谢希尔城的一群历史悠久的奥斯曼（Ottoman）风格的房屋中，一堆木盒子很不协调地从一个令人炫目的白色广场上拔地而起。它们看起来就像巨大的板条箱，而实际上并非如此。它们是收藏土耳其工业家埃罗·塔本克（Erol Tabanca）1000多件现代艺术藏品的博物馆。根据该地区过去曾是木材贸易中心的这段历史，博物馆被设计成紧密连接在一起的堆叠木梁，它在建筑艺术的成就体现在它与周围环境的关系中，然而馆内材料与艺术作品之间的关系才是真正的巨大成就。雕塑的木材元素上上下下地延伸到画廊中，与在光线充足的空间里以极简主义方式展示的现代艺术作品形成了完美的互动。在它的中心区，四个堆叠的楼群交汇在一起，而总共有三层楼高、装有天窗的中庭更是锦上添花。

对页图　基督普世君王（Christ Pantocrator）的马赛克镶嵌画，卡里耶教堂前厅的南穹顶
本页图　夕阳下的奥顿帕扎里现代艺术博物馆建筑

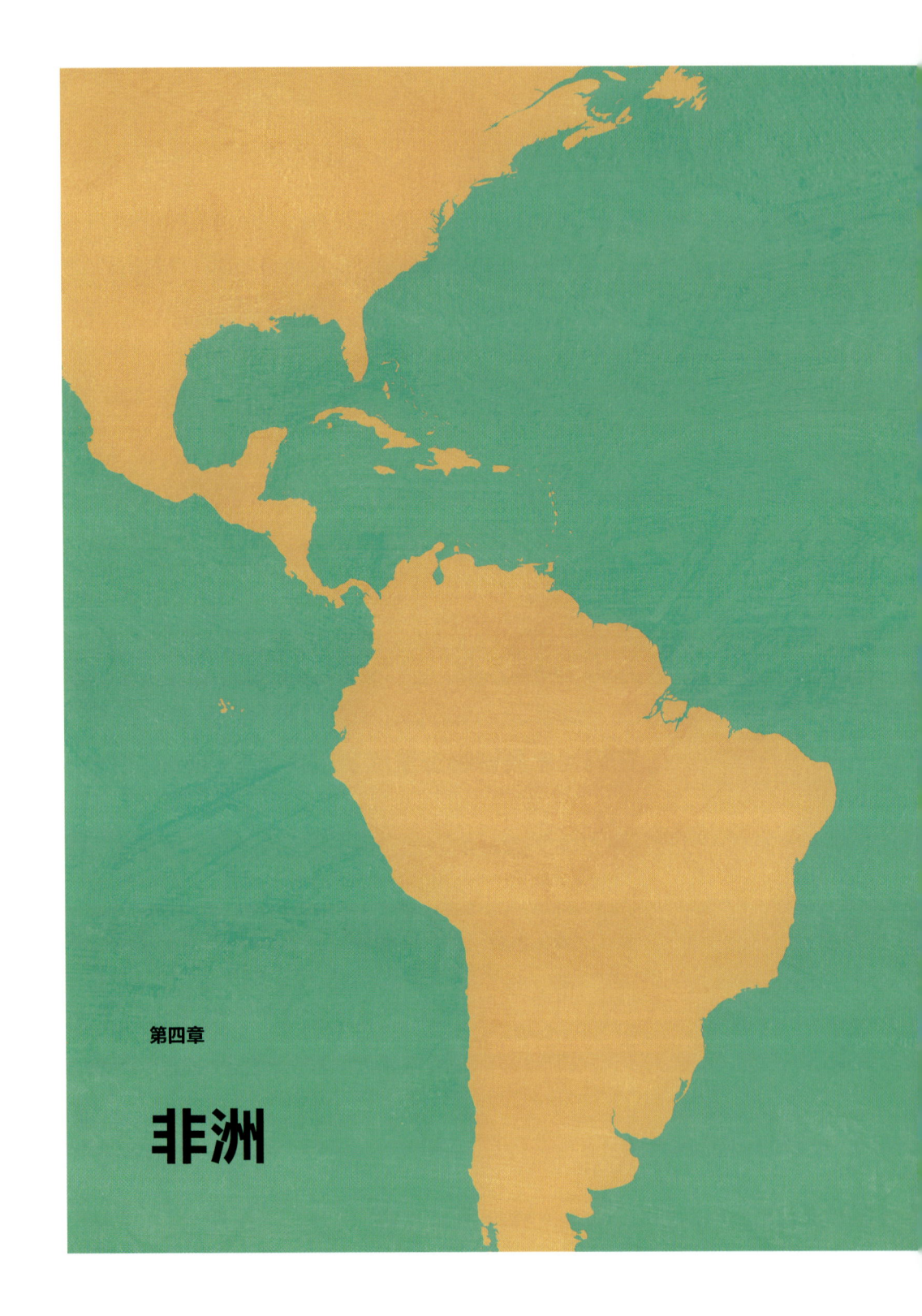

第四章

非洲

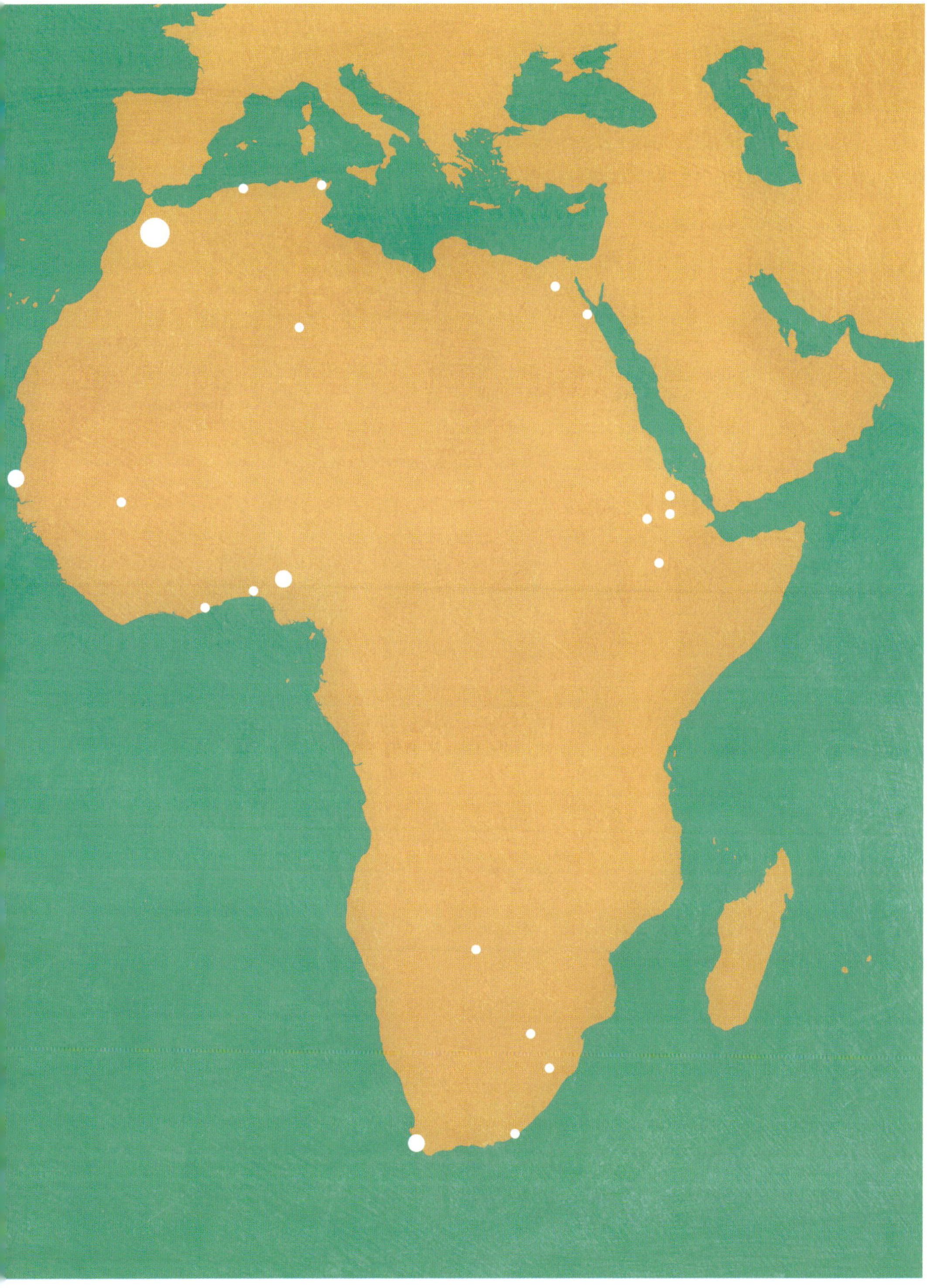

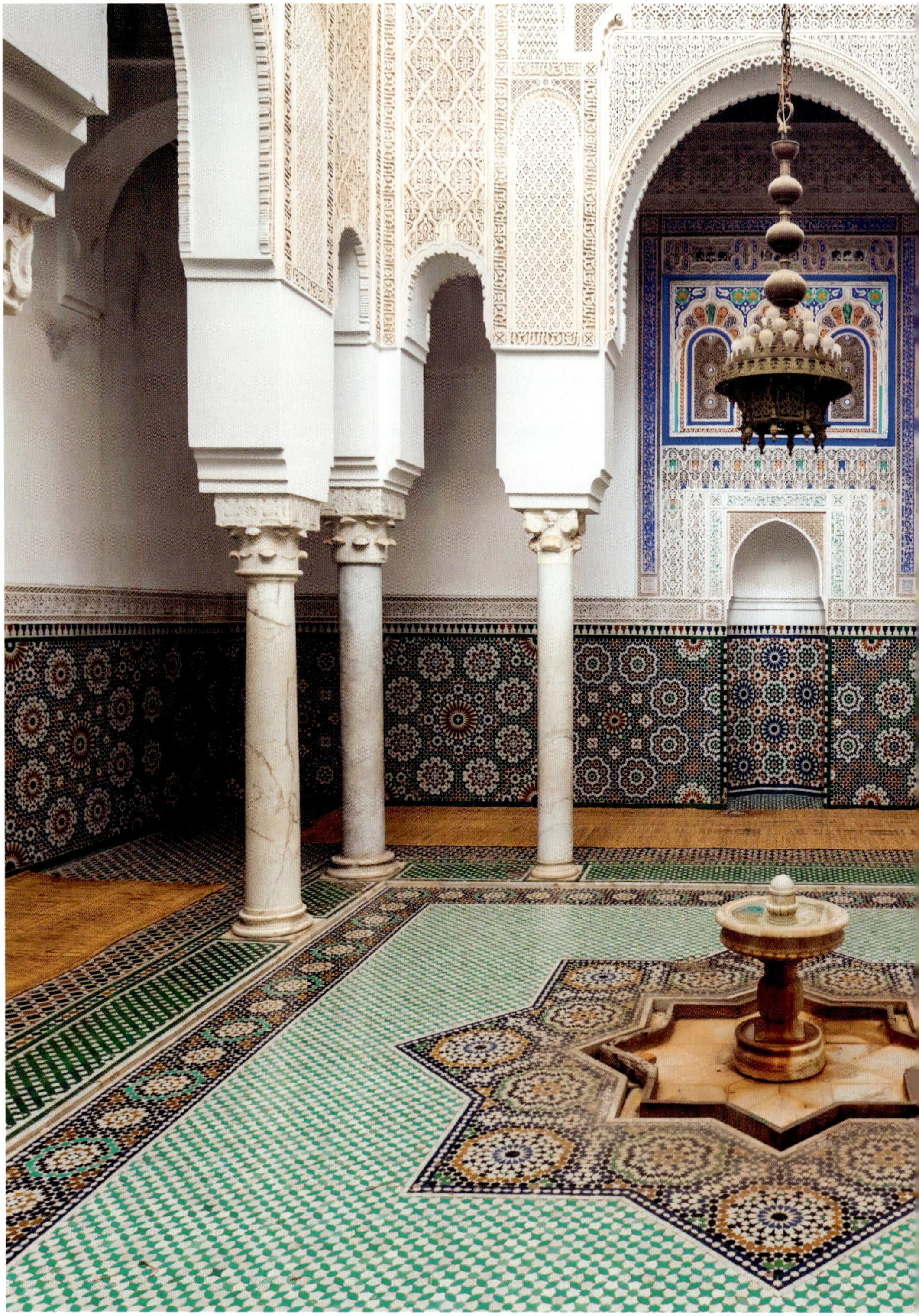

◀ 参观一座鲜为人知的皇城，欣赏一件最为精美的伊斯兰艺术品

穆莱·伊斯梅尔王陵
摩洛哥梅克内斯市
Mausoleum of Moulay Ismail
Meknès, Morocco

在撰写本书时，这座为穆莱·伊斯梅尔·伊本·谢里夫（Moulay Ismail Ibn Sharif）建于18世纪早期的王陵因需要大规模翻修，自2016年起就已关闭，但总有一天它会重新开放，当它开放的时候，我们希望能再次欣赏到在1672—1727年登上摩洛哥苏丹王位的统治者在其统治期间下令修建它——事实上是整座梅克内斯城——时所期望展示的荣耀与财富。明亮的泽丽格（zellij，马赛克瓷砖）、珐琅彩木器、石膏雕塑、拱门、大理石柱、喷泉和其他精美的伊斯兰建筑元素在这里和谐而又美丽地组合在一起，因此重新开放时，即使非穆斯林不允许越过大厅入口和前院，就跟它关闭前一样，但只要能探到其中的一部分，窥视到其他一点点内容，也是值得到此一游的。

跨页图　王陵北面的室内天井厅

▲ 让我们认识一下非洲当代艺术的精英人物

1—54当代非洲艺术博览会
摩洛哥马拉喀什市巴布杰德大道拉玛穆尼亚酒店,邮编:40040
1-54 Contemporary African Art Fair
La Mamounia Palace, Avenue Bab Jdid, Marrakech 40040, Morocco
1-54.com/marrakech

在2018年之前,我们还不能确定一个致力于展示非洲精品艺术的艺术博览会最先是在欧洲和美国创立的说法,但在伦敦、纽约和马拉喀什这三座城市举办的博览会,我们知道自己更愿意参加哪个。这是因为在北非的高温、光线和文化背景下欣赏这里的许多艺术作品——2019年,有来自非洲11个国家18座非洲美术馆的超过65位艺术家的作品——感觉会更好,而且这里充满了新鲜感的空间和场所,还有美丽的拉玛穆尼亚酒店(La Mamounia)那闲适恬静的环境,都使它显得与众不同。尽管如此,在这三个地方,最引人注目的还是艺术。毋庸置疑,在媒体的帮助下,摄影艺术变得越发强势,伦敦出生的摩洛哥摄影师哈姗·哈贾杰(Hassan Hajjaj)的作品在众多作品中脱颖而出,而且有不少作品的价格也很实惠。冬日的暖阳,伟大的艺术,有机会遇见鼓舞人心的艺术家,并能买到他们的作品——这真是一个不用思考就能做出的决定。

走进一个有远见的艺术收藏家的空间

阿尔马登非洲当代艺术博物馆(简称MACAAL)
摩洛哥马拉喀什市西迪·优素夫·本·阿里区阿尔马登,邮编:40000
Museum of African Contemporary Art Al Maaden (MACAAL)
Al Maaden, Sidi Youssef Ben Ali, 40000 Marrakech, Morocco
macaal.org

这个独立的非营利性当代艺术博物馆有一个值得称赞的目标,那就是"通过各种各样的展览和教育项目来促进非洲艺术的发展",为了实现到这一点,它不断举办一些有思想深度和充满智慧的展览来展示摩洛哥及其邻国的艺术作品。这里展出的并不都是新兴的作品,在2000多件20世纪有影响力的藏品中,阿尔伯特·卢巴基(Albert Lubaki)从1929年开始创作的纸本水墨画就与更多的现代艺术作品并驾齐驱,比如比利·桑格瓦(Billie Zangewa)的绣花丝绸织锦作品《中央公园的太阳崇拜者,2009》(Sun Worshipper in Central Park, 2009),以及阿伯杜拉耶·科纳特(Abdoulaye Konaté)编织的西非纺织品《蓝色的ABBA组合1》(Composition en bleu ABBA 1, 2016)。博物馆受到了热心的艺术收藏家奥斯曼·拉兹拉克(Othman Lazraq)和他的父亲阿拉米·拉兹拉克(Alami Lazraq)的资助。摩洛哥艺术家的作品在阿拉米40多年前开始收藏的作品中占有很重要的地位,早在非洲现代主义作品风靡之前,他就开始收藏这些作品了。奥斯曼说:"他或许是一个有远见卓识的人。"对此我们完全赞同。

塔西利·恩·阿耶文化公园
阿尔及利亚
Tassili n'Ajjer Cultural Park
Algeria
whc.unesco.org/en/list/179

▼ 在阿尔及利亚的塔西利·恩·阿耶岩石艺术遗址来一次难忘的旅行

　　世界上有许多著名的岩石艺术遗址，但是在利比亚、尼日尔和马里的边境，阿尔及利亚撒哈拉沙漠东南部的一个幅员辽阔的高原上，遥远的塔西利·恩·阿耶的15000幅岩画多少有些低调而又神秘。去那里并不容易 [贾奈特（Djanet）是最近的城镇，而且你还需要一个导游]，但是决意要去的艺术爱好者，在参观完之后，就会发现这是一个令人难忘的景观，到处都是九千年或一万年前的作品。这里有包括羚羊和鳄鱼在内的大型野生动物形象，还有抽象的几何图案、神话生物和展示各种动作的人类，但是，真菌类的岩石艺术 [最具代表性的作品是塔西里的蘑菇人马塔兰–阿马扎尔（Matalem-Amazar），一个浑身长满蘑菇的萨满教法师] 才是最出色的作品。许多人都认为它为人类与迷幻剂之间的古老关系提供了依据。毫无疑问，它显示出了非凡的想象力。

对页图　在1—54当代非洲艺术博览会欣赏作品
本页图　塔西利·恩·阿耶的史前岩画

走进阿尔及尔毕加索灵感女神的心灵世界

国家公共美术馆

阿尔及利亚阿尔及尔市别卢伊兹达镇埃尔哈迈区达累斯萨拉姆街178号
Le Musée Public National des Beaux-Arts
178 Place Dar Essalaam, El Hamma, Belouizdad, Algiers, Algeria
musee-beauxarts.dz

  1962年，当法国结束对阿尔及利亚的占领时，为了阻止撤离的军队和占领者带走国家公共美术馆（Le Musée Public National des Beaux-Arts）里的藏品，当地居民与之展开了一场战争。他们成功了，这就意味着这座建于1930年的博物馆至今仍收藏着非洲和中东地区数一数二的西方艺术藏品。这8000件油画、雕塑、素描和版画作品中有奥古斯特·罗丹、爱德华·马奈、克劳德·莫奈和保罗·高更的作品，还有像欧仁·德拉克洛瓦（Eugène Delacroix）和亚历山德拉·加布里埃尔·德坎普斯（Alexandre-Gabriel Decamps）这些艺术家创作的具有浓郁的东方主义迷人色彩的作品。一定要去探索一下阿尔及利亚和阿拉伯艺术家的作品，特别是令人难忘的木质图书馆里阿尔及利亚女艺术家贝雅·马希丁（Baya Mahieddine）的作品，她是一位画风朴素自然的非主流艺术家，并为巴勃罗·毕加索提供了创作灵感。

在现代突尼斯找到最好的古罗马艺术

巴尔杜国家博物馆

突尼斯突尼斯市附近P7公路
Bardo Museum
P7, near Tunis, Tunisia
bardomuseum.tn

  你可能会认为，要想看到最好的罗马马赛克镶嵌画，就必须前往意大利。而事实上，许多学者和历史学家都认为世界上最好、收藏量最大的罗马马赛克镶嵌画藏品实际上是在突尼斯的巴尔杜国家博物馆（Bardo Museum）。这些藏品都是从当时迦太基（Carthage）的罗马和拜占庭遗址上收集而来的，与意大利的同类作品相比，它们不仅色彩更加鲜艳夺目，而且在构图和叙事上也更为宏大。这些元素综合在一起，通过大大小小的作品，把罗马时期非洲的生活和信仰生动地展现出来。这边有一瓶葡萄酒和一座乡村农场，另一边有女猎手戴安娜（Diana the Huntress）和诗人维吉尔（Virgil）的美丽画像，两侧还有悲剧和历史上的缪斯、克里奥（Clio）和墨尔波墨涅（Melpomene）。荷马史诗《奥德赛》（*Odyssey*）和《海神尼普顿的凯旋》（*Triumph of Neptune*）中的两个场景也会让你惊叹不已。

▲ 在埃及的沙漠中发现一个麦田怪圈

沙漠呼吸
埃及赫尔格达市附近的艾尔古纳镇
Desert Breath
El Gouna, near Hurghada, Egypt
danaestratou.com/web/portfolio-item/desert-breath

  在这里，你不但会有在沙漠中行走的真实体验，还会想爬到高处，去真正感受一下《沙漠呼吸》（Desert Breath）的奇异之处。《沙漠呼吸》是希腊的D.A.ST. 艺术团队（D.A.ST. Arteam）——雕刻家达娜厄·斯特拉图（Danae Stratou）、工业设计师亚历桑德拉·斯特拉图（Alexandra Stratou）和建筑师斯特拉·科斯坦丁德斯（Stella Constantinidis）——设计的大地艺术装置。三位设计者在1997年完成了这件作品，这些巨型双螺旋，就像某种巨大的外星人时钟，从最初装满水的中心点向外延伸，从那时起就一直在记录时间，慢慢地它消失了，可在埃及沙漠平坦广阔的区域里，它那178个起起落落的强大的圆锥体和圆形洼地，却仍然会让参观者感到困惑和着迷。二十多年以来，它依旧是贫瘠土地上的一种强烈的视觉呈现，艺术家们表示："它是把沙漠作为心灵景观的一种无限体验。"

大埃及国家博物馆，绝对超乎你的想象

大埃及国家博物馆（简称GEM）
埃及吉萨省阿尔圣地卡夫拉·纳萨尔区亚历山大沙漠公路
Grand Egyptian Museum（GEM）
Alexandria Desert Road, Kafr Nassar, Al Haram, Giza Governorate, Egypt
gem.gov.eg

  在撰写本书时，吉萨的大埃及国家博物馆还未开放（计划在2021年的"某个时候"举办活动），但它已在离吉萨金字塔不远的地方现出雏形，这位置很合适，因为它不仅会展示埃及文明的考古发现，其中当然有图坦卡蒙（Tutankhamun）陵墓中出土的宝藏，而且还将成为有史以来专为一种文明而建的最大的博物馆和世界最大的考古博物馆，仅图坦卡蒙国王的藏品陈列室就将展出与这位年轻国王相关的约4000件文物。其它与埃及法老文化相关的10万件文物将会被分放在儿童博物馆、特殊需求博物馆，当然，还有大埃及国家博物馆——估计到时会排起长队。

对页图　奥德修斯和海妖塞壬的马赛克镶嵌画的一部分
本页图　《沙漠呼吸》（1997），D.A.ST.艺术团队

阿尔及利亚／埃及　201

▼ **马里的泥浆创意能力，令人沉醉**

马里国家博物馆
马里巴马科市
National Museum of Mali
Bamako, Mali
musicinafrica.net/directory/national-museum-mali-0

要想看到杰内古城（Djenné）最好的赤陶雕塑作品——这种艺术形式出现在13至16世纪尼日尔河（Niger River）内陆三角洲地区的杰内古城附近——你需要前往纽约大都会艺术博物馆，但要想了解它的起源，以及自然环境中的一些人物，那就去一趟巴马科（Bamako）的马里国家博物馆，它会让你收获颇多。除了武士和军事人物，你还会发现马里的面具和纺织品这些美丽藏品，在外面的花园里，还有一个辉煌壮观的杰内古城大清真寺（Great Mosque of Djenné）的混凝土模型。博物馆也是每两年在11月和12月举办一次的巴马科摄影双年展（Bamako Encounters Photography Biennial Festival）的主办地点；尽量把你的参观时间安排在双年展期间，这样你就可以欣赏到有一千多年历史的马里艺术了。

聚焦塞内加尔奥尔马·维克多·迪奥普的概念摄影

圣路易市摄影博物馆
塞内加尔圣路易市易卜拉希马·萨尔街
Musée de la Photographie de Saint-Louis
Ibrahima Sarr Road, Saint-Louis, Senegal
fr-fr.facebook.com/ MuseedelaPhotographiedeStLouis

MuPho——圣路易市摄影博物馆——是一座黑白相间的殖民时期风格的建筑，它优雅地坐落在被列入联合国教科文组织世界文化遗产名录的圣路易市殖民时期的漂亮建筑中。博物馆馆内也同样令人愉悦。作为塞内加尔的历史和更广泛的非洲散居侨民的文化标志，它收藏了许许多多精彩的历史影像，这些作品可追溯至19世纪，那时第一台照相机刚抵达圣路易市。然而，当代作品的激情和活力可能会更让你难忘。特别值得一提的是，国际知名商业艺术摄影师奥马尔·维克多·迪奥普（Omar Victor Diop）色彩明亮的概念摄影作品在其中尤为精彩。迪奥普的作品令人难忘，它们参考了迥然不同的资源，比如非洲的棚内摄影，以及辛迪·雪曼的作品，她既是照片的主题——她经常引用历史上的非洲人物——也是照片的摄影师。

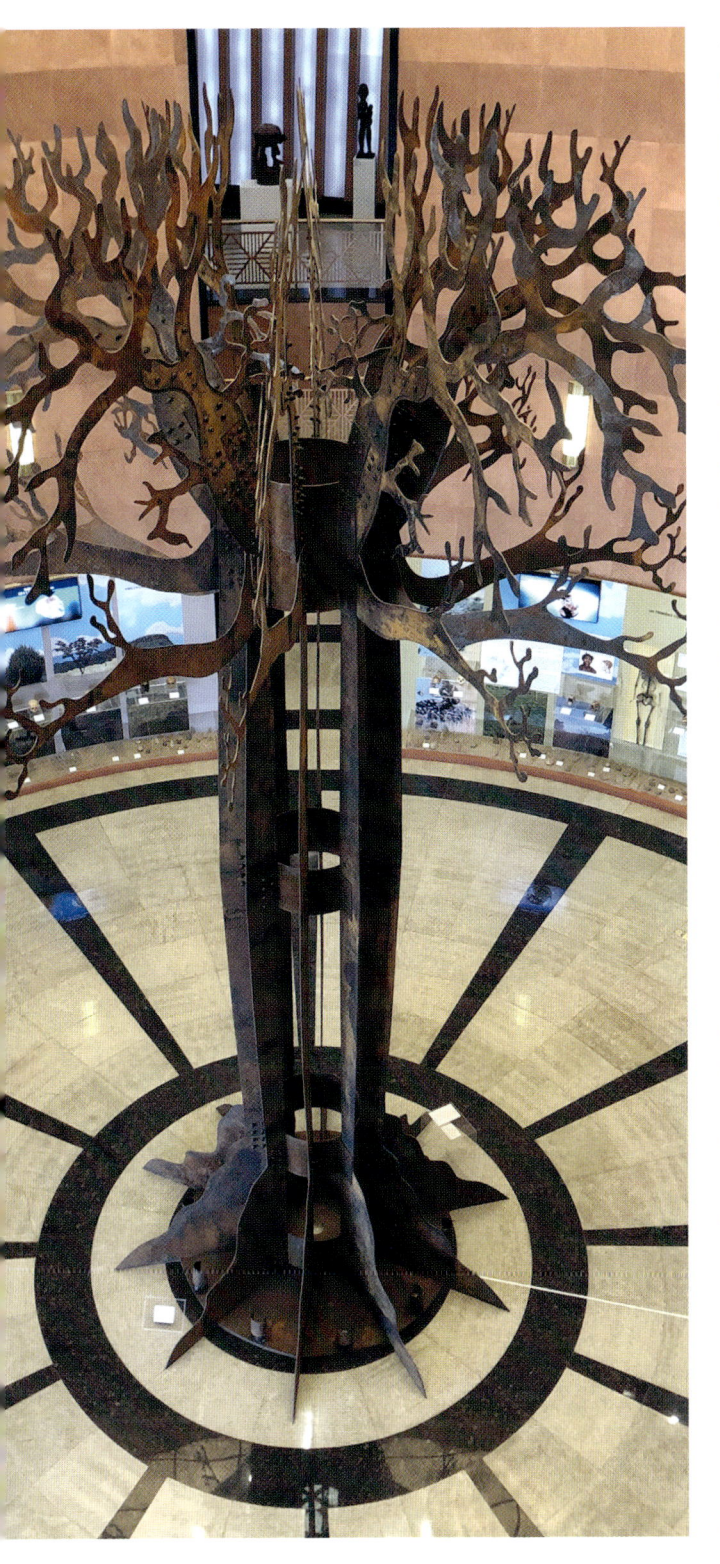

◀ 在黑人文明博物馆的空旷空间里寻找意义

黑人文明博物馆
塞内加尔达喀尔市
Museum of Black Civilizations
Dakar, Senegal

50年前，塞内加尔的已故诗人、总统列奥波尔德·塞达·桑戈尔（Léopold Sédar Senghor）设想建造一座黑人文明博物馆，2018年，这个受传统的塞内加尔南方住宅房屋启发而建的曲线形空间正式开馆，他的设想终于在他的家乡得以实现。在博物馆里，对整个非洲和加勒比地区的作品中泛非主义的关注让人感到欣喜，尤其是因为它既回顾过去，又展望未来。人们希望以前的殖民统治者能够迅速归还他们几个世纪以来掠夺的数量惊人的非洲文化遗产 [仅巴黎的布兰立埠博物馆（Musée de quai Branly）就有7万件撒哈拉沙漠以南地区的非洲文物]，但与此同时，从入口处引人注目的海地艺术家爱德华·杜瓦尔－卡里（Edouard Duval-Carrié）设计的高18米的猴面包树展品《猴面包树的传奇》(*The Saga of the Baobab*, 2018)，到塞内加尔时装设计师乌穆·西（Oumou Sy）的《跨越宇宙的非洲森林》(*The Forest of Africa Across the Universe*)，这些令人惊叹的藏品以最好的方式展示出非洲的新、旧艺术。

对页图 马里国家博物馆的建筑会让人想起传统的马里建筑

本页图 门厅入口处爱德华·杜瓦尔－卡里的《猴面包树的传奇》(2018)

马里 / 塞内加尔

努布克基金会

加纳阿克拉市东勒贡区洛美巷7号

Nubuke Foundation

7 Lome Close, East Legon, Accra, Ghana

nubukefoundation.org

在加纳的国家中心感受艺术

从它万花筒般鲜艳明亮的外观到它为在这里举办的许多展览、研讨会、放映活动和其他文化活动而设计的内部空间,努布克基金会会给你带来无穷的乐趣。它是十多年前在阿克拉(Accra)的东勒贡(East Legon)地区成立的一个视觉艺术机构,举办一些有趣并总让人感到愉快的回顾展、专题著作展和集体展。它还会展出像加纳摄影先驱詹姆斯·巴诺(James Barnor)这些知名人物的作品,这类作品往往会以一种大众化的形式与新兴艺术家的集体展打成一片。帕特里克·塔戈—杜克森(Patrick Tagoe-Turkson)在拉各斯艺术X(Art X Lagos)艺术博览会中发挥了重要作用,他在拉各斯首次向观众展示的迷人的挂毯作品对提升基金会的形象有很大的帮助,但基金会仍然是一个非常具有社区意识的文化中心,其核心是一颗赤诚之心。

◀ 探索贝宁青铜器的合法家园

贝宁城国家博物馆

尼日利亚埃多州贝宁城国王广场

Benin City National Museum

King's Square, Benin City, Edo, Nigeria

希望将来的某一天英国政府能将一个多世纪以前从首都(贝尔波多诺伏)盗走的一些著名的贝宁青铜器(Benin Bronzes)归还给这座可爱的博物馆,这些青铜器里有人像、半身像和用铸铁、象牙为材的雕刻,当然还有用青铜制作的雕塑群。当英国归还的时候,而且它必须归还,这些失窃的作品肯定会成为藏品中的明星,但就其现有的优秀藏品而言,它仍是一座有很强实力的博物馆。在这座不同寻常的圆形红色建筑里有三个画廊,奥巴·阿肯祖亚画廊(Oba Akenzua Gallery)是其中最好的一个,里面有贝宁帝国(Benin Empire)的著名青铜雕塑、赤土陶器和铸铁作品,而其他两个画廊所关注的是城市以外的工艺美术作品。不要错过享有盛誉而又令人敬畏的伊迪亚女王(Queen Idia)的青铜头像,没有她,这个王国可能就不存在了。

奥孙-奥索博神树林
尼日利亚奥孙州奥索博市
Osun-Osogbo Sacred Grove
Osogbo, Osun State, Nigeria

▼ 在尼日利亚的乔木林中偶遇一片奇特的圣地

在离尼日利亚西南部城市奥索博不远的森林里有一个神奇的地方。一条河从这里蜿蜒流过，遇见它就像走进了一部电影——或许是《侏罗纪公园》（Jurassic Park），也有可能是《夺宝奇兵》（Indiana Jones）。因为这是一个具有重要的文化和宗教意义的地方，是400年前为约鲁巴（Yoruba）的生育女神奥孙（Osun）修建的神殿。如你所料，神殿里满是美丽的古代木雕作品，除此之外，还有许多现代抽象派作品和装饰元素——艺术家和约鲁巴女祭司苏珊娜·威戈（Susanne Wenger）领导的新神圣艺术运动（New Sacred Art movement）——使这里成为一个独一无二的景点。现在这里有大约40座纪念奥孙和其他约鲁巴神灵的神殿，以及雕塑和艺术品，难怪这片树林在2005年被列为世界文化遗产。

对页图　伊迪亚女王的青铜头像（16世纪）
本页图　奥孙-奥索博神树林里的一座雕塑

聚焦尼日利亚顶级现代主义艺术家的作品

奥门卡画廊

尼日利亚拉各斯市莫杜佩·阿拉基嘉新月街24号
Omenka Gallery
24 Modupe Alakija Crescent, Lagos, Nigeria
omenkagallery.com

2003年,策展人及艺术家奥利弗·恩华吾(Oliver Enwonwu)在他的私人住宅里创办了奥门卡画廊,里面收藏了一些货真价实的珍品,尤其是20世纪尼日利亚最著名的画家,而且可以说是那个世纪最具影响力的非洲艺术家本·恩华吾(Ben Enwonwu)的作品。恩华吾凭一己之力,使非洲艺术超越殖民主义,坚定地在现代艺术的舞台上立足。他线条流畅优美的肖像画充满了活力和优雅的风范,在尼日利亚当代艺术家[比如出生在卡诺(Kano)的奥托邦戈·恩坎加(Otobong Nkanga),她在威尼斯双年展上因其曲线型的穆拉诺玻璃雕塑和纸上作品获得了特别提名奖]的作品中欣赏他的作品,真是一种享受。而像奥乌苏–安科玛(Owusu-Ankomah)这样的泛非主义艺术家还与来自其他大洲的具有非洲传统风情的艺术家们一起完成了一幅辽阔的画卷。

▼ 冒险去看看提格雷的岩石教堂

埃塞俄比亚豪森镇
Hawzen, Ethiopia

你需要有一个健康的身体和一种无所畏惧的精神才能看到埃塞俄比亚格拉塔(Gheralta)地区的这件引人注目的古代东正教藏品,因为它大部分都坐落在陡峭的悬崖壁的裂缝缺口上,所以你需要在脚蹬和向导的帮助下爬上悬崖,穿过危险陡坡上狭窄的岩架或摇摇晃晃的小桥,或是爬上一架简易的梯子,才能看到里面的东西——几个世纪以前精美绝伦的壁画。在海拔2500米的地方,有125个洞穴,洞里有耶稣十二门徒中的九位门徒的画像[在阿布那·耶马塔·古赫(Abuna Yemata Guh)教堂]、18世纪晚期和19世纪早期华丽的蓝色和黄色贡德林(Gondarine)壁画[在阿布那·格布雷·米凯尔(Abuna Gebre Mikael)教堂],还有令人着迷的17世纪色彩柔和的圣徒壁画藏品[在彼得罗斯和保罗斯,德格·特斯法伊(Petros and Paulos, Teka Tesfai)教堂]。所有这一切都把天堂的辉煌壮观提升到了一个新的高度……确实如此。

德布瑞·贝尔翰·塞拉西教堂
埃塞俄比亚贡德尔市
Debre Berhan Selassie
Gondar, Ethiopia
whc.unesco.org/en/list/19/

▲ 把德布瑞·贝尔翰·塞拉西教堂里的天使头像看个够

在这座美丽的建筑里，你要做好脖子抽筋的准备。这座建筑是被联合国教科文组织列为世界文化遗产的法西尔·盖比城堡（Fasil Ghebbi）遗址的一部分。德布瑞·贝尔翰·塞拉西教堂可以说是埃塞俄比亚最美丽的教堂，教堂里17世纪的内部装饰会让你不禁露出微笑，因为当你仰望它的木质天花板时，会发现一排排长着翅膀的小天使——100多个小天使——正回望着你。它们是无处不在的上帝的代表，而它们也只是丰富多彩的内部装饰的一部分；其他值得仔细研究的元素包括博斯（Bosch）式的地狱图绘，坐在基督十字架上方发光的三位一体（Holy Trinity），还有一个可爱的正在屠龙的圣乔治（St George）。

对页图　阿布那·耶马塔·古赫教堂穹顶壁画上的九位门徒
本页图　德布瑞·贝尔翰·塞拉西教堂内部的古代壁画装饰

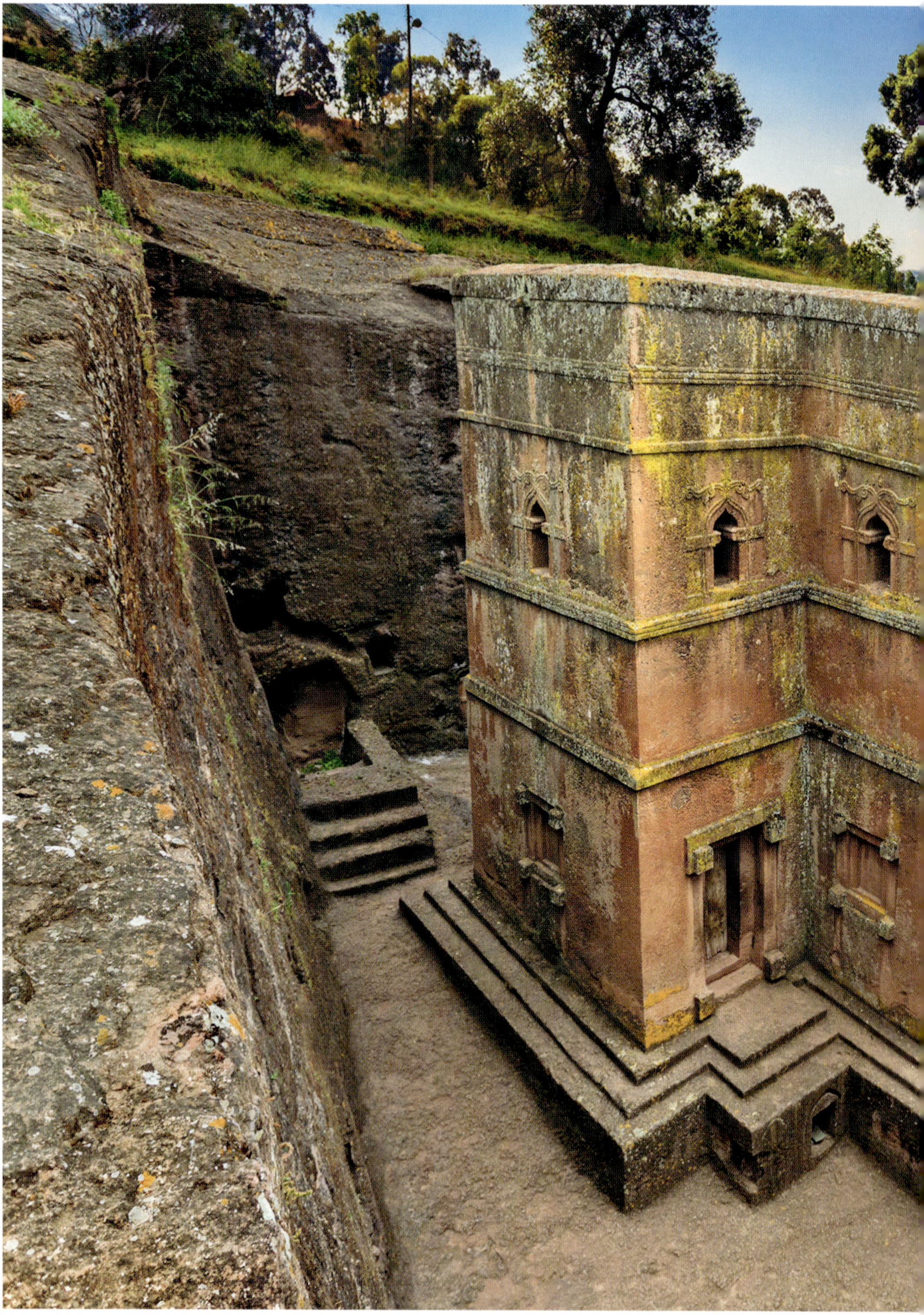

◂ 在圣乔治教堂发现了一个建筑奇迹

圣乔治教堂
埃塞俄比亚拉利贝拉镇
Bete Giyorgis / Church of Saint George
Lalibela, Ethiopia
www.wmf.org/project/rock-hewn-churches

埃塞俄比亚拉利贝拉的11座中世纪的巨石洞穴教堂,看起来就像许多古老的雷切尔·怀特瑞德雕塑。只有亲眼所见才会相信,这些教堂真是从巨大的岩石立方体向下雕刻而成的装饰精美的建筑,上面有被凿开的洞口,形成了门、窗户、石柱、地板和屋顶。它们从地下基地升起,让参观者和无数朝圣者都感到惊叹不已。自12世纪末和13世纪初岩石教堂开始建造以来,就一直有人来这里朝圣。最令人叹为观止的是,圣乔治教堂有着形似十字架的引人注目的外形和刻有三个希腊式十字架的屋顶,此外教堂内还有几个空间是用壁画来装饰的。

跨页图　形似十字架的圣乔治教堂

陷入佐马当代艺术中心的泥浆之中

佐马当代艺术中心（简称ZCAC）
埃塞俄比亚的斯亚贝巴市邮政信箱6050号
Zoma Contemporary Art Centre (ZCAC)
PO Box 6050, Addis Ababa, Ethiopia
zomamuseum.org

  由全球知名的明星建筑师掌舵的项目在当代美术馆和博物馆的建设中已蔚然成风，然而在亚的斯亚贝巴，一个在几年前开馆的艺术中心却与这一趋势背道而驰。由当代艺术家埃利亚斯·西姆（Elias Sime）创办的佐马当代艺术中心是一个环保型场所，里面有农田、芳草园、奶牛群和一些传统的抹灰篱笆墙建筑，建筑里保存了艺术家的住宅、工作室和展品。外墙是用雕刻图案手工装饰而成的，在墙的那边，艺术家们在工作室里工作，在画廊里举办展览，让参观者参与艺术实践和欣赏，这就将艺术牢牢地置于它周围环境和当地生活方式的背景之中。这或许可以解释为什么在2014年《纽约时报》将佐马当代艺术中心列为亚的斯亚贝巴最值得参观的旅游胜地。附近，西姆为海尔·塞拉西皇帝（Emperor Haile Selassie）的故居大国家皇宫（Grand National Palace）修建的美丽公园也是必去之地。

▲ 乘坐城市巴士，来一次独特的艺术体验

肯尼亚内罗毕市
Nairobi, Kenya

  想象一下，如果你有一辆巴士，为了吸引游客，你就不得不和其他私家巴士以及更古板的政府运营的巴士展开竞争，那么显然应该让你的巴士从众多的巴士中脱颖而出，对吧？这就是内罗毕的小巴士所做的，而且经常是通过艺术来展示的。在城市喧嚣的街头，这些移动的画廊是一道熟悉的风景线，它们不仅通过充满生机的城市艺术，还通过衣着时尚的司机和售票员，以及它们机动灵活地沿着小路绕行、避开交通堵塞的能力，吸引着艺术爱好者们登上他们特别喜欢的那辆巴士。它们是混乱的、多彩的、完全随意而且乐趣无穷的体验。

措迪洛山

博兹瓦纳西北区

Tsodilo Hills
Ngamiland District, Botswana
whc.unesco.org/en/list/1021

上山去寻找沙漠中的"卢浮宫"

博兹瓦纳西北部卡拉哈里沙漠（Kalahari Desert）地区的措迪洛山有400个岩石艺术遗址，其中包括4500件岩画艺术作品，难怪它被联合国教科文组织列为保护对象。"沙漠卢浮宫"（Louvre of the Desert）横跨四个主要山丘——孩子山（Child Hill,）、女人山（Female Hill）、男人山（Male Hill），以及一座未命名的山丘。这座"卢浮宫"绘有一系列不同颜色的动物和类似人类的图案，它们当中有白色的犀牛、红色的长颈鹿，像鸟一样的轮廓和骑在马背上的人。安排好参观行程，这样你就可以一直待到傍晚，欣赏被夕阳照亮的西边的悬崖峭壁，当地人将其称为"傍晚的铜手镯"（Copper Bracelet of the Evening）。

德拉肯斯堡山公园

南非夸祖鲁—纳塔尔省

uKhahlamba Drakensberg Park
KwaZulu Natal, South Africa
nature-reserve.co.za/ukhahlamba-drakensberg-wildlife-preserve.html

▼ 在南非的龙山山脉寻找你最喜爱的桑人岩画艺术作品

南非是成千上万件岩画艺术作品的家园，它们是由非洲大陆的土著居民桑人（San），或被称为布希曼人（Bushmen）创作的。他们用绘有猎人、舞者、打斗、迷幻情景、动物、半人或半动物等形象的岩画和雕刻来装饰洞穴——实际上，这里还有许多地方可供探索，如果你有足够的冒险精神，甚至有可能发现几个世纪以来未被其他人的眼睛看到的地方。所有这一切都需要徒步旅行才能做到，但想想那壮观的地形，你就会觉得这也是乐趣的一部分。如果你想确保能看到一些较好的作品，那么德拉肯斯堡山公园肯定不会让你失望，因为公园里有大约600个景点和35000多个个体图像。不知道该往哪儿走？恩德德马峡谷（Ndedema Gorge）估计有3900件岩画，其中有1000多件作品在塞巴耶尼洞穴（Sebaayeni Cave）。

对页图　内罗毕经过装饰的小巴士
本页图　德拉肯斯堡山公园伊吉苏提（Injisuthi）附近的布希曼岩画艺术

特色线路：把你的头放在一张充满艺术气息的床上，第一部分

在世界各地，聪明的酒店经营者们开始意识到人们在旅行时都希望能住在很特别的空间里。那么还有什么能比拥有原创、独特艺术的空间更特别的呢？以下是一些欧洲和非洲的最受喜爱的特色酒店；想要了解更多亚洲和美洲的有艺术气息的酒店，请参阅第240页。

沙卡兰酒店和祖鲁文化村，恩克瓦利尼

南非
aha Shakaland Hotel & Zulu Cultural Village, Nkwalini
South Africa

来到这个用来展示传统祖鲁文化的热闹而又可爱的现存历史遗迹会是一种令人难忘的体验。客人们住在传统的圆形小屋里，屋内有地道的非洲装饰，其中包括木质内饰、茅草屋顶，还有雕塑、绘画和工艺品等许多祖鲁艺术作品。

阿特利耶苏马雷艺术酒店

意大利西西里岛
Atelier sul Mare
Sicily, Italy

你可能期望意大利会有一两家艺术酒店，但不一定是在西西里岛。然而，西西里岛北部海岸上的阿特利耶苏马雷艺术酒店（Atelier sul Mare）就有一些世界上最引人注目的酒店客房，这要归功于艺术家们，他们受到委托把客房变成了独具特色的沉浸式体验的空间。

旧城区酒店

奥地利维也纳市
Hotel Altstadt
Vienna, Austria

这是一家很有吸引力的酒店，酒店的大部分艺术作品都是从酒店老板奥托·E.维森塔尔（Otto E. Wiesenthal）的私人藏品中借用或拿来的，这就意味着你可能会在沃霍尔和莱博维茨（Leibovitz）的作品中沉浸一段时间，回头又会发现周围是一些完全不同的精选作品。

雷夫斯尼斯众神酒店

挪威莫斯市
Hotel Refsnes Gods
Moss, Norway

雷夫斯尼斯众神酒店相信"当代艺术能给人带来欢乐、灵感和娱乐"，因此酒店为客人提供了由新兴艺术家和知名艺术家创作的450多件原创艺术作品组成的精美的当代艺术藏品，其中最为突出的是斯坦纳·克里斯滕森（Steinar Christensen）设计的雷夫斯尼斯横饰带。可能酒店还会提供导游，带你参观藏品。

12个十年约翰内斯堡艺术酒店

南非
The 12 Decades Johannesburg Art Hotel
South Africa

这家设计精美的精品酒店不仅记载了约翰内斯堡20世纪的历史，而且还通过一些南非顶级艺术家和设计师设计的酒店客房来进行展示，其中有劳伦·沃力特（Lauren Wallet）受班图（Bantu）戏剧运动启发而设计的充满戏剧性的客房。

法伊夫阿姆斯酒店

英国苏格兰
Fife Arms
Scotland, UK

苏格兰的法夫郡（Fife）并不以艺术著称，然而，坐落在苏格兰高地（Scottish Highlands）丘陵地带的法夫之徽（Fife Arms）五星级酒店却绝对是值得一看的艺术圣地。这里收藏了1.6万余件古董和1.2万余件艺术作品，藏品从巴勃罗·毕加索到格哈德·里希特的作品，应有尽有，甚至还有维多利亚女王和查尔斯王子的水彩画。

拉科洛姆多尔别墅

法国圣保罗·德旺斯小镇
La Colombe d'Or
St Paul de Vence, France

这家世界著名的酒店，可以说，比其他任何酒店都更早加入艺术的行列，因为这里的收藏品始于一个世纪以前，那时它只是一家简陋的酒吧和咖啡馆。它那令人难以置信的艺术品阵容——其中包括亨利·马蒂斯、巴勃罗·毕加索、费尔南德·莱热（Fernand Léger）、乔治·布拉克和马克·夏加尔——还会不断更新，以跟上时代的潮流。

多德尔大酒店

瑞士苏黎世市
The Dolder Hotel
Zurich, Switzerland

这个华丽而古雅的空间，因其100多件令人赞叹的大牌艺术家的艺术作品而受到尊敬，我们说的确实是大牌艺术家，这很容易理解，萨尔瓦多·达利、亨利·摩尔以及卡米耶·毕沙罗（Camille Pissarro）只是这里的重要艺术家中的一部分。

博蒙特酒店

英国伦敦市
The Beaumont
London, UK

博蒙特酒店是一家位于梅菲尔区（Mayfair）中心、以装饰艺术风格为特色的五星级酒店，它提供了一件世界上其他任何酒店都无法提供的东西 [不过，如果你有多余的20万美元，你就可以到拉斯维加斯棕榈赌场度假酒店（Las Vegas's Palms Casino Resort），在达米安·赫斯特（Damien Hirst）设计的移情套房（Empathy Suite）里与漂浮在一罐甲醛里的死鲨鱼共度良宵]：一个能真正置身于艺术作品中的机会。安东尼·葛姆雷的《房间》（Room，2014）是一座"适宜居住的雕塑"，它采用的是一间卧室、深色橡木套房的形式，显然，能让你好好睡上一晚。

下页跨页图 ▶
南非沙卡兰文化村用于表演的传统祖鲁布景

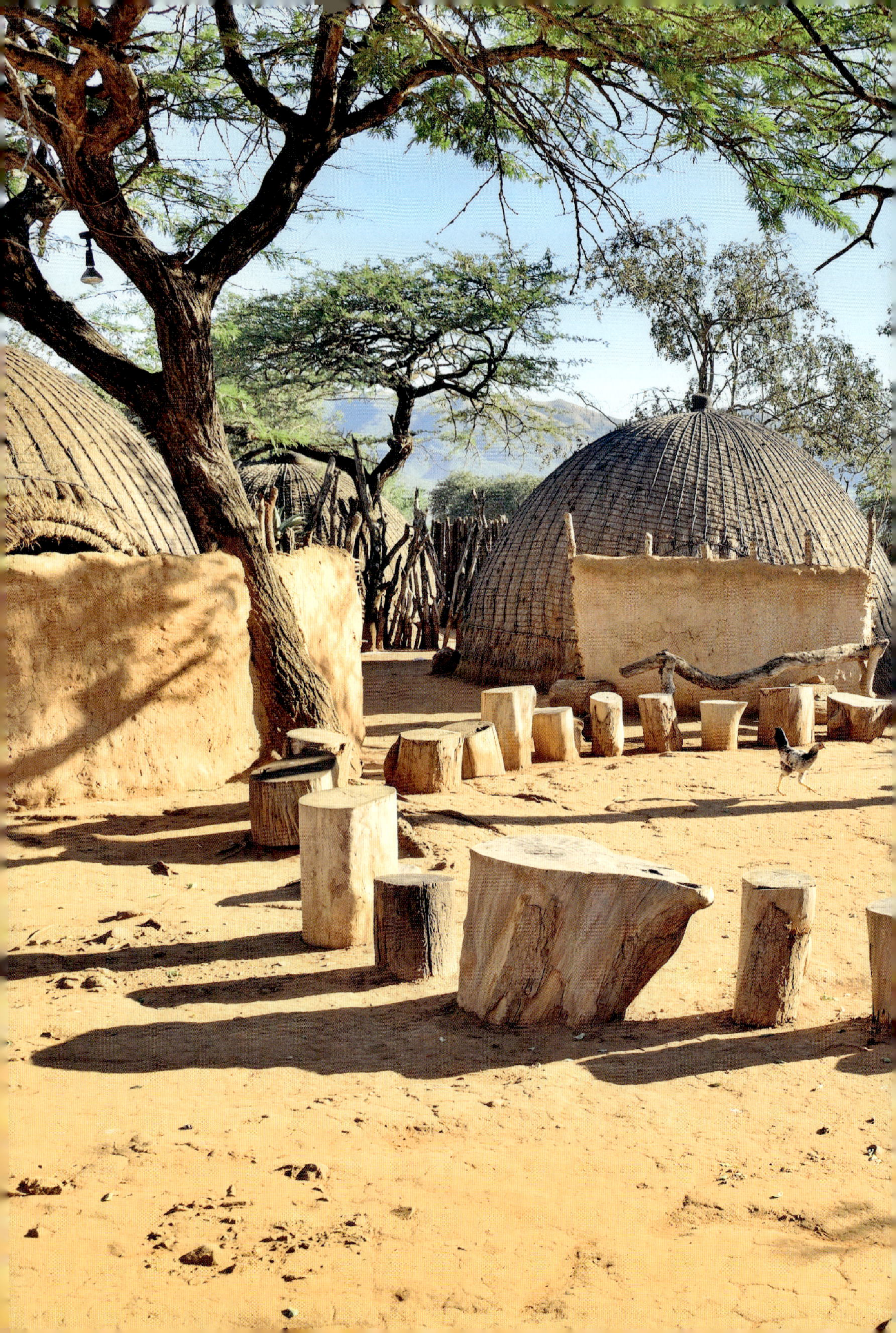

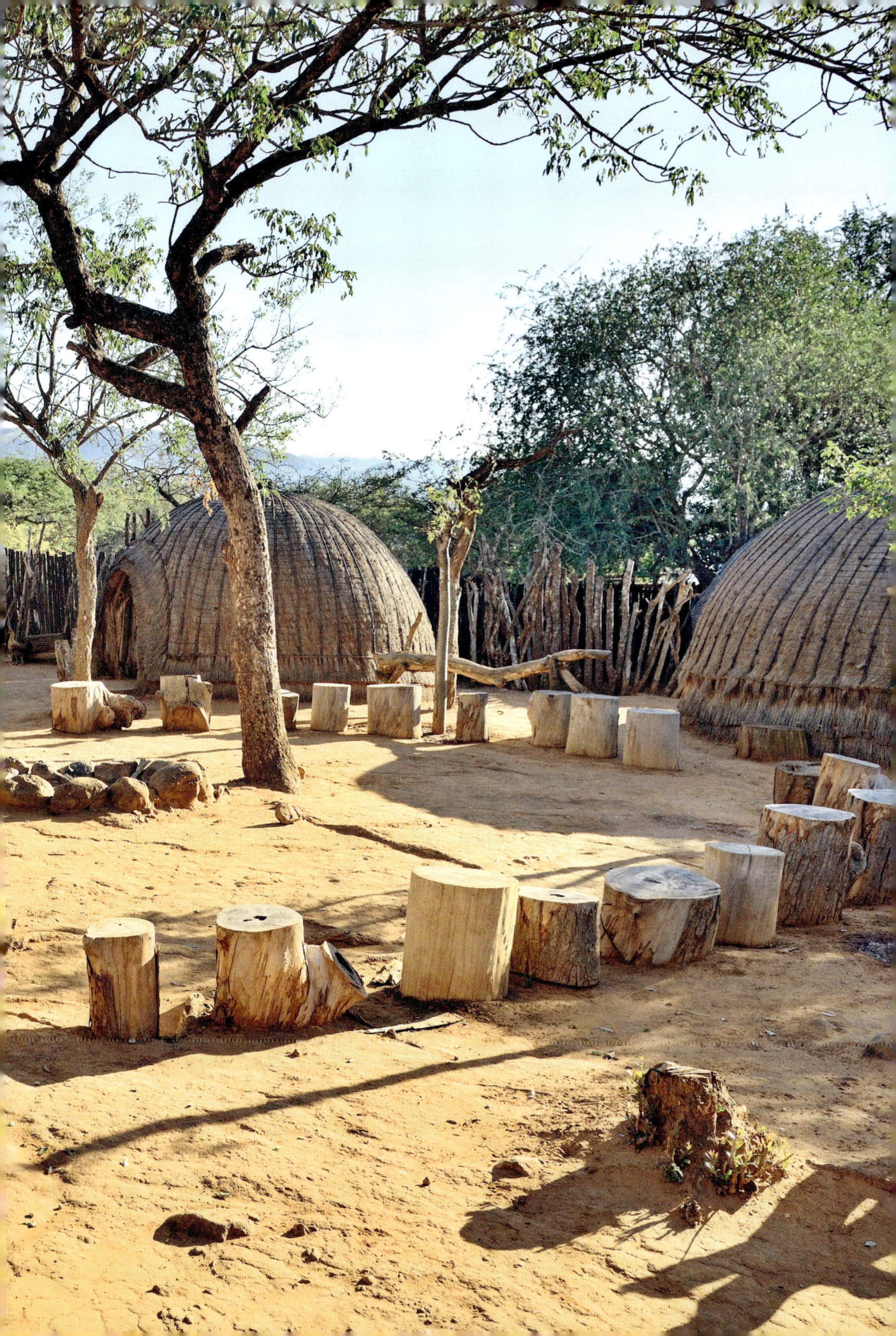

雕塑X展览会
南非约翰内斯堡市梅尔内斯拱门酒店
SculptX Fair
Melrose Arch, Johannesburg, South Africa
themelrosegallery.co.za

在南非最大的年度雕塑展览会上欣赏玻璃、小草和其他更多的雕塑作品

每年9月，约翰内斯堡的梅尔内斯拱门酒店购物区都会举办一次引人注目的雕塑展览会，这些雕塑都是从非洲散居侨民那里收集来的，而正如你对这样一个地理、地质和文化多样化的地方所期望的那样，它是一种享受。这些作品囊括了几乎所有的材料和形式，从常见的岩石、金属、玻璃和木材，到非常罕见的东西，可能是小草，或是自然艺术品，甚至是虚拟的现实。展览会在整座城市的一系列室内和室外场地举行，它是90多位艺术家创作的色彩丰富、充满活力的作品的组合，而他们中每天会有一位艺术家陪同大家参观展览，使参观者了解更多作品的创作背景。

安·布莱恩特美术馆
南非东伦敦市南伍德区圣马可路9号，邮编：5201
Ann Bryant Art Gallery
9 St Mark Road, Southernwood, East London 5201, South Africa
annbryant.co.za/permanent-collection

欣赏一座精美的住宅和更为精美的东开普省艺术藏品

走近这座20世纪爱德华七世时代的住宅，它那优雅的建筑风格会给你一些暗示，让你意识到你将在它沉重的大门后面发现什么。一扇孔雀羽毛般色彩明亮的彩色含铅玻璃拱门，带你走进这座房子的主人布莱恩特（Bryants）所收藏的18和19世纪的精美艺术藏品之中。这些藏品主要是这个热爱艺术的家庭收集的英国和欧洲艺术家的绘画作品，但更为重要的是这里还有东开普省（Eastern Cape）极具影响力的艺术藏品，而且这里也是南非收藏这类作品较多的地方之一。美术馆里大多是20世纪的作品，它们基本上是从20世纪60年代开始创作的。作品中有风景画、抽象派作品、拼贴画，而更多的则是南非现代艺术中一些著名艺术家的作品，其中包括乔治·彭巴（George Pemba）、沃尔特·巴蒂斯（Walter Battiss）、朱迪斯·梅森（Judith Mason）和莫德·萨姆纳（Maud Sumner）。

诺瓦尔基金会
南非开普敦市东海区斯滕贝格路4号，邮编：7945
Norval Foundation
4 Steenberg Road, Tokai, Cape Town 7945, South Africa
norvalfoundation.org

探索一个与周围环境融为一体的空间

诺瓦尔基金会是建在开普敦斯滕贝格（Steenberg）地区自然湿地旁的一座低矮建筑，是一个美丽的空间。这个空间绝对不是景观的全部，不论是建筑还是一个有积极意义并值得称赞的环保项目都与周围景观非常相配，但最引人注目的是这里的艺术品。一个巨大的展览空间和六个较小的画廊里收藏的是霍姆斯特德艺术藏品（Homestead Art Collection），这是20世纪一流艺术藏品中的一部分，而在室外，因卡·修尼巴尔（Yinka Shonibare）的《风雕塑（SG）III》（*Wind Sculpture (SG) III*, 2018）是英籍尼日利亚裔艺术家在非洲大陆展出的第一件作品，以它标志性的明亮色彩，成为这座可爱的雕塑花园里的一大亮点。

蔡茨非洲当代艺术博物馆
（简称Zeitz MOCAA）

南非开普敦市维多利亚和阿尔弗雷德码头，邮编：8001
Zeitz Museum of Contemporary African Art
(Zeitz MOCAA)
V&A Waterfront, Cape Town 8001, South Africa
zeitzmocaa.museum

▲ 在以前的粮食筒仓里看到非洲未来艺术的种子

　　蔡茨非洲当代艺术博物馆坐落在一座由粮食筒仓改建而成的建筑里，无论是馆外还是馆内都非常美丽。博物馆于2017年正式开馆，就像执行总监和主要策展人马克·库切（Mark Coetzee）所描述的那样，它是一个"非洲人讲述自己的故事并参与讲述这个故事的平台"。它的100个画廊耸立在9层楼高的空间里，里面充满了流动的有机形式，所有这一切都是由建筑奇才托马斯·赫斯维克（Thomas Heatherwick）围绕着曾经填满空间的种子和谷壳这一主题设计而成的。要想在这样一个不同寻常的空间里脱颖而出，艺术作品就必须加倍努力，而通过像视觉活动家扎内莱·穆荷利（Zanele Muholi）等人创作的极具吸引力的作品就能够实现这一目标。穆荷利的大型黑白照片表达了南非黑人、同性恋者和跨性别者的心声。他的作品与克里斯·奥菲利、艾萨克·朱利安（Isaac Julien）、可海恩德·威利（Kehinde Wiley）、米歇尔·马蒂森（Michele Mathison）以及威廉·肯特里奇等形形色色的艺术家的作品并列展出，这真是一个令人难忘的空间里的令人难忘的藏品。

上图　在蔡茨非洲当代艺术博物馆中庭抬头看到的景象

南非

第五章

亚洲

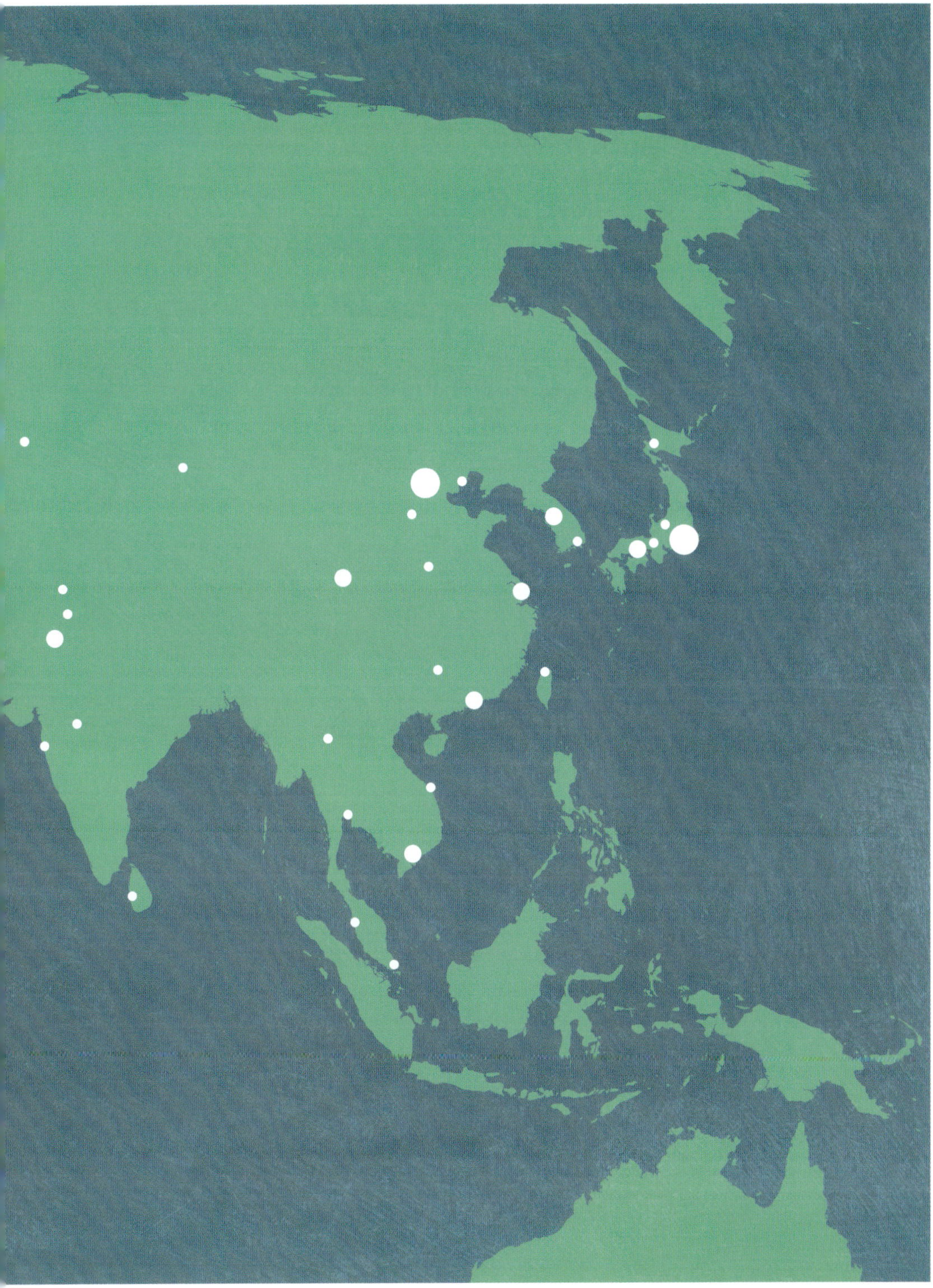

格雷梅露天博物馆
土耳其内夫谢希尔市
Göreme Open Air Museum
Nevsehir, Turkey
goreme.com/goreme-open-air-museum.php

▲ 用一束光照亮卡帕多西亚童话堆里黑暗教堂的湿壁画

在土耳其中部卡帕多西亚（Cappadocia）地区的格雷梅露天博物馆里，有装饰教堂和礼拜堂的4世纪至11世纪的湿壁画，这些湿壁画就像一只飞越白色岩石的气球那样令人难忘，而它们的所在地也是世界上怪诞离奇的地区之一，那里的"童话堆"和其他引人注目的地质每年都会吸引成千上万的旅游者前去参观。在一组与众不同的空间里有一些《圣经》中的场景，还有圣徒和基督教的象征符号，它们就像昏暗教堂里多彩、明亮的信号灯一样，绽放光芒。圣巴西尔教堂、圣巴巴拉礼拜堂以及有九个穹顶的苹果教堂（Apple Church）和蛇教堂（Snake Church）里的场景都是亮点，但这里的巅峰之作是黑暗教堂（Dark Church），之所以如此命名是因为这里的窗户很少，但正因为缺少光照，这里色彩生动的湿壁画才得以保存完好，让你能够在一个独特的环境里与宗教艺术来一次迷人的邂逅。

本页图　格雷梅露天博物馆的岩石
对页图　特洛伊博物馆的铁锈立方体建筑

▼ 走进一个生锈的立方体，来一场回到特洛伊的时光倒流之旅

特洛伊博物馆
土耳其梅尔克兹/恰纳卡莱市，特夫菲基耶/恰纳卡莱市，邮编：17100
Troy Museum
17100 Tevfikiye/Çanakkale Merkez/Çanakkale, Turkey
troya2018.com

在特洛伊古城考古遗址附近的一片尘土飞扬的平原上，有一个引人注目的铁锈箱，样子看上去就像一个硕大的包装箱，里面塞满了搬家后留在车库的布满灰尘的纪念品。这就是因荷马（Homer）的《伊利亚特》（Iliad）而闻名于世的地方。从某种程度上说，这也是特洛伊博物馆，但这里布满灰尘的纪念品却不是你想丢弃的东西。在这个光线从窗缝和百叶墙如洪水般倾斜而入的四层楼高的箱子里，摆放着珠宝、大型雕像和雕带、精美的雕刻工艺品和陶瓷工艺品，这些都是从站在建筑顶部露台可以看到的附近的特洛伊遗址中挖掘出来的。以这样一种很吸引人的方式将古代遗址与现代建筑并置，就像特洛伊的故事本身那样，会给人留下不可磨灭的记忆。

在巴库公墓散步，发现一些令人惊叹的艺术

费克斯里·西雅班公墓
阿塞拜疆巴库市
Fexri Xiyaban Cemetery
Baku, Azerbaijan

阿塞拜疆人喜欢用亲人的照片来装饰他们的墓碑，但是在阿塞拜疆苏维埃中央委员会（Azerbaijan Soviet Central Committee）于1948年为国家最重要的公众人物建造的最后的安息之地，费克斯里·西雅班公墓里，他们做出了一个更好的选择，那就是为他们所挚爱的逝者制作雕像。在这个也被称为"荣誉巷"（Alley of Honour）的绿树成荫的墓地里，许多作品都是匿名创作的，却展现出了创作者的高超技艺，其中值得一提的是总统盖达尔·阿利耶夫（Heydar Aliyev）和他的妻子扎里法（Zarifa）的雕像。大多数雕像都能通过逝者常用的工具或元素来反映他们的职业——从出版商、科学家和艺术家，到音乐家、士兵和诗人。到这里参观，即使你对阿塞拜疆语一窍不通，也会是一次受益匪浅的经历。

大马士革国家博物馆

叙利亚大马士革市舒凯里·克瓦特力街

National Museum of Damascus

Shoukry Al-Qouwatly, Damascus, Syria

syriatourism.org

在几个世纪的冲突中见证文化的恢复力

叙利亚横跨地中海世界和美索不达米亚平原（Mesopotamia）古老王国的战略位置，使其成为来自埃及、希腊、罗马和拜占庭帝国等遥远地方文化的手工艺品的收藏点。大马士革国家博物馆清楚地证明了这一点，因为馆内收藏的是各种各样让人意想不到的珍品——许多看上去像是来自西欧现代美术馆的雕像，比如明显带有现代主义色彩的中世纪的彩绘陶碗。叙利亚的文物可以说是最引人注目和最具吸引力的，它们中有古典马赛克镶嵌画、珠宝和更多来自其国内各文化遗址的文物，其中包括帕尔米拉（Palmyra）古城遗址，那里的棉纺织品被沙漠里的沙子完好保存下来。而令人印象深刻的保护措施——保存这里的所有收藏品——出现在2012年，当时，叙利亚的文化主管部门在席卷大马士革的内战爆发后，关闭了博物馆，30多万件文物被转移到了安全的地方，直到2018年，在确保安全的情况下，才把文物放回原位。

以色列博物馆

以色列耶路撒冷区德雷克·鲁平街11号

Israel Museum

Derech Ruppin 11, Jerusalem, Israel

imj.org.il

沉浸在以色列，还有世界各地的视觉艺术中

当克里斯蒂安·马克雷（Christian Marclay）2010年的视觉艺术作品《时钟》（The Clock）展出时，为了能看到它，人们排了好几个小时的长队。马克雷一共制作了6个版本的作品，一部时长24小时的影片被剪辑为成千上万个电影片段，来展示那24小时中的每一秒，而伦敦泰特美术馆、巴黎蓬皮杜艺术中心和耶路撒冷的以色列博物馆共同拥有其中一个片段作品的播放权。如果你在参观的时候，这些城市中有一座碰巧在播放这个影片，那就尽可能去看看这个引人入胜、令人着迷的作品吧！当你在这些城市或其他任何城市游览时，也要留意一下同样精彩的视频作品，其中包括史蒂夫·麦奎因的《击鼓》（Drumroll，1998）、拉格纳·基亚尔坦松（Ragnar Kjartansson）的《好多悲伤》（A Lot of Sorrow，2013—2014）、马修·巴尼的《周期性提睾运动》（Cremaster Cycle，1994—2002）、黄炳（Wong Ping）的《欲望丛林》（Jungle of Desire，2015）、塔西亚·迪恩的《靴子》（Boots，2003）、卡拉·沃克的《证言：一个背负善意的女黑人的故事》（Testimony: Narrative of a Negress Burdened by Good Intentions，2004）、萨姆·泰勒–约翰逊（Sam Taylor-Johnson）的《圣母哀悼基督》（Pietà，2001）、道格拉斯·戈登（Douglas Gordon）的《24小时惊魂记》（24 Hour Psycho，1993）、威廉·肯特里奇的《反墨卡托》（Anti-Mercator，2010—2011）和杨福东（Yang Fudong）的《雀村往东》（East of Que Village，2007）。所有这些作品都以迥然不同的方式，让你为之震撼。

▲ 在耶路撒冷，点亮你的生命

耶路撒冷灯光节
以色列耶路撒冷区
Jerusalem Festival of Light
Across Jerusalem, Israel
lightinjerusalem.com

可能有些人会对用成千上万个彩灯来装饰历史悠久的耶路撒冷老城（Old City）的计划感到不安，但是大多数看到它的人都很高兴能观赏到这一年一度的灯光节。在耶路撒冷许许多多不同的小路上（每年都有变化），遍布着当地和国际艺术家创作的各式各样的灯光艺术装置，它们中有三维作品，有关于老城标志性建筑城墙的视频，还有一些声光表演。2019年，一群维也纳艺术家用灯光在多米顿修道院石碑（Dormiton Abbey Stones）上作画，并在贾法门内广场（Inner Jaffa Gate Plaza）创作以灯光表现身体动作的沉浸式作品，而它们只是其中的两个亮点。

登上安曼城的顶峰，欣赏意义深远的景观

达尔·安达美术馆
约旦安曼市
Dar Al-Anda Art Gallery
Amman, Jordan
daralanda.com

达尔·安达美术馆所处地势的确是高低起伏。它位于贾巴尔·勒韦布德（Jabal Al-Weibdeh）的一座能俯瞰安曼老城屋顶的山坡上，要费很大劲儿才能爬上去，但每一步都很值得。因为当你来到坐落在两栋20世纪30年代有历史意义的别墅中的美术馆时，不但会发现一些非常精美的阿拉伯世界的现代艺术作品，而且还会看到来自更远地方的新兴艺术家的顶级作品。把现代艺术作品与收藏它们的整个空间里的20世纪早期的美丽装饰艺术并置会让人觉得赏心悦目，因为它能创造出一种值得思考和反思的体验，让你从山下尘土飞扬的街道中解脱出来。

上图　利希塔佩特（Lichttapete）灯光艺术团队为2019年耶路撒冷灯光节在大马士革门上创作的光投影展

探索鲁文·鲁宾的生活和工作

鲁宾博物馆（希伯来语中被称为Bet Reuven）
以色列特拉维夫–雅法市比亚利克街14号
The Rubin Museum (Bet Reuven)
Bialik Street14, Tel Aviv-Yafo, Israel
rubinmuseum.org.il

　　特拉维夫到处都是美丽的建筑，而且有许多都可以在比亚利克街上找到——其中有以色列民族诗人哈伊姆·纳赫曼·比亚利克（Haim Nahman Bialik）的故居，还有以色列最著名的艺术家、画家鲁文·鲁宾（Reuven Rubin）的故居博物馆。后者所提供的是一个包豪斯风格的经典案例，这座城市也因此而闻名。无论是在馆内还是馆外，从公园的现代锻铁大门，到罗马尼亚出生的艺术家的占三层楼的作品，都会让人感到愉快。1893年，鲁宾移民以色列，他和他的家人从1945年到1974年他去世的这段时间都住在这所房子里，而在这里展出的画作，从早期在第一次世界大战后创作的作品，一直到他在20世纪60年代和70年代创作的简约风格的风景画，都很具有代表性。这里会额外举办一些关注早期以色列艺术的特邀展览，再加上依然保留他在世时原样的鲁宾工作室，使得整个空间成为特拉维夫最吸引人的艺术邂逅地。

▼ 在多哈来一次穿越时空之旅

伊斯兰艺术博物馆（简称MIA）
卡塔尔多哈市
Museum of Islamic Art (MIA)
Doha, Qatar
mia.org.qa

　　贝聿铭设计的令人惊叹的伊斯兰艺术博物馆真是一座美丽的建筑。这座用一系列近乎白色的石灰石堆建而成的五层楼高的宏伟建筑，就像海市蜃楼一样，耸立在多哈海湾的沿海水域。在建筑的顶部有一个高高的穹顶中庭，上面有一个圆孔可以捕捉到并反射多面穹顶图案的光线，而从它造型雅致的窗户、连接通道和柱廊里，还能看到阿拉伯建筑的装饰图案。博物馆里的永久性藏品，展示了从西班牙到印度的13世纪的伊斯兰艺术，其中包括所有装饰艺术中非常出色的民俗和宗教作品。它可能是一块15世纪的西班牙瓷砖、一个马穆鲁克（Mamluk）的釉面玻璃桶（现存仅有五个）、一件17世纪有装饰图案的伊朗丝绸纺织品，或是一个14世纪的叙利亚的香料瓶，但说真的，在这儿看到的所有作品都会给你留下深刻而长久的印象。

▶ 在多哈见证被理查德·塞拉推翻的地点专用性理论

伊斯兰艺术博物馆公园
卡塔尔多哈市
Museum of Islamic Art Park
Doha, Qatar
mia.org.qa

  在钴蓝色的多哈海湾上，在多哈高耸明亮的天际线背景的映衬下，一座建筑拔地而起，它有一些与众不同的东西，一些与周围环境相契合又不契合的东西，和一些渴望能被近距离体验到的东西。这就是美国雕塑家理查德·塞拉迄今为止创作的规模最大的艺术作品《7》（7，2011）。按照塞拉的要求，雕塑被放置在一个专门修建的地峡上，它是由旁边贝聿铭设计的伊斯兰艺术博物馆的土方和碎石组合而成的。艺术家为雕塑创建了一个特定的地点，这就使它显得极不寻常，但《7》的吸引力，并不仅仅来自这一点。正如塞拉所说："我建造塔式建筑已经有30年历史了……但我从未建过这样的塔。"受到阿富汗10世纪的一座宣礼塔的启发，雕塑《7》是由7块钢板组成，并能通过3个入口进入，其周围是一个缥缈的世界，在那里你可以待上好几个小时。在卡塔尔西部的沙漠里，塞拉的另一座雕塑，《东西/西东》（East-West/West-East，2014）能让我们体验一次难忘的一日游。

对页图 拂晓时分的伊斯兰艺术博物馆
本页图 《7》（2011），理查德·塞拉

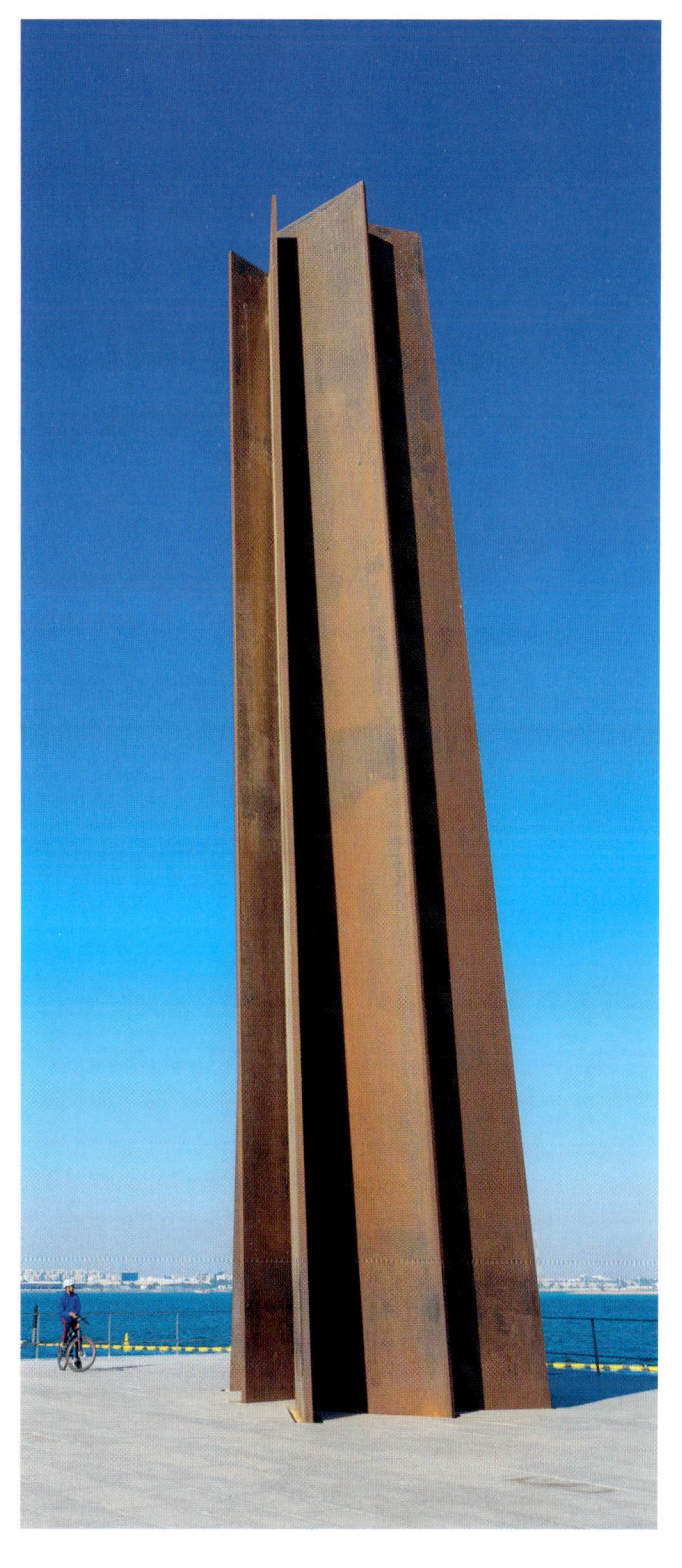

阿布扎比卢浮宫

阿拉伯联合酋长国阿布扎比市萨迪亚特岛
Louvre Abu Dhabi
Saadiyat, Abu Dhabi, United Arab Emirates
louvreabudhabi.ae

▲ 在阿布扎比的人类故事中穿行

　　一旦你花上一段时间，欣赏让·努维尔在萨迪亚特岛设计的阿布扎比卢浮宫（Louvre Abu Dhabi）上那看似漂浮着的一个虚无缥缈的美丽穹顶，并为之感到惊叹后，再往里走，你又会发现一个同样美妙的空间，里面有12个美术馆，分12个"章节"来专门讲述人类的故事。这里以一种看似显而易见却完全独创的策展方法，使永久收藏的600件文物超越了国界，取而代之的是按主题——从最早的村落开始，以全球性的舞台结束——把它们组合在一起。一路上的这些"章节"包含了一个精彩绝伦的文化宝库，从公元前6500年左右的约旦双头雕像和公元2世纪地中海南部的伊斯兰马里–查（Mari-Cha）青铜狮子，到来自中国北方地区的6世纪的汉白玉佛首和1600年来自贝宁古城的埃多文化盐碟，真是应有尽有。艺术作品也同样会给人留下深刻的印象——尽管到了2022年可能会稍逊色，因为那时萨迪亚特岛将迎来弗兰克·盖里设计的宏伟壮观的古根海姆博物馆。

上图　从宫内看阿布扎比卢浮宫那令人惊叹的几何穹顶

巴尔吉耶艺术基金会

阿拉伯联合酋长国沙迦市沙迦艺术博物馆，舒瓦伊汉区
Barjeel Art Foundation
Al-Shuwaihean, Sharjah Museum of Art, Sharjah, United Arab Emirates
sharjahartmuseum.ae

邂逅阿拉伯世界的精品艺术

如果你在阿联酋（UAE），那么沙迦艺术博物馆是一个必游之地，在它三层楼高的宽敞的画廊空间里陈列着阿拉伯艺术家以不同媒介和不同技艺创作的大约500件作品。其中最重要的是为巴尔吉耶艺术基金会（Barjeel Art Foundation）的展览设置的画廊，这里广泛收集并一直在扩大的大多是20世纪阿拉伯世界的顶级艺术家创作的现代绘画、雕塑以及混合媒体艺术作品。尽管作品经常会被借用，但这里总有足够的展品能让你更好地了解阿联酋以及更广阔的阿拉伯世界的现代艺术和新兴艺术。特别需要关注的是穆罕默德·萨布（Mahmoud Sabri）、萨洛娃·劳乌达·仇卡（Saloua Ra-ouda Choucair）、萨米亚·哈拉比（Samia Halaby）、卡齐姆·海德尔（Kadhim Hayder）、于盖特·卡兰（Huguette Caland）和迪亚·阿扎维（Dia Azzawi）的作品。

贾米尔艺术中心

阿拉伯联合酋长国迪拜市吉达滨水公园
Jameel Arts Centre
Jaddaf Waterfront, Dubai, United Arab Emirates
jameelartscentre.org

在迪拜找寻喧嚣中的一片宁静

要想把最完美的艺术比喻——白色立方体带入迪拜最引以为豪的天际轮廓线，就需要有一个大胆的机构和一位勇敢的建筑师，这正是沙特阿拉伯的非营利性组织贾米尔艺术（Art Jameel）与贾米尔艺术中心（Jameel Arts Centre）在2018年所做的。由英国思锐建筑事务所（Serie Architects）设计的两组白色铝盒里有许多不同的空间，其中包括10个画廊，用于举办流动展览和陈列永久性藏品，而其重点主要是阿拉伯现当代艺术家的作品。这个可爱迷人的空间是围绕着一些种植当地沙漠植物的庭院花园，还有市中心和它旁边的吉达滨水公园（Jaddof Water front）之中的一座雕塑公园而建的，它是喧嚣的迪拜城中一小片宁静的天堂。

马吉利斯美术馆

阿拉伯联合酋长国迪拜市布尔迪拜区阿法迪街
Majlis Art Gallery
Al Fahidi Neighborhood, Bur Dubai, Dubai, United Arab Emirates
themajlisgallery.com

在迪拜最古老的艺术画廊与新老朋友欢聚一堂

在迪拜的年度艺术博览会和价值数十亿美元的艺术遗址所引发的一片喧嚣和骚动中，人们很容易忘记几十年来一直在这里，在这个能给人带来古城真实感受的低调却迷人的空间里，默默推广20世纪作品的居民。马吉利斯美术馆就是其中的一个。它位于巴斯塔基亚（Bastakiya）小镇的一个风塔房子里。这里的丙烯画、平版印刷画、陶瓷制品、玻璃制品、素描、版画、雕塑等作品全都会放在迪拜最古老的美术馆里展出。"马吉利斯"一词的意思是集会之地，当美术馆所举办的令人难忘且不拘一格的展览开幕时——它们中有阿联酋海事艺术展、新东方主义展、已故叙利亚艺术家阿卜杜拉提夫·萨莫迪（Abdul Latif Al Samoudi）和20世纪艺术大师的作品展——它确实变成了一个聚会的场所，因为房间和优雅的庭院里都挤满了艺术爱好者。

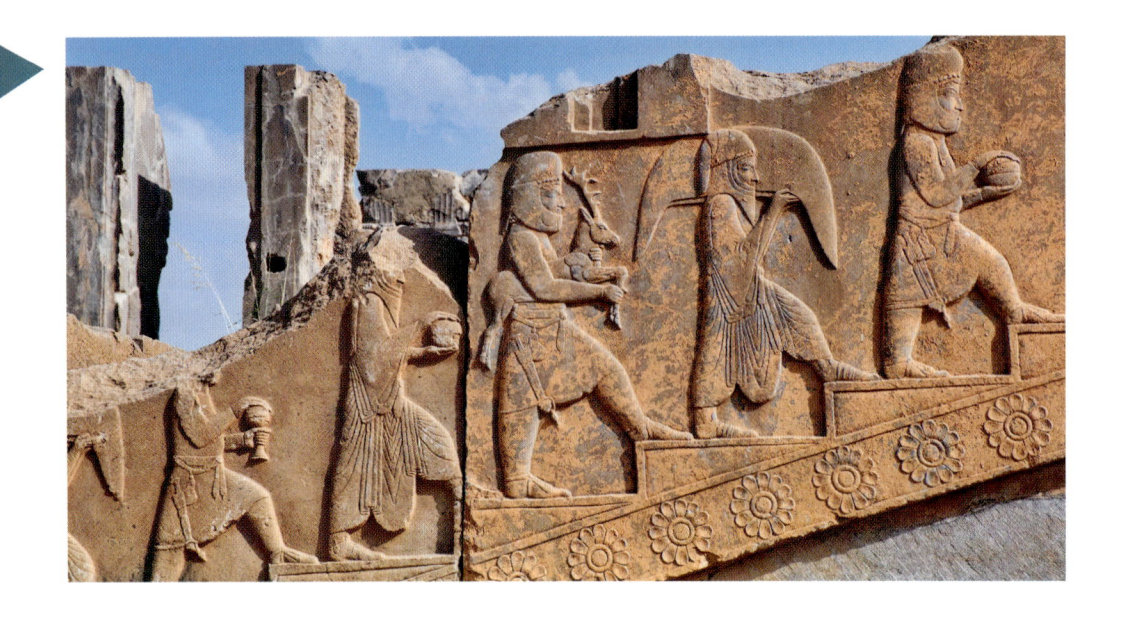

参观迪拜艺术中心的展览会

迪拜艺术博览会

阿拉伯联合酋长国,整个迪拜市

Art Dubai
Across the city of Dubai, United Arab Emirates
artdubai.ae/the-fair

除由明星建筑师设计的、如雨后春笋般涌现出来的时尚豪华、光彩夺目的美术馆和博物馆外,在这座城市的其他更广阔的地方还有一个更为现实的艺术场景,它所关注的重点是当代的艺术实践。这在很大程度上要归功于迪拜艺术博览会(Art Dubai,每年3月举行),这场艺术盛会开启了整座城市艺术文化的新篇章。几十家小型画廊都在展会期间举办展览。展会被分为四个部分,其中包括当代(Contemporary,遍布55个画廊);现代(Modern,展示一位一流现代主义艺术家的作品);门户(Bawwaba,阿拉伯语,意为展示个人作品和特定场域的装置艺术作品);以及居民(Residents,关注来自非洲大陆的艺术家)。这真是一种能帮助你探索和发现这座城市,以及它那令人难忘和充满活力的艺术场景的好方法。

在波斯波利斯找到一份历史名录

波斯波利斯

伊朗设拉子市东北60千米

Persepolis
60 km / 37 mi north-east of Shiraz, Iran
britannica.com/place/Persepolis

这个波斯奇迹被联合国教科文组织列入世界遗产名录是当之无愧的,它那许许多多令人难忘的元素很容易让你感受到它昔日宏伟壮观的景象。这一切始于万国之门(Gate of All Nations),大门现在仍有两头长着翅膀的公牛雕塑把守。万国之门的上方是浅浮雕,上面有在攀爬阿帕达纳台阶(Apadana Staircase)墙壁的石头士兵,还有一些自然世界的图案,以及在公元前6世纪给居鲁士大帝(King Cyrus the Great)及其后代带来礼物的国际访问者图像。这里有来自埃塞俄比亚、印度、埃及、希腊、亚美尼亚等国家的贵族,他们的服装、造型和礼物的细节都清晰可见,一目了然。虽然这个遗址的许多顶级藏品现在都存放在西方国家的博物馆里,其中包括伦敦大英博物馆里收藏的第一部《人权宪章》——塞勒斯圆筒(Cyrus Cylinder),但是去看看原址上还有什么东西以及它曾经代表着什么,也是很不寻常的。

旺克大教堂

伊朗伊斯法罕省伊斯法罕市
旺克教堂巷

Vank Cathedral
Vank Church Alley, Isfahan Province, Isfahan, Iran
vank.ir/fa

▼ 惊骇于伊朗中心地区的亚美尼亚之美

那混合了传统的亚美尼亚风格和当地伊斯兰风格的赤褐色外观和结构，对游客在这座17世纪的亚美尼亚教堂里会发现什么几乎没有任何提示。在教堂的墙壁和天花板上有保存非常完好的湿壁画、镀金雕刻和瓷砖作品，这些作品是17世纪奥斯曼帝国战争（Ottoman War）期间被迫在这里重新定居的15万亚美尼亚人创作的。这些工匠建造了一座满是肖像和装饰图案的教堂，从对天堂和地狱的丰富描绘，到精致的花卉图案和亚美尼亚殉道者所遭受的酷刑，形形色色、各不相同。此外，以挂毯、欧洲的绘画作品、刺绣和其他来自社区贸易遗产的珍贵物品为特色的图书馆和博物馆，也为教堂增添了不少吸引力。

对页图　波斯波利斯大流士宫殿（Palace of Darius）的浮雕
本页图　旺克大教堂的镀金彩绘天花板

在乌兹别克斯坦感受持不同政见者的勇敢和无畏

卡拉卡尔帕克斯坦艺术博物馆
乌兹别克斯坦努库斯市K.扎耶夫街,邮编:230100
Karakalpakstan Museum of Arts
K. Rzaev Street, Nukus 230100, Uzbekistan
savitskycollection.org

　　卡拉卡尔帕克斯坦艺术博物馆[也被称为努库斯博物馆（Nukus Museum）或萨维茨基博物馆（Savitsky Museum）]真是一个不同凡响的地方。它的创始人伊戈尔·萨维茨基（Igor Savitsky）在1966年把它建成了一个仓库,用来存放他所收集的大量艺术作品和文物,其中包括藏量位居世界第二的俄罗斯先锋派作品。这些作品中有许多都曾被封禁,其创作者也因探索立体主义和未来主义这些新兴的艺术形式而被惩治。因此在这个远离莫斯科的地方,萨维茨基就能使这种"堕落"艺术保持低调。他收集了一些当时重要的、具有探索精神的俄罗斯艺术家的作品,他们中有弗拉基米尔·李森科（Vladimir Lysenko）、尤波夫·波波瓦（Lyubov Popova）和米哈伊尔·库尔津（Mikhail Kurzin）。他们的作品是向作为政治评论的艺术和作为政治力量的艺术家表达激动之情和崇高敬意,而李森科的《公牛》（Bull）就是其中的佼佼者。

在传承自社会主义的苏联时期的艺术展上,欣赏有1600年历史的遗产

哈萨克斯坦共和国阿·卡斯捷耶夫国立艺术博物馆
哈萨克斯坦阿拉木图市科克特姆3小区22/1号
A. Kasteyev State Museum of Arts of the Republic of Kazakhstan
22 / 1 Koktem-3 microdistrict, Almaty, Kazakhstan
gmirk.kz

　　苏联时期的艺术作品在今俄罗斯等国家都能找到,那里专门展出这类作品的博物馆如雨后春笋般涌现出来,以展现苏联的工业发展。其中的一些博物馆,如直接从1920年的哈萨克斯坦苏维埃社会主义共和国艺术展览（Kazakh Socialist Soviet Republic Art Exhibition）传承下来的阿·卡斯捷耶夫国立艺术博物馆,已经发展成展示更为全面的文化和历史的空间,这些空间里的作品已远远超越了苏联时期的艺术,它们既包含了那个时代所创作的作品,又有当代艺术作品。这里大约有23000件来自俄罗斯、西欧和东亚的艺术作品,除此之外,还有哈萨克斯坦民族画派创始人阿比尔汗（阿比尔汗纳）·卡斯捷耶夫 [Abilkhan（Abylkhana）Kasteyev] 创作的一些著名的哈萨克绘画和雕塑。1984年,博物馆开始以他的名字命名。

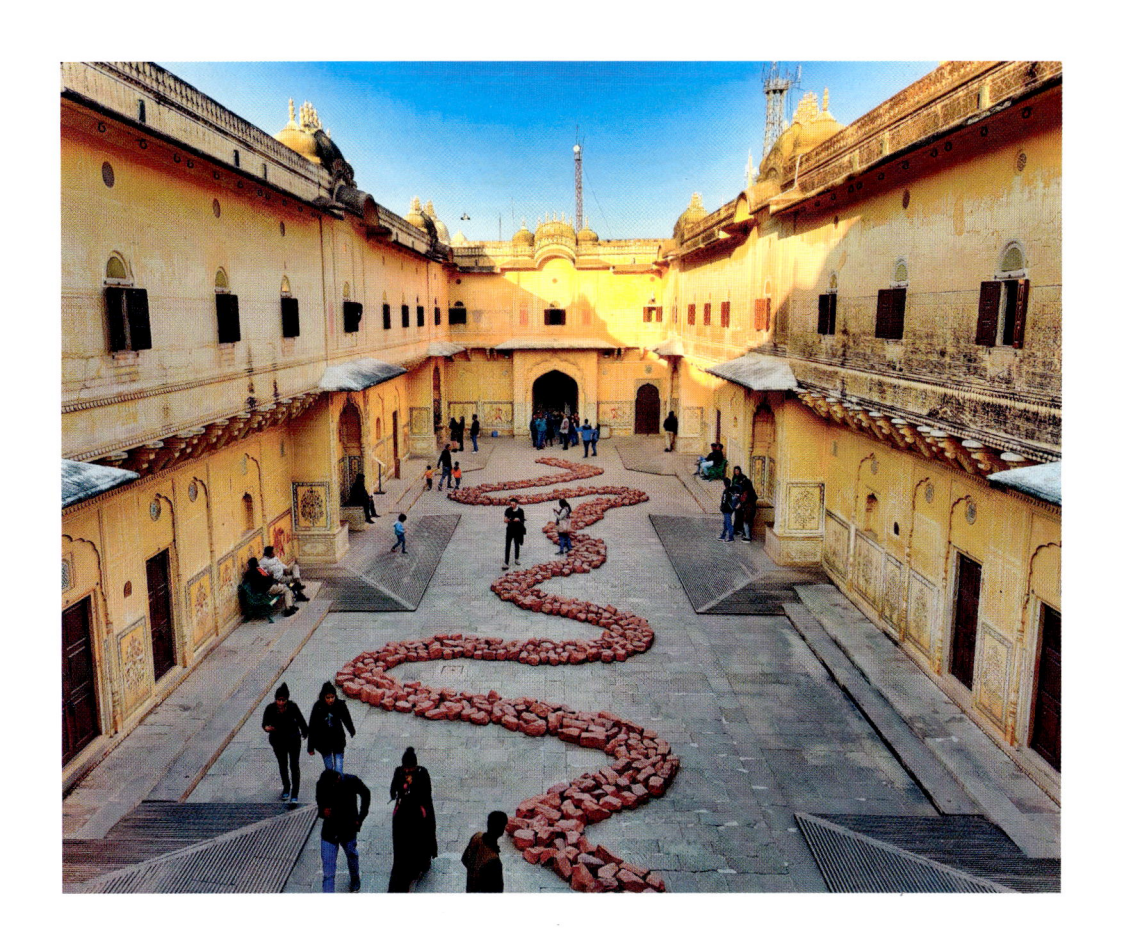

马德文德拉宫雕塑公园

印度拉贾斯坦邦斋浦尔市布拉罕普利区克里希纳加尔村，邮编：302007

The Sculpture Park at Madhavendra Palace
Krishna Nagar,
Brahampuri, Jaipur,
Rajasthan 302007, India
thesculpturepark.in

▲ 在斋浦尔感受探索的刺激

就像沿着丝绸之路旅行的人们在沙漠中待了几天后，会被在地平线上突然出现的宫殿所惊呆一样，现代的旅行者在斋浦尔附近的纳哈加尔堡（Nahargarh Fort）的石头城墙上窥探19世纪早期的马德文德拉宫时，也很容易被这里的景物所震撼。而这座经过精心装饰的宫殿里面，同样也让人赏心悦目，因为在印度第一个雕塑公园里，每年不断变化的作品与奢华的固定装置和附加设备形成了鲜明却令人愉快的对比。公园里有来自世界各地的作品，其中有许多是特定场域作品，因此在这儿有很多值得欣赏的东西，像理查德·朗（Richard Long）蜿蜒的《石头河》（River of Stones，2018）这些不朽之作和其他更容易让人接近的作品一起被巧妙地放置在庭院、走廊和高雅的房间里。这种组合就形成了一种更具吸引力的混合体。

本页图　《石头河》（2018），理查德·朗
对页图　阿·卡斯捷耶夫国立艺术博物馆内

甘戈里集市
印度拉贾斯坦邦斋浦尔市
J.D.A.市场，邮编：302002
Gangori Bazaar
J.D.A. Market, Jaipur,
Rajasthan 302002, India
whc.unesco.org/en/list/1338

▼ 在斋浦尔的简塔·曼塔天文台了解几何的艺术

在斋浦尔正午灼热的烈日中，一些仪器会对准观察者发出满意的"哦"和"啊"的声音。它们才是真正的观察者，因为它们在对其他19台天文和宇宙仪器进行科学观察，斋浦尔城的建造者萨瓦伊·杰伊·辛格二世（Sawai Jai Singh II）于1734年修建的简塔·曼塔（Jantar Mantar）天文台就是由这些仪器组成的。它们中有金属、石头和大理石，形式和材料的组合创造了一个视觉盛宴，各式各样的形状和大小很可能会让你想起学校里的数学工具箱，而工具箱里的三角板、指南针、量角器和直尺在此都是以极其庞大的规模建造出来的。把这些工具结合在一起时，它们就形成了一座独一无二的雕塑公园，而通过它们的背景、精度以及与光的互动所产生的艺术形式也很有诱惑力。

对页图 在斋浦尔的简塔·曼塔天文台看到的有趣造型

本页图 阿旃陀石窟里色彩绚丽的墙面艺术

阿旃陀石窟
印度马哈拉施特拉邦奥兰加巴德市
Ajanta Caves
Aurangabad, Maharashtra state, India
whc.unesco.org/en/list/242

▲ 在佛教的洞穴艺术中发现古典之美

在距离奥兰加巴德的莫卧儿（Mughal）城只有100千米的地方，有一个阿旃陀（Ajanta）佛教石窟，石窟里的奇迹一直都未被发现，直到1819年，来自马德拉斯（Madras）的年轻骑兵军官约翰·史密斯（John Smith）偶然发现了它们。他所看到的是可追溯至2000年前的奇特壮观的洞穴艺术，墙面绘制的景象有色彩鲜艳的僧侣、热闹的人群，英俊潇洒的王子和失恋伤感的公主、跳舞的女孩以及在冥想中的和尚、隐士、虔诚的信徒和极其安详宁静的菩萨，真是一个迷人的组合。最近对两个石窟进行了重新修复，但所有这些石窟都应被视为至关重要和令人赞叹的古印度艺术典范。

国家现代美术馆（简称NGMA）
印度新德里市印度门斋浦尔酒店，邮编110003
National Gallery of Modern Art (NGMA)
Jaipur House, India Gate, New Delhi 110003, India
ngmaindia.gov.in

在新德里欣赏新老艺术及东西方艺术的交汇、融合

当西方人在极力夸赞传统的东方艺术时，往往很少会有人对南亚次大陆的现当代艺术实践表示赞赏。所以，如果你正在拉贾斯坦邦（Rajasthan）旅游，或想要前往泰姬陵（Taj Mahal）时，不妨在新德里的国家现代美术馆稍做停留，因为在那里会看到令你眼前一亮的令人愉悦的作品，比如博学大师拉宾德拉纳特·泰戈尔（Rabindranath Tagore）的《女人的脸》（*Woman's Face*，1931），还有他的学生贾米尼·罗伊（Jamini Roy）创作的《猫与龙虾》（*Cat and the Lobster*，约1930）或《孟加拉妇女》（*Bengali Woman*）。罗伊采用的是当地的民间绘画手法，仅用了七种颜色，便让你着迷。其两幅作品都参考了印度古代传统的技术和着色方法，但在创作时又结合了类似西方的现代审美，这就创造了一种独特且很有吸引力的组合。

▶ 在印度北部被回收利用的陶瓷制品弄得眼花缭乱

昌迪加尔岩石花园
印度昌迪加尔市第一区
Rock Garden of Chandigarh
Sector No.1, Chandigarh, India
nekchand.com/visit-rock-gardens

  个人的激情与富有创意的设想往往会以一种深奥难懂的形式表现出来,民间艺术家尼克·昌德·萨伊尼(Nek Chand Saini)在印度北部城市昌迪加尔建造的岩石花园也不例外。1957年,这位道路巡查员启动了这个项目,他用找来的材料,如陶瓷、瓶子碎片以及五颜六色的瓦片,把一片废弃的荒地改建成一个现在令人眼花缭乱的16公顷的岩石花园,还有一座瀑布。在阳光下,它让人目眩神迷。它的小路和角落里是数以千计的生动、形象的具象雕塑,覆盖在雕塑表面的是陶瓷等碎片,这些碎片是从昌德在20世纪70年代建在城市周围、经官方认可的收集中心拿来的——在那段时间,他一直受雇于这座城市,因而有50个劳动者被派来帮助他实现他的愿景。它是这座城市最热门的景点,这或许并不让人感到惊奇,而且它也可能是这个国家最怪诞离奇的景点。

跨页图 尼克·昌德·萨伊尼在昌迪加尔的岩石花园里设计的雕塑

印度 235

杰弗里·巴瓦之家

斯里兰卡科伦坡市03巴加泰勒路33巷11号

Geoffrey Bawa House
Number 11, 33rd Lane,
Bagatelle Road, Colombo 03, Sri Lanka
geoffreybawa.com

在斯里兰卡最著名的创意建筑大师的家里体验家的温暖

杰弗里·巴瓦（Geoffrey Bawa）是斯里兰卡最著名的创意建筑大师，也是被称为热带现代主义（Tropical Modernism）建筑风格的主要力量，因此，对中世纪艺术和设计感兴趣的爱好者来说，杰弗里·巴瓦的家是一个必去之地。这里最初是一栋可怜的小排屋，从1958年开始，这栋小屋在空间和内容上都得到了扩展，现在已成为一个有室内和室外空间的大杂院，里面装满了几个世纪以来全球各地的艺术作品。一尊中世纪的宗教雕像可能是一间房间里的亮点，一扇通往另一间房间的木门可能会让你产生一种绝妙的视错觉——房间的古老的墙壁层层相叠，而一辆老式的劳斯莱斯车又会让你觉得巴瓦本人随时可能出现。所有这一切都会让你感到像在家一样舒适，如果你真想让自己有一种回家的感觉，那么你可以做到：一楼有两间房间可供出租。

红砖美术馆

中国北京市朝阳区崔各庄乡何各庄村

Red Brick Art Museum
Hegezhuang Village,
Cuigezhuang Township,
Chaoyang, Beijing, China
redbrickartmuseum.org

喜欢红砖美术馆的艺术和外观结构

莎拉·卢卡斯（Sarah Lucas）、奥拉维尔·埃利亚松（Olafur Eliasson）和丹·格雷厄姆（Dan Graham）都曾在这座当代美术馆里举办过个人展览，这座建筑本身也同样星光灿烂——在建筑师董豫赣设计的这座雕塑建筑里有9个展览空间，建筑和它所收藏的作品一样，都是艺术精品。美术馆以红砖墙而命名，而正是因为这些被穿孔的红色砖墙，才使得馆内的圆形空间里充满了温暖的颜色、戏剧性的阴影和引人注目的光影图案。美术馆的永久馆藏是一个东西方艺术家的新奇阵容的组合，他们中有黄永砅、加藤泉（Izumi Kato）、安塞尔姆·基弗（Anselm Kiefer）和托尼·奥斯勒（Tony Oursler）。更为重要的是，美术馆里还有一座参照中国园林景观设计的美丽花园，花园仍用红砖来创建一个富有凝聚力的最佳整体。

798艺术区

中国北京市朝阳区酒仙桥路2号

798 Art District
2 Jiuxianqiao Road,
Chaoyang, Beijing, China
798district.com

在北京寻找中国当代艺术的创造力

如果你很想了解中国年轻的无产阶级创意人士正在做什么，那么位于北京朝阳区的798艺术区（798 Art District），也被称为大山子艺术区（Dashanzi Art District），是一个绝佳的去处。这里曾经是一座刷有了毛主席语录的废弃工厂，如今它那如洞穴般空旷的工厂空间的内部和周围，有许多画廊、工作室和工作坊，它们都是可去探寻的有趣地方，而且也很容易探寻，因为艺术区里有英文地图和指示牌。UCCA尤伦斯当代艺术中心（UCCA Center for Contemporary Art）是这个艺术区最大、参观人数最多的地方，它就在里面，而且绝对值得参观。

UCCA沙丘美术馆
中国秦皇岛市北戴河区阿那亚黄金海岸
UCCA Dune Museum
Beidaihe, Aranya Gold Coast, Qinhuangdao, China
ucca.org.cn

▲ 在海边享受一天有机艺术

　　从高处往下看，UCCA沙丘美术馆就像是一连串抽象的白色混凝土带和混凝土气泡，优雅地映射出它背后白色的海滩。进入地下向上看，一系列高耸的大洞穴向外敞开，创造出中国引人注目的现代艺术美术馆。美术馆由10个相互连接的地下画廊组成，其设计理念主要围绕着第一个艺术画廊——洞穴展开，而坐落在一个巨大的沙丘下面的环保场地，则有助于保护它脆弱的生态系统。作为北京UCCA尤伦斯当代艺术中心的前哨，它把审视人与自然之间的关系的艺术作品作为策展重点，因此，在这里举行的临时的、特定场地的装置展览非常具有吸引力，但实际上，它的空间，一个与其周围景观完美和谐，并能通过巨大的有机形状的洞口看到意想不到的风景的空间，才是真正的艺术。

上图　俯瞰UCCA沙丘美术馆综合体

中国陕西省临潼区
Lintong District, Shanxi, China
bmy.com.cn/2015new/bmyweb

▲ 为世界上最壮观的葬礼艺术震撼

近8000件真人大小的兵俑，连同数以百计的战车和战马俑迎来了参观中国第一位皇帝秦始皇的陵墓的人潮，这一壮观景象，就如同你所想象的那样，令人叹为观止，甚至还远不止于此。传说这些造好的兵马俑陪同皇帝前往其来世。它们中没有哪两个士兵的脸是完全一样的，这些让人难以置信的事实让你无法想象这些庄严雕塑的真实面貌。然而，更让人难以想象的是它们的原始形态——用氧化铁、孔雀石、蓝铜矿和木炭等研磨而成的颜料，在俑身上画出紫色、绿色、红色和蓝色等鲜艳的色彩，甚至皮肤呈现粉红色。绝对壮观！

本页图　在临潼区展出的一些兵马俑
对页图　莫高窟的入口

到北京怡亨酒店去看些达利的作品，放松一下吧

怡亨酒店
中国朝阳区东大桥路9号，邮编：100020
Hotel éclat
9 Dongdaqiao Road, Chaoyang, China, 100020
eclathotels.com/beijing

当你饱览了798艺术区（见第236页）富有挑战性的当代艺术作品，以及中国美术馆（National Art Museum of China）和中华世纪坛世界艺术馆（Beijing World Art Museum）里更容易理解和欣赏的展品后，就到北京怡亨酒店（Hotel éclat Beijing）去休息一下吧。在酒店的博物馆里有一百多件艺术作品，其中有许多被放置在酒店的酒吧和餐厅里。它们中不仅有安迪·沃霍尔和萨尔瓦多·达利（Salvador Dalí）的作品，而且还有一些中国顶级艺术家，如张国龙、陈文令、高孝午和邹亮的作品。这是一个能让我们看到东、西方艺术奇妙并置的难得的好机会。

▼ 在莫高窟得到佛学的启蒙

莫高窟
中国甘肃省酒泉市敦煌市
Mogao Caves
Dunhuang, Jiuquan, Gansu, China
www.mogaoku.net

1987年，莫高窟被联合国教科文组织正式列入《世界文化遗产名录》，这是理所应当的。莫高窟内的492座庙宇中保存的是跨越千年的宏伟壮观的佛教艺术藏品，这些作品是在4世纪，随着附近作为丝绸之路的边关要塞和十字路口的敦煌的出现开始创作的。在洞窟中发现了精美的佛陀、菩萨、天王、飞天——或仙人，以及精彩的文献。一个世纪前，探险家们发现了这些洞窟，他们把这些文物搬回了自己的国家，然而，洞窟里的壁画却仍然是工匠们非凡技艺和创造力的见证。

特色线路：把你的头放在一张充满艺术气息的床上，第二部分

想要环游世界，去看看我们神奇的艺术体验？那你就需要找些充满艺术气息的地方去住住。有许多优秀的酒店可供选择，因为越来越多的酒店开始把艺术作为一种让自己在竞争中脱颖而出的法宝。这里有一些较受欢迎的新、老酒店。有关非洲和欧洲的酒店信息，请参阅第212页。

香港瑰丽酒店
香港（中国）
The Rosewood Hong Kong
Hong Kong (China)

香港瑰丽酒店精心筹备了艺术藏品的展出，甚至在你走进大楼之前就能在入口处看到一座亨利·摩尔的雕塑，而进入大楼，你会立刻看到印度艺术家巴提·克尔（Bharti Kerr）创作的与真象一般大小的大象雕塑。在蝴蝶茶室（Butterfly Room）里有达米恩·赫斯特的"蝴蝶"系列作品。在酒店的所有客房里都有委托威廉·洛（William Low）创作的作品。

比克曼酒店
美国纽约市
The Beekman
New York, USA

这家壮观的比克曼酒店不仅在它的客房，而且还在它的整个公共区域都展示了艺术作品。由凯瑟琳·加斯（Katherine Gass）策划组织的藏品中有国际上许多知名艺术家创作的60多幅油画、照片、印刷品、纸上作品和雕塑，其中包括特定场域的作品。

迈阿密海滩枫丹白露酒店
美国迈阿密市
Fontainebleau Miami Beach
Miami, USA

从许多方面来说，莫里斯·拉皮德斯（Morris Lapidus）设计的令人惊叹的枫丹白露酒店本身就是一件艺术品，再加上能照亮像达米恩·赫斯特、约翰·巴尔代萨里（John Baldessari）、特蕾西·艾敏和詹姆斯·特瑞尔等艺术家的作品的巨大的枝形吊灯，酒店就更显魅力了。而在一个同样有床的空间里，你可能会有一次最好的艺术体验。

孟买苏荷馆酒店
印度
Soho House Mumbai
India

亚洲首家苏荷馆酒店里有其会员所了解和喜爱的一切东西：电影院、健身房、工作室，当然还有屋顶酒吧和泳池，然而，真正能让当地艺术作品大放异彩的地方是酒店的38间客房，房间里有拉贾斯坦邦的印花织物和200多件南亚艺术家的艺术作品。

上图 香港瑰丽酒店的蝴蝶茶室

别居·漓想国
中国桂林
The Other Place
Guilin, China

你知道那些梦魇中走不到尽头的楼梯和打开后却无处可去的门吗？现在，只要在这家精品酒店住上一段时间，你就能感受到它们。酒店里有两间套房——"淡粉色的梦"（Dream）和"森绿色的迷"（Maze），它们的设计是向以探索无限和不可能存在的空间而闻名的20世纪荷兰迷幻艺术大师M.C.埃舍尔（M.C. Escher）的作品表示敬意。

大都会酒店
美国拉斯维加斯市
The Cosmopolitan
Las Vegas, USA

如果你对有朱莉·格雷厄姆（Julie Graham）和杰西卡·克雷格–马丁（Jessica Craig-Martin）等艺术家原创作品的大都会酒店豪华套房的高昂房价有心无力，那么你可以在酒店的六个艺术自助售货机（Art-o-mat）中找一个碰碰运气，因为这些机器出售原创艺术作品。

下页跨页图▶
香港瑰丽酒店大厅内巴提·克尔创作的与真象一般大小的大象雕塑

把你的头放在一张充满艺术气息的床上，第二部分

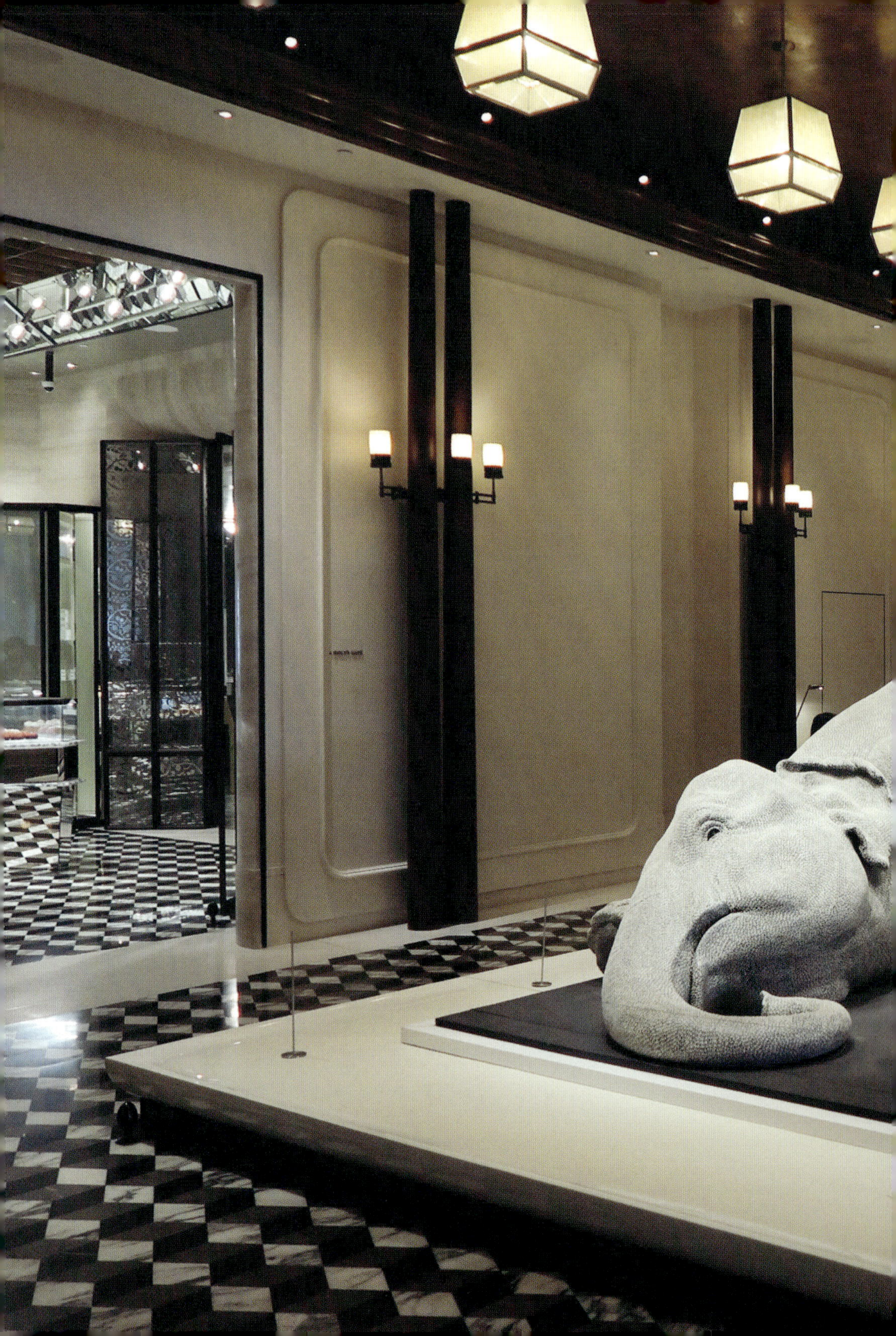

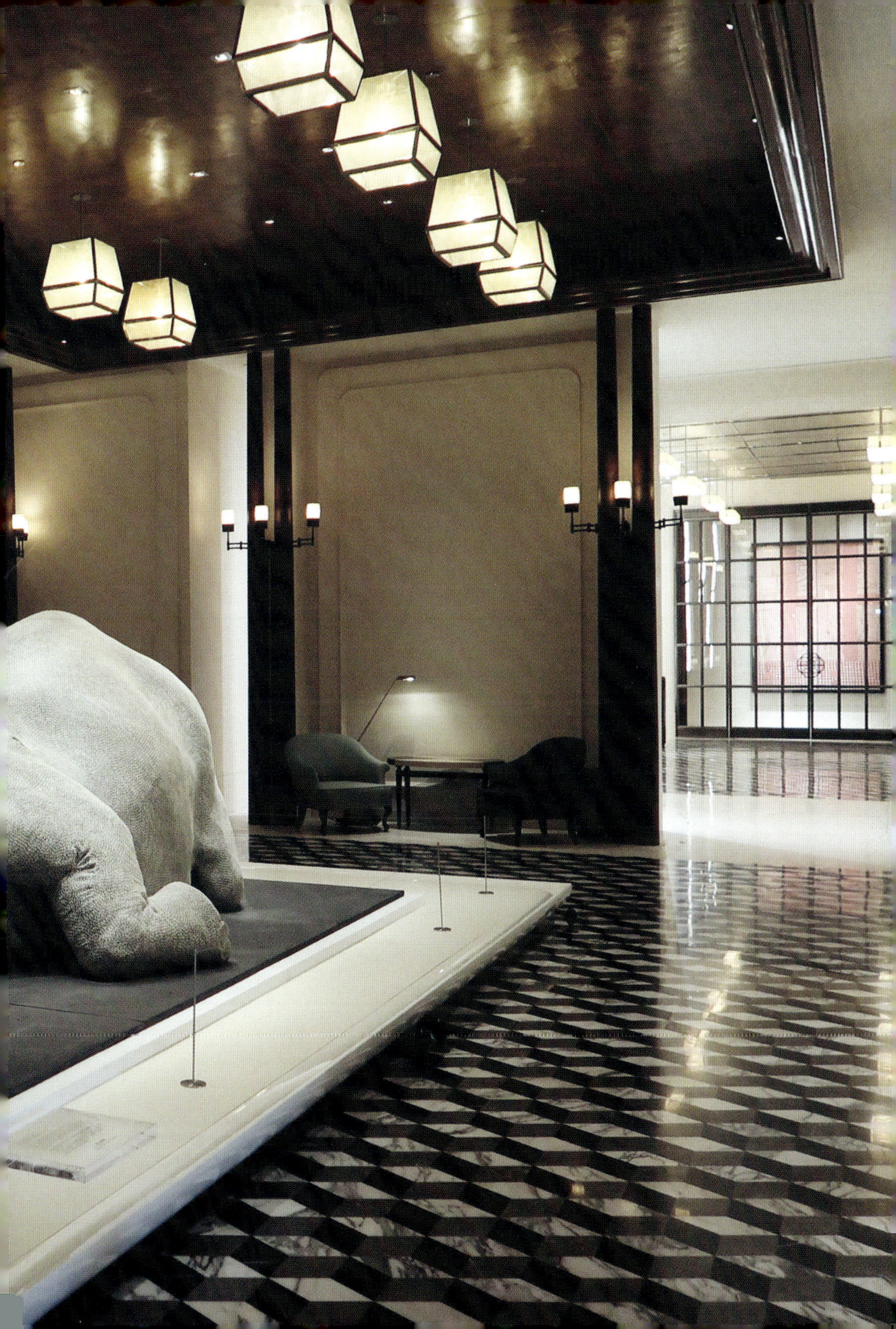

▶ 探索古代文化的巨大艺术成就

三星堆博物馆
中国四川省广汉市
Sanxingdui Museum
Guanghan, Sichuan, China
sxd.cn

　　一个头戴金箔面罩的巨大的青铜人头像从它的基座上庄严地俯视着你，它旁边还有一棵枝头有小鸟装饰的青铜树。这是两件1986年在三星堆考古遗址出土的文物，这里用碳定年法测定发现的文物可追溯至公元前12和前11世纪。这些作品和其他许多用金、玉、青铜、瓷器、粘土以及其他材料制成的精美文物都可以在三星堆博物馆里找到。这是一个以古代蜀国为主题来进行展示的有趣空间，在中心展厅里珍藏着这些令人惊叹的庄严肃穆的青铜人头像和雕像，其中有些作品高2.6米，宽1.28米。在这座获奖的博物馆里，藏品使艺术与考古的展示得到了很好的平衡。博物馆就像矗立在有大湖畔景观花园里的一座圆形堡垒，来到这里参观，会让你终生难忘。

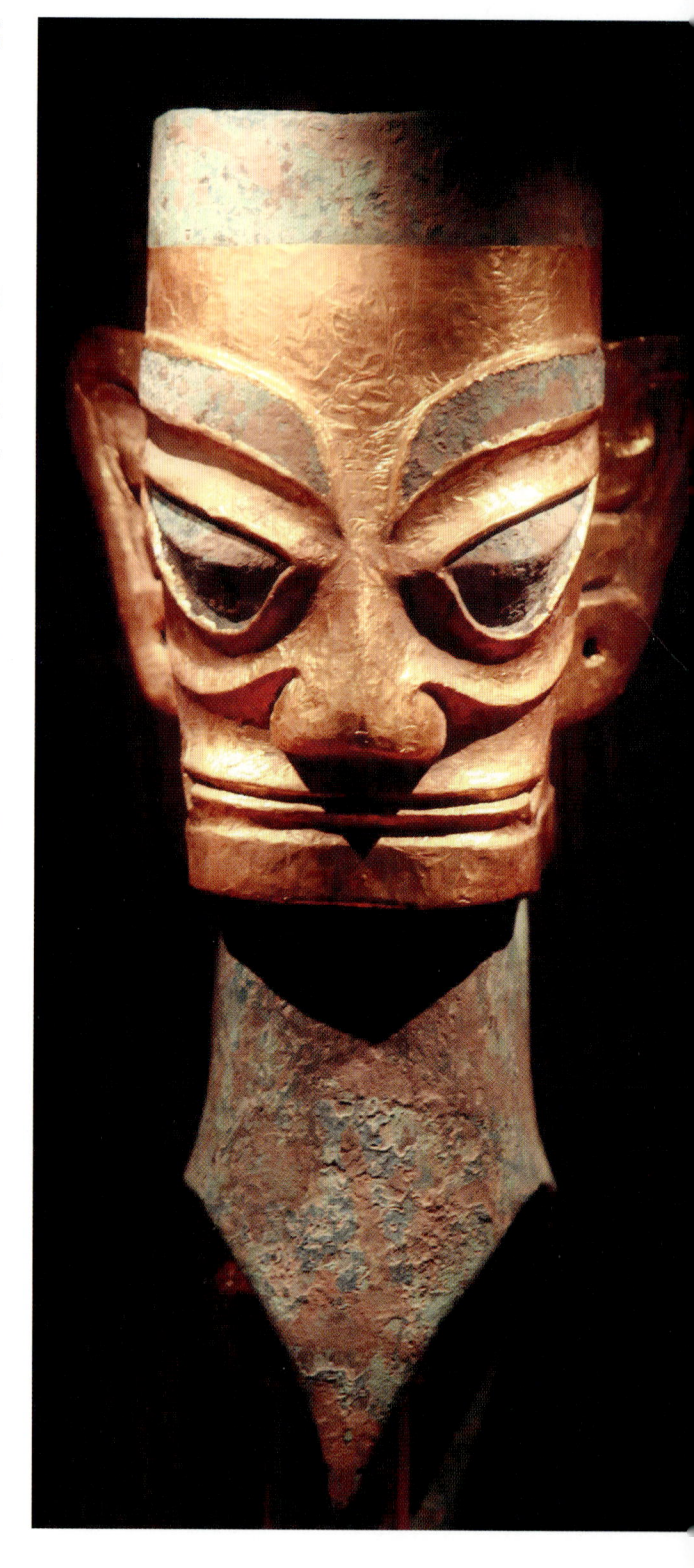

右图　三星堆博物馆展出的带金面罩青铜人头像

鹿野苑石刻艺术博物馆

中国四川省成都市郫都区新民场镇云桥村

Luyeyuan Stone Sculpture Art Museum

Yunqiao Village, Xinmin Town, Pi County, Chengdu, Sichuan Province, China

在成都的1000座石雕中找到精神的寄托

有时候,博物馆与它们所展出的内容完全一致,像成都的鹿野苑石刻艺术博物馆就是这样。这座坐落在河边竹林中的建筑,是用钢筋混凝土、页岩砖、卵石、玻璃和钢铁建造而成的。所有这些材料组合在一起创造出了一个灰色的巨石般的庞然大物,它似乎不应该出现在如此美丽的环境中,但是,因为人文景观与自然景观之间形成了鲜明的对比,所以这也是可行的。在建筑物里面,用架空的钢架通道划分开来的石灰色的混凝土空间被垂直的薄窗和天窗照亮,这就能确保焦点准确地落在艺术作品上,那就是1000座从汉朝到明清时期的石雕。这些没有受到无关的设计或设备影响——甚至都没有陈列展品的玻璃橱窗——的精美石雕熠熠生辉,并能打造出一场精神上的艺术飨宴。

和美术馆(简称HEM)

中国广东省佛山市顺德区

He Art Museum (HEM)

Shunde, Guangdong, China

hem.org

在广东舞动光影

这是一座由双螺旋楼梯连接而成的圆盘堆叠状(由日本设计师安藤忠雄设计)发光博物馆(它真的会发光)。馆内收藏的是企业家何剑锋及其家族所拥有的越来越多的岭南艺术作品。然而,作为一个有远见卓识和国际化思想的企业家,何剑锋还添加了400多件世界级作品,这些作品是由毕加索、安尼施·卡普尔和草间弥生等西方艺术家,以及刘野、齐白石、丁乙、张大千和赵无极等中国现代艺术家创作的。它是工业区里的一道耀眼的光芒,真希望它能产生毕尔巴鄂效应(Bilbao effect)。

佘山国家旅游度假区

中国上海市,邮编:201602

Sheshan National Tourist Resort

Shanghai 201602, China

shanghai-sculpture-park.com.cn

在上海最宁静的风景中放松自我

当大城市拥挤繁忙的日常生活让人越来越难以承受时,上海居民为了寻找空间、阳光、宁静和艺术,就会前往城市的西部的佘山国家旅游度假区,月湖美术馆(Yuehu Museum of Art)就置身于那里的月湖雕塑公园中,能为他们提供一片宁静的自然风光。公园以四季为主题,由步行道、木板路和通往月湖水域的四个风格迥异的桥墩分隔开来。公园里有70多座风格多样的雕塑,既有小而精致,也有大而抢眼的作品,而这些作品大多是出自中国艺术家之手。把人造艺术与看似自然的艺术融为一体绝对是一个成功之举。

亚洲

◀ 承蒙"teamLab无界"艺术团队的创作,让我们有幸看到绽放在茶碗里的花朵

上海teamLab无界美术馆
中国上海市黄浦区花园港路100号C-2馆
teamLab Borderless Shanghai
Unit C-2 No 100, Hua Yuan Gang Road, Huangpu, Shanghai, China

森大厦数字艺术博物馆:teamLab无界
东京市江东区青海1-3-8(台场,调色板城)
MORI Building DIGITAL ART MUSEUM: teamLab Borderless
1-3-8 Aomi, Koto-ku, Tokyo (Palette Town, Odaiba)
teamlab.art

　　随着沉浸式艺术的媒介日渐普及,可能就会出现良莠不齐、难辨优劣的情况。然而,"teamLab无界"(teamLab Borderless)绝对是其中的优者。多年来,这个艺术团队一直在创造令人着迷的沉浸式艺术体验,在中国的上海、澳门和日本的东京都有永久性博物馆,随着其作品更多地出现在新的城市和博物馆,团队的影响力也越来越强大。团队的工作,正如其名,是为了消除界限,因此在你将要看到的数字景观里,艺术品会以不同的方式对你的存在做出反应,而所有这一切都是艺术家、动画师、程序设计师和建筑师联手打造的精彩作品。无论它是漫天飞舞的蝴蝶、像冰山一样坚固的光柱、一片穆拉诺(Murano)玻璃灯的森林,还是在茶碗中慢慢绽放的花朵,每一件作品都与众不同、独具特色,充满了奇幻色彩。

跨页图　《生命循环之美丽世界》(*Continuous Life in a Beautiful World*)——"teamLab无界"艺术团队制作的数字互动艺术装置的一个实例

中国　247

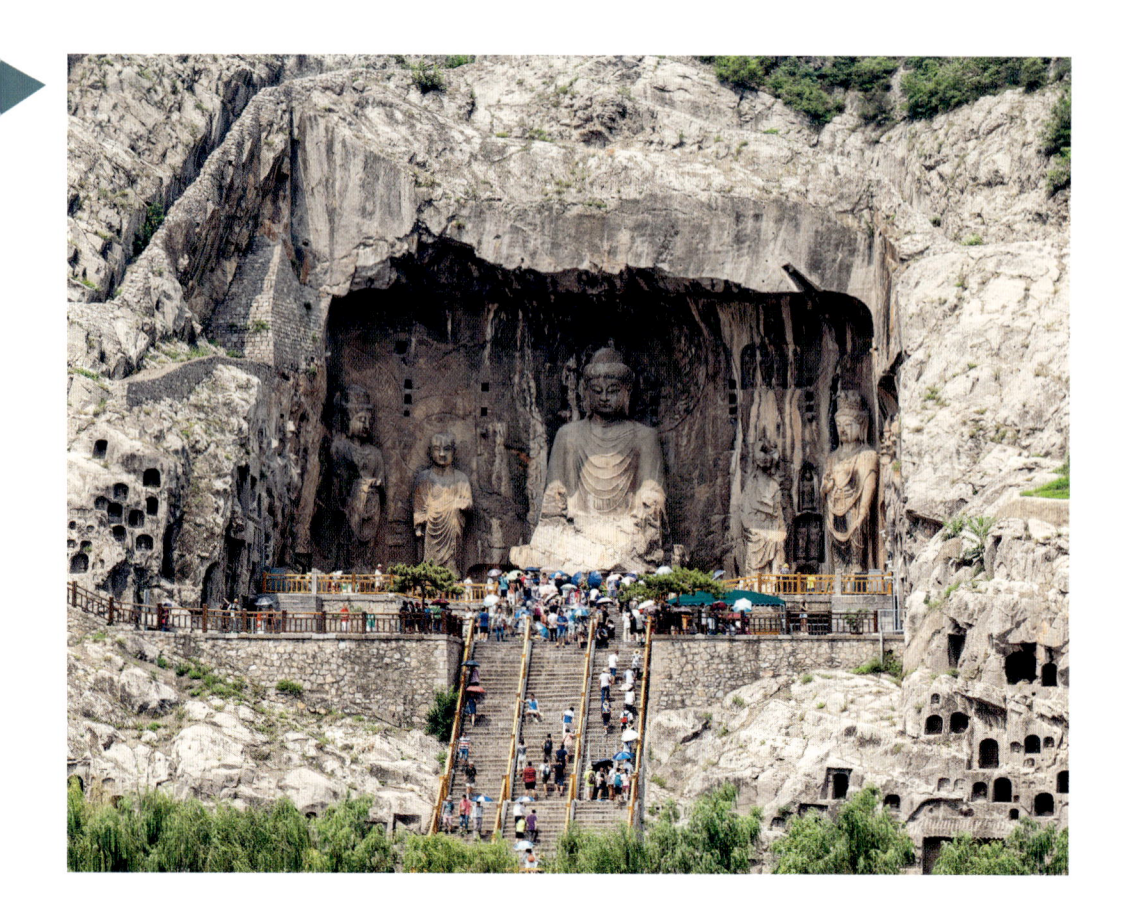

洛龙区
中国河南省洛阳市
Luolong District
Luoyang, Henan, China
lmsk.gov.cn

▲ 在龙门石窟攀登佛教艺术的高峰

　　没错，这个长达1千米的龙门石窟总是人山人海，但石窟展示的中国佛教艺术值得游客等待，也值得他们成群结队地前来参观。2000年，当联合国教科文组织把龙门石窟列入《世界文化遗产名录》时表示，这座建于5世纪至9世纪北魏和唐朝时期的石窟是"人类艺术创造力的杰出表现"。在巨大的岩壁或石灰岩溶洞的墙壁上，精心雕凿出来的雕像多达9.7万余尊，大小从30毫米到17米不等。所有这些雕像都是精雕细琢出来的，而其中最为壮观的或许就是高17米的奉先寺卢舍那大佛（Vairocana Buddha），但同样会给人留下深刻印象的——而且它们给人带来的亲切感会使其在情感上更具冲击力——是万佛洞岩石上雕凿的15000尊小佛，以及古阳洞的数百个佛龛。真令人大开眼界！

本页图　奉先寺里的卢舍那大佛
对页图　大馆JC当代艺术画廊里的螺旋楼梯

在一个备受青睐的建筑群里穿越几个世纪的历史

大馆古迹及艺术馆
中国香港中环地区荷李活道10号
Tai Kwun Centre for Heritage and Arts
10 Hollywood Road, Central, Hong Kong (China)
taikwun.hk

2018年，在中国香港的中环地区上演了一场快乐的新旧"联姻"。因为就在那时，在香港赛马会（Hong Kong Jockey Club）和赫尔佐格&德梅隆（Herzog & de Meuron）建筑事务所的帮助下，这个曾经由这座城市第一个也是运行时间最长的监狱、中区警署及中央裁判司署组成的而后又被废弃的殖民地时期的宏伟的建筑群重新焕发了活力，脱胎换骨，成为现在的香港大馆古迹及艺术馆。在一系列旧建筑和另外两座新建筑里，有表演空间、画廊和活动区域，很好地展示了城市的文化和古迹。当代艺术作品主要陈列在赫尔佐格&德梅隆建筑事务所设计的一系列博物馆标准的画廊里，而在建筑群的其他许多公共区域也有相关作品，其中在旧监狱院子里的一些特定场域作品总能吸引大批热情的观众。

M+博物馆
中国香港西九文化区
M+
West Kowloon Cultural District, Hong Kong (China)
mplus.org.hk

聚焦M+博物馆的屏幕空间

赫尔佐格&德梅隆建筑事务所为西九龙的天际线新添了两座垂直的建筑，它们看上去就像巨大的玻璃屏幕，铁灰色的外立面反射出它们前方的水域。它们看起来像是高档酒店或办公大楼，但实际上，它们是一座关注20世纪和21世纪的艺术、设计、建筑和动态影像的新的视觉文化博物馆——M+。在撰写本书时，这座建筑尚未开放，但从博物馆的早期形象及其网站可以预料，当博物馆正式开放时，它将会展出一些具有影响力和备受欢迎的亚洲现当代艺术作品。

在亚洲最自由的城市之一追赶它的艺术浪潮

台北当代艺术博览会
中国台湾省台北市南港区台北贸易中心南港会展馆
Taipei Dangdai
Taipei Nangang Exhibition Center, Nangang District, Taipei City, Taiwan Province of China
taipeidangdai.com

中国台湾因其自由和多元化的文化而闻名亚洲和世界，长期以来，它一直是台北国际艺术博览会（Art Taipei）的举办地。在宽敞明亮的台北市立美术馆（Taipei Fine Arts Museum，简称TFAM）里举办的台北国际艺术博览会，是亚洲举办历史最久的艺术博览会，也可以说是亚洲最好的双年展。2019年，台北市又举办了一场新的博览会，对前来参观的艺术爱好者们来说，它使这座城市变得更令人愉快。台北当代艺术博览会的优势在于它精心挑选的画廊。这些画廊不仅在台北贸易中心南港会展馆的范围内，还分布在展馆外的城市其他地方，展出像夫智铉（Jihyun Boo）和陈万仁（Chen Wan-Jen）等艺术家设计的一流装置作品，将台北的公共空间变成了一个整体的雕塑作品，这也是一次有趣的艺术体验。相关的画廊展览和卫星博览会，例如致力于推广水墨艺术以及水墨文化的展览"水墨形态"（Ink Now），为展会增添了许多乐趣。

在北村韩屋村散步时发现正在工作的能工巧匠

北村韩屋村
韩国首尔市钟路区嘉会洞37
Bukchon Hanok Village
37 Gyedong-gil, Jongno-gu, Seoul, South Korea
hanok.seoul.go.kr

首尔的北村韩屋村是一个艺术氛围浓厚的文化区，在这里你可以向手工艺人学习工艺，甚至还可以和他们一起实践。在这个以传统房屋，也称为韩屋（hanok）而闻名的地区徒步游览，你就能看到并体验这一切，而其中有许多传统房屋现在都已成为文化中心、博物馆、工作坊和画廊。例如，在韩屋大厅（Hanok Hall）里，你可以欣赏到刺绣大师韩尚洙（Han Sang Soo）的工作场所和手工艺品，而传统文化中心（Traditional Culture Centre）又会为你提供有关染色工艺、紫竹工艺和拼布工艺（jogakbo）的课程。再加上嘉会民画博物馆（Gahoe Museum, gahoemuseum.org）里的2000多件民间艺术作品，你会从中受到启发，获得对建筑方面令人惊喜的洞察力，并对这个国家及其人民的文化历史有更深入的了解。

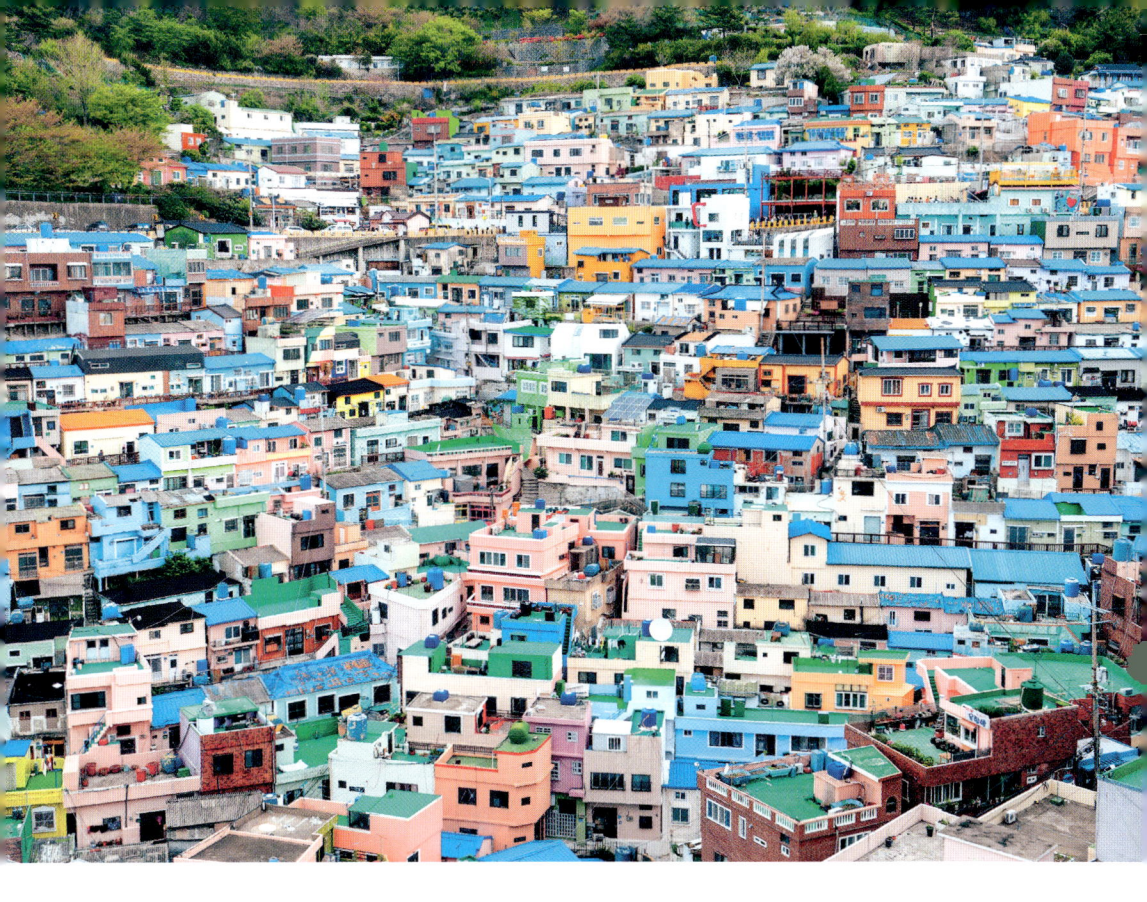

甘川文化村
韩国釜山市
Gamcheon Culture Village
Busan, South Korea
gamcheon.or.kr

▲ 在甘川文化村欣赏正在创作中的艺术

　　有时候，艺术体验并不是去观赏伟大的艺术作品，而是去发现能滋养和支持艺术的环境。这样的环境在釜山的甘川文化村那片由五彩斑斓的房屋、小巷、工作室、画廊和工艺品商店组成的迷人的迷宫里就能找到。这是一个为了收容内战时期的难民，于20世纪50年代修建的贫民窟，如今，在政府决定与当地艺术家合作对它进行翻修后，贫民窟已发展为一个文化中心。这是一个大胆的举措，但正是这一举措使这个地区成了一个真正的旅游胜地——一个相当不错的景点。在甘川文化村的旅游信息咨询中心买一张互动地图，让自己沉浸在穿梭于意外出现的街头艺术之中，你会遇见一位艺术家，或与手工艺人在他们的工作室里畅聊……这是正在蓬勃发展中的生活艺术，以最贴近生活的形式，带给人们愉悦的感受。

对页图　北村韩屋村传统的韩国风格的建筑
本页图　甘川文化村色彩鲜艳的房屋

Yeh画廊
韩国首尔市江南区
Gallery Yeh
Gangnamgu, Seoul, South Korea
galleryyeh.com

欣赏艺术，江南风格

难怪Yeh画廊高耸的白色石板一直是诸多奖项的获得者——无论是从外观还是内部看这些石板，它们所创造的空间都展现出一种未来主义的美。三层楼高的展览空间里光线充足，照亮了让·米歇尔·巴斯奎特、达米恩·赫斯特、阿尔贝托·贾科梅蒂（Alberto Giacometti）、特蕾西·艾敏、安尼施·卡普尔、朱利安·奥培（Julian Opie）以及安迪·沃霍尔等知名艺术家的作品，同时也完美衬托出如日本的村上隆先生（Mr Takashi Murakami）和天野喜孝（Yoshitaka Amano）等受日本动漫和卡通作品影响的艺术家充满活力的创新思维。这种大胆而又多彩的组合会让你由衷地露出微笑⋯⋯而画廊外的街上会让你笑得更加灿烂，因为在这里，在市中心的江南区和林荫道（Garosu-Gil）上，到处都是艺术、文化、时尚、美食和装饰图案，热闹非凡。

◂ 到札幌去看看如昙花一现般的雪雕

札幌艺术公园及雕塑花园
日本北海道行政区札幌市南区
Sapporo Art Park and Sculpture Garden
Minami Ward, Sapporo, Hokkaido, Japan
artpark.or.jp

这座北海道最大的城市为艺术爱好者提供了许多游览和探索的地方，尤其是占地近40公顷的札幌艺术公园，那里有当代艺术博物馆（Museum of Contemporary Art）和一座雕塑花园，里面有74件风格迥异的艺术作品，它们是由与海岛保持紧密联系的艺术家们创作的。游览这里的最佳时间是冬天（带上你的雪地靴），因为这也是感受非常有趣的札幌冰雪节（Sapporo Snow Festival）的大好时机。这个自20世纪50年代开始举办的雪雕盛会，已从最初的小型展区扩展到现在散布在城市周围的三个会场——大通公园（Odori Park）、薄野欢乐街（Susukino）和社区巨蛋会场（Tsudome）。如果你只有去参观其中一个会场的时间，那就去大通公园看看原创展品吧！那里充满奇幻色彩的临时展品都是由艺术团队或独立艺术家精心打造的。如果想要暖暖身，就不要错过引人注目的北海道现代艺术博物馆（Hokkaido Museum of Modern Art），那里宝石般的玻璃艺术品具有举足轻重的地位。

伏见稻荷大社

日本京都市伏见区深草薮之内町68号，邮编：612-0882

Fushimi Inari-Taisha Shrine
68 Fukakusa Yabunouchicho, Fushimi Ward, Kyoto 612- 0882, Japan
inari.jp

▼ 探索京都最伟大的装置艺术作品

　　探索一个为吸引我们的情感意识或精神意识而建造的人工环境是一件非常神奇的事情。当然，最好的人工环境是两者兼而有之，京都的伏见稻荷大社的建筑群的确是其中数一数二的作品。在一条长4千米、蜿蜒通往树木繁茂的稻荷山山顶的通道上，成千上万个看似没有尽头的朱红色的神域入口（即千本鸟居）能唤起各种不同的情感，它们既会让你对那庄严宏伟的规模感到敬畏与惊叹，又会让你对散布在小路上的许多小墓地、小神社和狐狸石像感到同情、悲伤和喜悦。这是最原始，也最吸引人的特定场域艺术。

对页图　札幌冰雪节上的佛像雕塑
本页图　一条穿过伏见稻荷大社千本鸟居的小路

在小布施町奇迹的海洋上漂流

北斋美术馆

日本长野县小布施町

Hokusai-San Museum

Obuse, Nagano, Japan

hokusai-kan.com

　　葛饰北斋（Katsushika Hokusai）是著名的日本艺术家，但小布施町的这家小博物馆却几乎没有提及他在全球的知名度和重要性。这个小地方是一个与在东京专为绘画大师和版画家而建的光洁明亮的庞大建筑（墨田北斋美术馆，参见右页）大不相同的世界。这里环境宜人，视野广阔，是葛饰北斋80多岁退休后的家。他经常会在家里为一些节日花车和寺庙天井作画，还会继续创作他闻名于世的格调高雅的绘画作品和富有表现力的浮世绘。其中有许多作品——包括他为1844年东町花车（Higashimachi Float）创作的龙凤花车天花板上旋流涌动的海浪——都可以在这个传统的空间里欣赏到。这个空间会让你不由自主地感受到一种精神，一种能真正唤起一个人创作热情的精神，而正是这个人给我们带来了《神奈川冲浪里》（*The Great Wave Off Kanagawa*，约1830）。

▼ 在吉卜力美术馆来一次动漫冒险

吉卜力美术馆

日本东京都三鹰市下连雀1丁目1-83，邮编：181-0013

Ghibli Museum

1 Chome-1-83 Shimorenjaku, Mitaka, Tokyo 181-0013, Japan

ghibli-museum.jp

　　宫崎骏（Hayao Miyazaki）和吉卜力工作室（Studio Ghibli）在世界上享有盛誉，即使你从未听说过这些动漫大师及工作室，去一趟和他们有关的博物馆也会是一种神奇而有趣的体验。游览可从外观开始。这是一座被常春藤覆盖的建筑，整个彩色墙面上都是用亮蓝色的窗眉来遮挡的圆弧形的窗户。这座建筑清楚地展示你期望看到的东西——一个富有想象力的、超现实和极为独特的空间里充满了与动漫风格相关的一切事物，其中包括草图、画板、艺术家空间的实体模型、书籍，当然，还有电影。在可爱的屋顶花园里，有一个来自《天空之城》（*Laputa: Castle in the Sky*，1986）的高5米的机器人士兵在看守井之头恩赐公园（Inokashira Park），可以利用你独一无二的门票——每张门票上都有吉卜力电影中不同场景的一条胶片，为自己提供一个拍照的好素材。

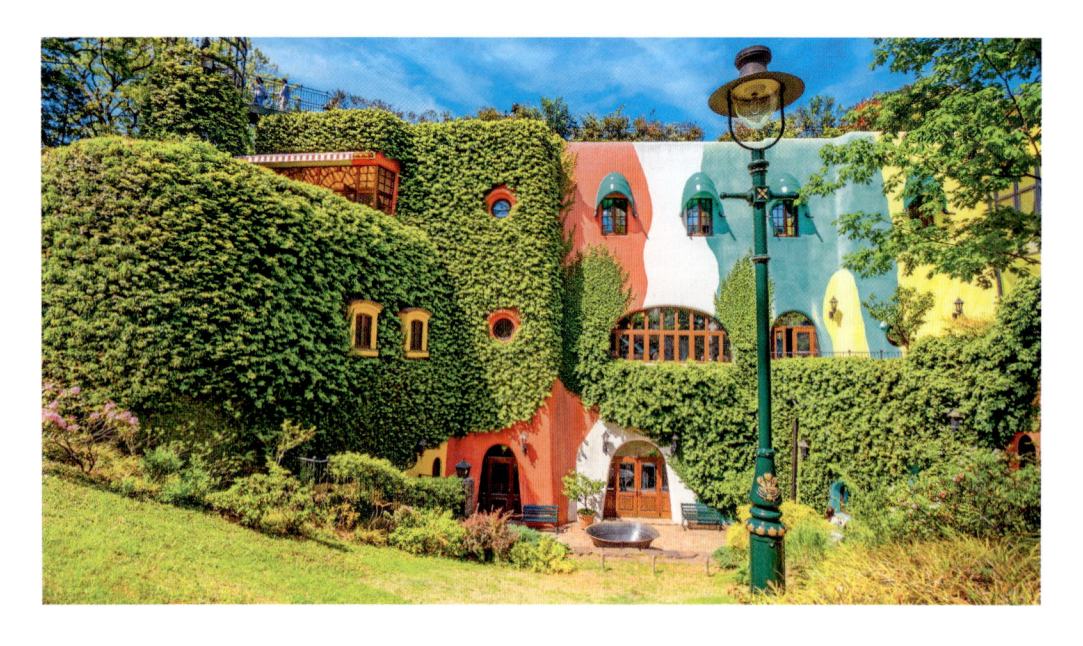

墨田北斋美术馆

日本东京都墨田区，邮编：130-0014

The Sumida Hokusai Museum

Sumida City, Tokyo 130-0014, Japan

hokusai-museum.jp

▲ 走进举世闻名的版画艺术家的思想世界

在东京东部的墨田北斋美术馆，那令人炫目的现代设计绝对与它的内容，超凡脱俗的作品以及可谓日本最著名的艺术家的世界，截然不同。葛饰北斋以其"富士山的三十六景"（*Thirty-Six Views of Mount Fuji*）系列作品中让人着迷的浮世绘《神奈川冲浪里》和《红色富士山》（*Red Fuji*）（两幅作品大约是在1830年创作的）而闻名于世。为了纪念这位艺术大师，妹岛和世（Kazuyo Sejima）设计了一座光洁明亮的建筑，里面有一个永久性画廊，画廊里展出的是葛饰北斋的版画、许多有趣的作为说明的材料以及互动区域。这里也会举办一些与他作品相关的临时展览，但博物馆最吸引人的部分可能是他80多岁时生活和工作过的住宅和工作室的原尺寸模型，该模型是根据他的一个门徒的草图设计出来的。

本页图　《红色的富士山》（约1830），葛饰北斋
对页图　吉卜力美术馆生动有趣的外观

直岛
日本香川县
Naoshima
Kagawa District, Japan
benesse-artsite.jp

▲ 穿越濑户内海，登上艺术之岛

在濑户内海（Seto Inland Sea）的许多岛上，当代艺术随处可见，特别是在它的主岛直岛（Naoshima）。那里，安迪·沃霍尔、唐纳德·贾德、草间弥生、克劳德·莫奈以及韩国艺术家李禹焕（Lee Ufan）的作品只是小岛艺术魅力的一部分。此外，直岛也是每三年举办一次的濑户内国际艺术祭（Setouchi Triennale）的主要场地。岛上的艺术之家项目（Art House Project）或许才是它最有趣和最具艺术特色的地方。在这个项目中，艺术家们——包括杉本博司（Hiroshi Sugimoto）和詹姆斯·特瑞尔——把空房子变成了能反映他们的经历以及这座小岛历史的艺术作品。这些无人居住的房屋就在有人居住的建筑当中，所以参观者们可以和当地居民互动交流，这样不仅能接触到艺术作品，而且还能融入社区及其日常生活。

沿着白光灯塔走进一片万花筒般的南瓜地

草间弥生美术馆
日本东京都新宿区弁天町107号，邮编：162-0851
Yayoi Kusama Museum
107 Bentencho, Shinjuku City, Tokyo 162-0851, Japan
yayoikusamamuseum.jp

对于一座收藏着草间弥生那令人瞠目的南瓜和其他作品的美术馆，你会期望看到超凡出众的作品，而事实也的确如此。在美术馆里，甚至连洗手间和非展览空间里都布满了她所钟爱的波尔卡圆点和镜面反射影像。最能一下子就吸引你注意力的是美术馆的外观，这个带有极简主义风格的白色外墙和由五层玻璃组成的空间的惊人设计，就像一座在新宿住宅区闪闪发光的灯塔，几乎让人无法猜出馆内丰富的色彩。实际上，它与这位极品女王的几乎所有作品都正好相反——她的作品一般都跨越四层楼，而且充满了自然光。别忘了到屋顶上去看看！东京那一片广阔的风景是一件户外艺术装置和一条长凳的完美背景，你可以坐在长凳上，孤独地沉思片刻，因为这是一位天才之举，只有少数提前预订的游客才有90分钟的时间可供参观。展出的作品会随着展览的主题发生变化。

▼ 为日本民艺馆的陶瓷制品而疯狂

日本民艺馆
日本东京都目黑区驹场4丁目3-33，邮编：153 - 0041
Japan Folk Crafts Museum
4 Chome-3-33 Komaba, Meguro City, Tokyo 153 - 0041, Japan
mingeikan.or.jp

正是出于对许多无名乡村工匠精心制作的物品的热爱，才会促使艺术史学家柳宗悦（Sōetsu Yanagi）与陶艺大师河井宽次郎（Kanjirō Kawai）以及滨田庄司（Shōji Hamada）一起创建了这个充满神奇色彩的空间。柳宗悦是日本民艺的狂热崇拜者，他希望能在20世纪早期的工业化浪潮中保护好乡村工艺，为此，他奔波忙碌，并于1936年创办了博物馆。在设计和建造这座大谷石和木结构的建筑时，他部分采用了日本的传统材料和技术。在这个安静迷人的郊区空间里，有大约17000件来自日本和其他国家的工艺品，其中包括木工艺品、绘画作品、和服及其他服装、珠宝、编织或染色纺织品、施釉陶器和陶瓷制品。后者的爱好者们可能还想去参观大阪附近奈良市（Nara）的富本宪吉纪念馆（Tomimoto Kenkichi Memorial Museum），可以在这位陶艺大师出生的房子里看到他创作的精美陶瓷制品。

对页图　草间弥生在直岛上创作的《黄色南瓜》（Yellow Pumpkin，1994）

本页图　日本民艺馆的入口

去深入了解一下野口勇的世界与工作

野口勇庭院美术馆

日本香川县高松市牟礼町牟礼3519号，邮编：761-0121
Isamu Noguchi Garden Museum
3519 Mure, Mure-cho, Takamatsu City, Kagawa Prefecture 761-0121, Japan
isamunoguchi.or.jp

　　1956年，当美国/日本艺术家、设计师和景观建筑师野口勇（Isamu Noguchi）为他在联合国教科文组织巴黎总部设计的日式花园寻找石头时，拜访了四国岛（Shikoku）。他一下子就被四国岛深深吸引，因此，他发誓总有一天会在那里建立一个工作室。13年后，在当地工艺师泉正敏（Masatoshi Izumi）的帮助下，他做到了。泉正敏曾和他一起为西雅图艺术博物馆（Seattle Art Museum）创作意义深远的宏伟雕塑《黑太阳》（*Black Sun*，1969）。这段关系持续了20年，其结果就是在牟礼町出现了一座满是艺术品的花园，而工作室就建在花园里的一座江户时代（Edo-period）商人的住宅中。花园里的花岗岩和玄武岩雕塑能以一种优雅和谐的方式反映出周围景观的特色，同时又能与之产生互动。野口勇去世后，花园变成了博物馆，与他在纽约博物馆相比，截然不同：它是一个收藏了150件作品，并能帮助你深入了解他是如何工作的私密空间。

▲ 在久保田一竹美术馆欣赏艺术与自然的完美融合

久保田一竹美术馆

日本山梨县南都留郡富士河口湖町河口2255，邮编：401-0304
Itchiku Kubota Art Museum
2255 Kawaguchi, Fujikawaguchiko-machi, Minamitsuru-gun, Yamanashi 401-0304, Japan
itchiku-museum.com

　　这座具有高迪建筑设计风格的美术馆是专为纺织艺术家久保田一竹（Itchiku Kubota）而建的。它那令人惊叹的环境——珊瑚和石灰岩，还有瀑布、茶室、宽阔的雕塑花园以及富士山的美丽风景——就足以让你想前去参观。而在美术馆里面，大约100多件色彩华丽、以自然为主题的作品则更让人着迷。这些作品都出自艺术家久保田一竹之手，他仅凭一己之力就使辻花（Tsujigahana）丝绸染色工艺（在14世纪至15世纪室町时期用来装饰和服的扎染工艺）得到了复兴。特别值得一提的是，他未能完成的神奇之作《光响》（*Symphony of Light*），是用36件和服组合成了一幅富士山的画面，按原样被放置在一个通风的木制框架的古柏制的空间里，就像富士五湖（Fuji Five Lakes）周围的博物馆和花园一样，它实现了自然与艺术的完美融合。

◀ 回到清莱的黑色世界

黑庙（黑屋博物馆）
泰国清莱府
Black House (Baan Dam Museum)
Chiang Rai, Thailand
thawan-duchanee.com/ index-eng

  清莱一直以当地艺术家许龙才（Chalermchai Kositpipat）用希罗尼穆斯·博斯（Hieronymus Bosch）风格的图像来装饰的华丽无比的白庙（White Temple），或称灵光寺（Wat Rong Khun）而闻名于世，但它附近有一座与其风格截然不同的寺庙也同样值得关注。艺术家塔顽·达查尼（Thawan Duchanee）的作品——黑庙或称黑屋，是一个建筑群，在这一大片黑色层叠状的类似寺庙的木结构建筑中，有他的家和工作室。每一座建筑里都装满了动物遗骸、动物标本以及雕塑。地板和桌子是用鳄鱼皮和蛇皮来装饰的，墙上挂满了动物头上的角和头骨，每一个细节都在提醒我们死亡无处不在。这些物品有小有大，其中一具完整的大象骨架可能会给人留下最深刻的印象。这座以令人敬畏的方式和艺术的手法来装饰设计的博物馆，会给你带来紧张而又难忘的体验。建筑群里还有一个湖，它是几只黑天鹅和白天鹅的家园，真是情景交融，相得益彰。

对页图　坐落在树木繁茂的山林间的久保田一竹美术馆

本页图　黑屋博物馆带有现代风格的传统泰式建筑

▶ 爬上大象的鼻子,欣赏令人惊叹的景象

三头神像博物馆
泰国北榄府邦曼迈市素坤逸路1区99/9号,
邮编: 10270

Erawan Museum
99/ 9 Moo 1, Sukhumvit Road, Bang Mueang Mai, Samut Prakan 10270, Thailand
muangboranmuseum.com/en/ landmark/ the-erawan-museum

　　在曼谷郊外的热带花园里,有一个非常怪诞离奇的景观:一座巨大的三面头大象青铜雕塑,这头大象就是印度神话中因陀罗(Indra)的坐骑艾拉瓦塔(Airavata),也叫伊拉旺(Erawan)。而更为离奇的是,这头大象实际上是一座三层楼高的博物馆,而博物馆内及其所收藏的物品就像它们的外观一样与众不同。象征地宫的一楼展厅摆满了中国明清时代的古董瓷器、陶瓷制品和玉器等装饰艺术作品,二楼有泰国陶瓷制品、彩色玻璃、欧洲陶器和绘有世界地图及黄道十二宫标志的漂亮彩绘玻璃,顶楼则有色彩绚丽的佛像文物和6世纪的雕像,泰国商业大亨列克·威立耶班他(Lek Viriyapant)的这些藏品使其成为泰国著名的令人印象深刻的博物馆。

跨页图　三头神像博物馆里的彩色玻璃天花板

泰国

岘港占族雕刻博物馆

越南岘港市海州郡，邮编：550000

Da Nang Museum of Cham Sculpture

Hai Chau district, Da Nang 550000, Vietnam

chammuseum.vn

▲ 在占族雕刻博物馆了解越南的古代文化

　　岘港的占族博物馆（Cham Museum）是法国远东学院（École Française d'Extrême Orient）于1915年创建的，它收藏了世界上数量最多的占族雕塑作品。藏品陈列在漂亮而又古老的殖民地时期建造的联排别墅里或别墅周围，这排别墅将法国殖民时期的建筑风格与占族的设计元素巧妙地结合在一起。从没听说过这座博物馆吗？我们也没听说过，直到在一些曾经去过那里的文化狂热分子的鼓励下，我们才去看了看。原来，这是一些在古老的印度教影响下创作的文化作品，作品可追溯至公元192年，跨越了8个世纪。它们和你所听说过的任何古老的文化产物一样，令人陶醉——如果这里展出的300多件陶土作品和石头作品可以作为参考依据的话。作品显然是受到了印度教或佛教的影响，但这些宗教作品——其中包括露出牙齿的神话动物、神灵、舞者，以及引人注目的故事背景嵌板和基座——不仅能证明占族人民是技艺精湛的艺术家，而且还能证明他们保留了自己的特色和风格。

本页图　岘港占族雕刻博物馆半人半神的守门神雕像

对页图　胡志明美术馆内

胡志明美术馆

越南胡志明市一区弗德钦街97号

Ho Chi Minh City Museum of Fine Arts

97 Pho Duc Chinh Street, Ho Chi Minh City, District 1, Vietnam

baotangmythuattphcm. com. vn/lien-he

战争遗迹博物馆

越南胡志明市三区勃帮坦街28号,邮编:700000

War Remnants Museum

28 Vo Van Tan, District 3, Ho Chi Minh City 700000, Vietnam

warremnantsmuseum.com

▲ 在胡志明市发现的不止是战争的回音

　　胡志明美术馆虽然不是越南最大的美术馆,但可以说是胡志明市最令人愉快的地方,因为这里有"房客"幽灵出没(据说一直都有),还有用彩色玻璃窗照亮的20世纪30年代的色彩丰富的室内展厅,以及用漂亮瓷砖来点缀的明亮的庭院。美术馆里有各种各样可追溯至4世纪的艺术作品,它们中有跨越7个世纪的占族艺术品和不同风格的木刻画、陶瓷制品和当代亚洲艺术作品,外加一大批数量惊人的以战争为主题的画作,所有这些藏品所涉及的媒介之广也同样令人惊奇。

看世界级摄影作品,直面战争的残酷

　　战争博物馆里会有艺术吗?当然有,特别是当艺术被用来表达战争所带来的残酷后果时,充满力量。如果你是一个西方人,那么通过宣传海报这类作品看到的越南人的观点和想法会让你大开眼界。无论你是从哪里来的,摄影的广阔范围和不可否认的影响会让你终生难忘。其中大部分作品是由拉里·伯罗斯(Larry Burrows)和罗伯特·卡帕(Robert Capa)等世界顶级摄影大师拍摄的。这是一些发人深省和令人心碎的摄影作品,但并不都是残酷无情的。博物馆有一个展示世界各地支持反战运动的展区,它有助于在这场极其可怕的非人道的冲突寻回人性。

在河内了解越南妇女的世界和工作

越南妇女博物馆
越南河内市李常杰街36号
Vietnamese Women's Museum
36 P Ly Thuong Kiet, Hanoi, Vietnam
baotangphunu.org.vn

用"家庭女性"或"敬奉母亲女神"等平淡无趣的名字来命名的美术馆可能无法激发人们的参观热情,而且它的设计也不可能赢得任何优秀的建筑设计或博物馆设计奖项,但如果你在河内,那么这座安静且引人入胜的博物馆却是一个必游之地,因为这里有许许多多精心制作的美丽服饰、部落的蓝纹陶以及越南少数民族的织物图案。在专门用来展出宣传海报和女性时尚的画廊里,由女性制作或为女性制作的平面设计和装饰艺术是展览的一大亮点,但偶尔举办的临时艺术展,比如"妈妈的艺术项目"(MAM-Art Projects)——博物馆与梅尼菲克艺术博物馆(Menifique Art Museum)的合作项目——也值得去探索。

被槟城市中心的街头流浪汉伊勒耶斯给愚弄了

马来西亚槟城州乔治市
George Town, Penang, Malaysia
penang-insider.com/old-penang-street-art/

它是一幅画?一座雕塑?一幅人物漫画?还是小巷里孩子们骑自行车的一个真实场景?槟城市中心的街头艺术是由立陶宛艺术家恩尼斯·扎查瑞文科(Ernest Zacharevic)创作和协调完成的,是绘画与真实事物的成功组合。在很多情况下,这些作品——比如扎查瑞文科的《椅子上的男孩儿和自行车上的孩子们》(Boy on Chair and Kids on Bicycle),以及当地一位有听力障碍、自学成才的艺术家颜诒隆(Louis Gan)创作的《兄妹荡秋千》(Brother and Sister on a Swing)——就像是发现了可爱动人的小流浪汉伊勒耶斯(l'œils)一样,让人感到愉快。管理委员会希望作品能加深当地居民及游客对这一地区古老的中国商铺的认识和理解。为了满足管委会的愿望,他们为其他一些作品设计了政治或历史背景,例如,铁墙作品《吉米周》(Jimmy Choo)显示出这里是著名鞋类设计师开始他学徒生涯的地方,而《从劳工到商人》(Labourer to Trader)是为了纪念早期建造槟城的苦役劳工的劳动成果。虽然许多作品的社会价值大于艺术价值,但也有一些制作精良的作品。

艺术科学博物馆

新加坡滨海湾金沙酒店
ArtScience Museum
Marina Bay Sands, Singapore
marinabaysands.com/museum

▲ 从新加坡诱人的花束中摘下这朵花

从规模庞大的国家美术馆（National Gallery），经由令人着迷的集邮博物馆（Philatelic Museum），再到坐落在前天主教男校旧址的迷人的美术馆（Art Museum），新加坡有许许多多伟大的艺术胜地，但我们的首选将会是艺术科学博物馆，因为它的莲花"手"是新加坡城市天际线上的一道最著名的景观。这只莲花"手"是由著名绿色建筑师摩西·萨夫迪设计的，在它前面配有一个真正的莲花池，而莲花池的水源是从建筑屋顶收集的雨水形成的瀑布而来的。它显然是一个专门用来展示艺术与科学的空间，它的21个画廊空间一直发挥着非常重要的作用，它们能够在永久性展览中，把艺术与科学紧密地结合在一起，比如由总是让人难忘的"TeamLab艺术"团队设计的《未来世界》（Future World），但它们也可以被用来举办以某位艺术家为焦点的临时展览，范围很广，比如已经举办过的列奥纳多·达·芬奇、M.C.埃舍尔和安妮·莱博维茨（Annie Leibovitz）的作品展，或是像"极简主义：空间·光·物体"（Minimalism: Space. Light. Object）和"街头艺术展"（Art from the Streets）这样的主题展览。

对页图　乔治小城里愚弄眼睛的街头艺术
本页图　滨海湾艺术科学博物馆如花状的外观

第六章

大洋洲

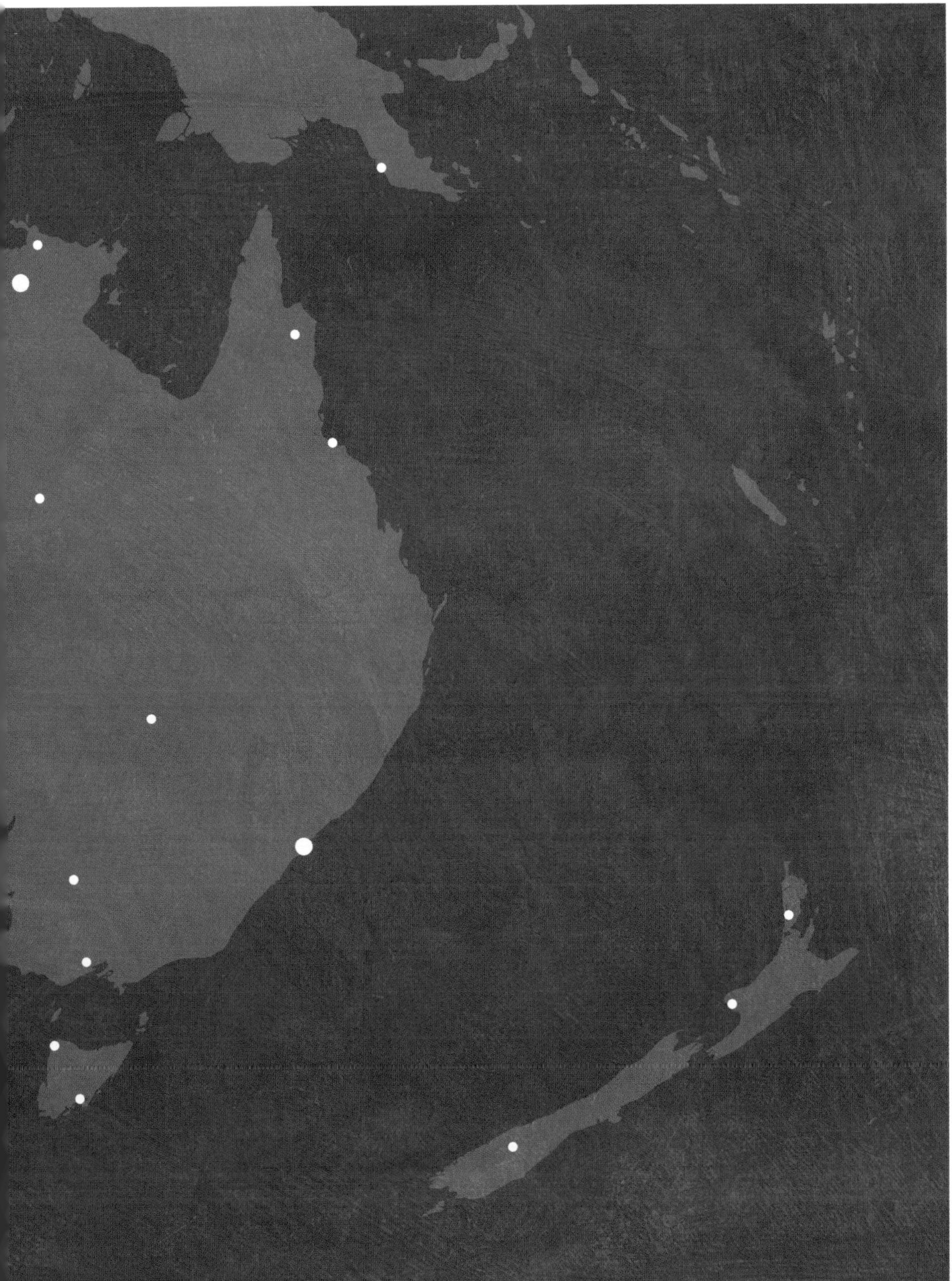

▶ 走进乌鲁鲁和其他地方的原野星光

乌鲁鲁
澳大利亚北领地
Uluru
Northern Territory, Australia
ayersrockresort.com.au

1992年，当英国艺术家布鲁斯·门罗（Bruce Munro）在澳大利亚美丽迷人的乌鲁鲁露营时，萌生了神奇的艺术装置《原野星光》（Field of Light）的设计构想。他说红色的沙漠有一种令人难以置信的能量感，"空气中有一股强烈的情感，给我带来一种瞬间的灵感，当时我还没能完全理解"。为了能真正捕捉到这种灵感，他设想了这样一个场景：花草的根茎就像"干旱沙漠中休眠的种子，静静地等待着夜幕的降临……然后在柔和的光的韵律中绽放"。随后在2008年，在康沃尔郡（Cornwall）的伊甸园工程（Eden Project）里，门罗首次设计完成了这件装置艺术作品，之后它又出现在世界的其他许多地方，在2015年，当它登陆乌鲁鲁后，人们才真正体验到它最根本和最强大的力量。它是门罗创作重复率最高的艺术作品，也是第一个太阳能驱动装置作品，临时放置它的区域据说会一直延伸，人们期望在可预见的未来，它每晚都会继续绽放。

跨页图　2015年，安装在乌鲁鲁的布鲁斯·门罗设计的《原野星光》

澳大利亚

南古鲁乌尔艺术遗址步道

澳大利亚北领地加比鲁市卡卡杜国家公园，邮编：0886

Nanguluwurr Art Site Walk

Kakadu National Park, Jabiru, Northern Territory 0886, Australia

parksaustralia.gov.au/kakadu

在一片幽静的树林里与接触艺术来一次接触

提及澳大利亚，你可能会想到像乌鲁鲁这样引人注目的风景地貌。而这条长3.4千米的南古鲁乌尔艺术遗址步道则是一条宁静的慢行道，它穿过树林，通往一个安静得会让人产生幻觉的澳大利亚土著岩石艺术遗址。这个艺术遗址只是北领地卡卡杜国家公园（见第276页）的三个遗址中的一个。这里曾是土著居民的主要露营地，这一事实或许可以解释为什么这里会有不同的风格和形象，其中包括手工模板、动物、幽灵和神话人物。这里甚至还有一个接触艺术的机会——一艘有桅杆、锚和救生筏的大帆船，它会给人留下非常深刻的印象，因为它存在于内陆90千米处，离水路非常遥远。

水下艺术博物馆（简称MOUA）

澳大利亚昆士兰州海岸沿线的约翰·布鲁尔礁，以及磁岛、棕榈岛、汤斯维尔市和其他地方

Museum of Underwater Art (MOUA)

John Brewer Reef, and Magnetic Island, Palm Island, Townsville and other locations along the Queensland coast, Australia

moua.com.au

潜入壮观的水下艺术博物馆和其他更多的地方

英国艺术家及潜水爱好者杰森·德卡莱斯·泰勒（Jason de Caires Taylor）是善用艺术，让人们远离濒临灭绝的珊瑚礁。这位雕刻家、海洋保护主义者、水下摄影师和潜水教练就在坎昆（Cancun）的水下艺术博物馆（Museo Subacuático de Arte）、兰萨罗特岛（Lanzarote）的大西洋博物馆（Museo Atlantico）、格林纳达（Grenada）的水下雕塑公园（Molinere Underwater Sculpture Park）以及水下艺术博物馆正沿着北昆士兰海岸扩展）建造水下雕塑公园。这些公园既显得超凡脱俗，看起来又和它们所处的自然水生世界一模一样。大堡礁（Great Barrier Reef）的水下艺术博物馆承诺会通过作品，比如用2000多块来自海洋苗圃的珊瑚碎片种植而成的珊瑚温室（Coral Greenhouse，在约翰·布鲁尔礁），让人们直接关注环境问题，并使它形成一个海洋生态系统，其目标是在全球范围内强调珊瑚礁的保护、修复以及教育的重要性。毫无疑问，这是一个有望在未来几个世纪里让人惊叹的艺术项目。

对页图　阿普里尔·派因（April Pine）为2018年海边雕塑展创作的《移动的地平线VII》（*Shifting Horizon VII*）

来，戴个"小便帽"，逗留片刻，欣赏艺术

欢快的爱丽丝斯普林斯帽子节（Alice Springs Beanie Festival）是一个从1997年开始创建的小型社区活动，每年6月举办一次，其目的是销售偏远社区的土著妇女用钩针编织的毛线帽（无檐小便帽），如今这一活动已通过像纺织品、编织品如编织篮筐，当然还有美术作品等各种各样的土著艺术品和手工艺品，扩展成一个庆祝土著艺术的节日。节日活动是在阿拉伦艺术中心（Araluen Arts Centre）的场地上举行。这个艺术中心全年都会在许多"讲故事"的空间里放置澳大利亚土著及其他澳大利亚人的绝妙的艺术藏品。空间里共有四个艺术画廊，其中有一个画廊展出的是著名水彩画家阿尔伯特·纳美乔拉（Albert Namatjira）的艺术作品，他以描绘澳大利亚中部的风景而闻名，这些作品能唤起人们的回忆，引发人们的共鸣。

▼ 参观悉尼的海边雕塑展

从邦迪海滩（Bondi Beach）到塔马拉马海滩（Tamarama Beach）的步道风景似乎还不够壮观，然而在每年10月和11月的几个星期里，这里会变得非常引人注目，因为在这段时间，会有100多件当地艺术家和国际艺术家的雕塑作品沿着两千米长的悬崖顶端的海岸步道被摆放出来。从大型的具象雕塑到尖锐的几何形状和流畅的波浪形状的抽象派雕塑，这些雕塑作品获得了数十万当地居民和游客的喜爱——它太受欢迎了，以至于后来每年3月会在珀斯（Perth）的科特斯洛海滩（Cottesloe）举办第二次活动，之后，还会在澳大利亚之外的丹麦的奥胡斯市（Aarhus）举办展览。

阿拉伦艺术中心
澳大利亚北领地爱丽丝斯普林斯市拉若品塔路61号，邮编：0870
Araluen Arts Centre
61 Larapinta Drive, Alice Springs, Northern Territory 0870, Australia
araluenartscentre.nt.gov.au

海边雕塑展
澳大利亚新南威尔士州莎莉山市马尔伯勒街302/61，邮编：2010
Sculpture by the Sea
302/61 Marlborough Street, Surry Hills, New South Wales 2010, Australia
sculpturebythesea.com

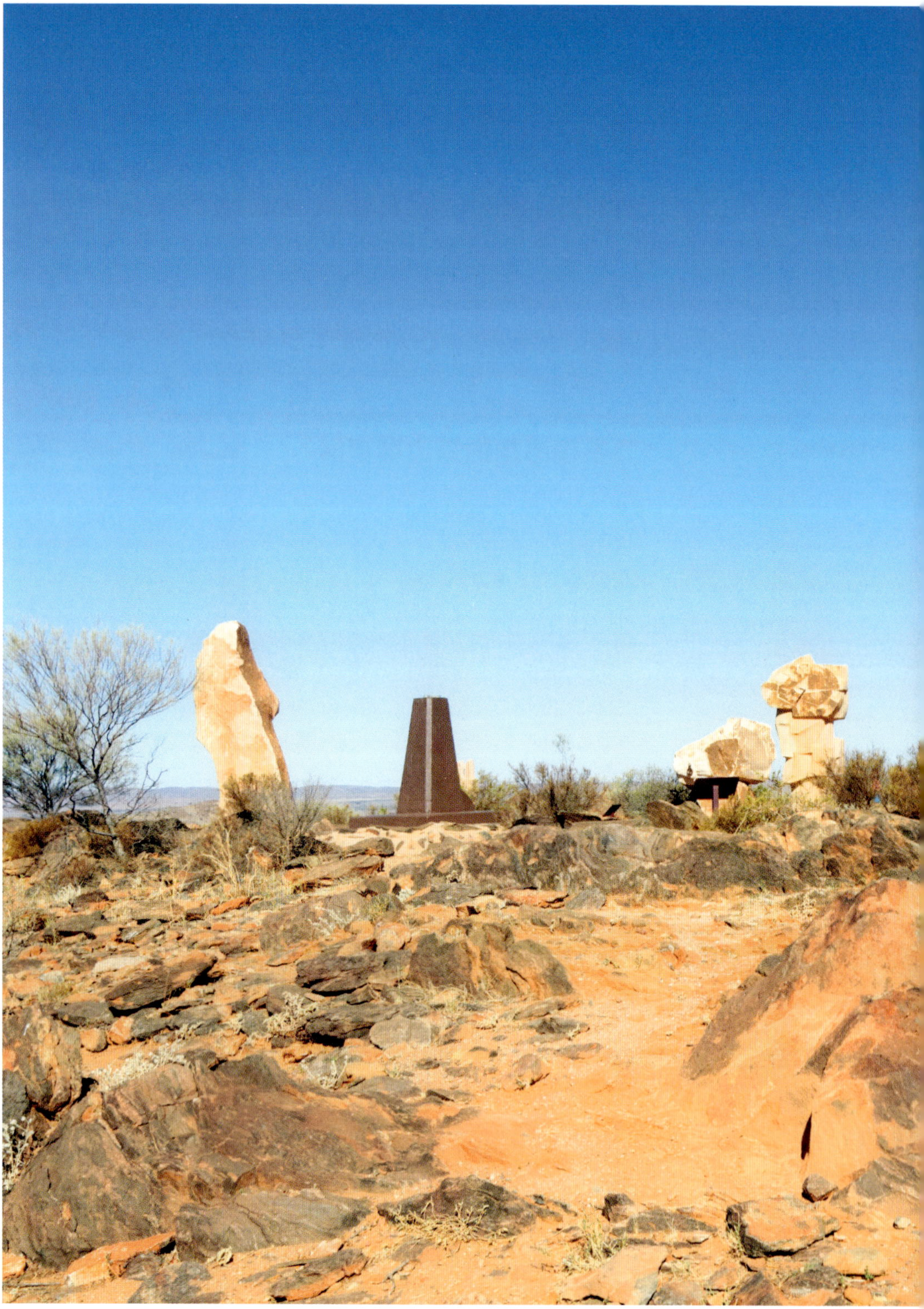

探索澳大利亚内陆地区的壮观雕塑景点

布罗肯希尔雕塑和沙漠奇观保护区
澳大利亚新南威尔士州布罗肯希尔市，邮编：2880
The Broken Hill Sculptures & Living Desert Sanctuary
Broken Hill, New South Wales 2880, Australia
discoverbrokenhill.com.au

　　坐落在澳大利亚内陆边缘的布罗肯希尔小城和就在小城外的沙漠奇观保护区（Living Desert Reserve），会让你真正地感受到那片广袤荒凉的地区是个什么样子。峡谷沟壑和裸露的岩石庄严地耸立在有有袋动物和其他一些不够迷人的小动物"巡逻"的地面上，要想去探索它可是一场真正的冒险。再加上12位国际艺术家为当地艺术家劳伦斯·贝克（Lawrence Beck）组织的雕塑研讨会（Sculpture Symposium）创作的十几座在山顶风景映衬下的自然有机砂岩雕塑，你就会有一次难忘的内陆地区边缘的艺术体验，特别是在日出或日落的时候。

跨页图　沙漠奇观保护区里的砂岩雕塑

澳大利亚

班吉尔地表雕刻

澳大利亚维多利亚州小河镇布兰奇路尤杨斯地区公园，邮编：3211

Bunjil Geoglyph
You Yangs Regional Park, Branch Road, Little River, Victoria 3211, Australia
parks.vic.gov.au/places-to-see/parks/you-yangs-regional-park

追踪澳大利亚神秘守护者的飞行轨迹

许多大地艺术作品都很难与它们所在的那片土地区分开来，然而，安德鲁·罗杰斯（Andrew Rogers）在2006年为瓦萨荣（Wathaurong）乡村的土著创作的《班吉尔地表雕刻》显然是人为创作出来的。班吉尔是瓦萨荣土著神话传说中的守护鸟和幽灵，该雕刻看起来就像一件巨大的古代岩石艺术作品，它的翼幅覆盖了100米的土地，雕刻材料主要是在这个地区发现的岩石和花岗岩。设法爬到尤杨斯山（You Yangs）的花岗岩山脊上，在那儿，你能欣赏到令人惊叹的鹰状景观。

筒仓艺术之路

澳大利亚维多利亚州

Silo Art Trail
Victoria, Australia
siloarttrail.com

▼ 了解一些关于正在消失的世界的知识

特定场域的艺术作品很少能像维多利亚州偏远干旱的威默拉（Wimmera）和马利（Mallee）地区那样，与其环境有着如此密切的联系，这一地区从墨尔本一直延伸到米尔杜拉（Mildura）和墨累河（Murray River）。在这里，在一大片自20世纪30年代起被废弃的粮食筒仓上，澳大利亚艺术家吉多·范·黑尔腾（Guido van Helten）和许多国际创意人士一起创作了200千米长的筒仓艺术之路。这条艺术之路从南到北，从俄罗斯壁画艺术家茱莉亚·瓦尔奇科娃（Julia Volchkova）在鲁帕尼厄普（Rupanyup）创作的当地运动爱好者形象开始，到帕奇沃洛克（Patchewollock）结束。在帕奇沃洛克，芬坦·麦基（Fintan Magee）为当地粮农尼克·霍兰德（Nick Hulland）创作的庄严画像很好地展现了那里的环境和当地居民的生活风貌。在这两者之间，德拉普尔和动物园管理员（DrapI & The Zookeeper）街头艺术团队在锡莱克（Sea Lake）小镇的一组筒仓上完成了充满神奇色彩的马利区域景观，还有卡夫–艾因（Kaff-eine）在罗斯伯里（Rosebery）创作的勇敢的女农民形象反映了一个几乎消失的时代和一种生活方式，非常引人入胜。

本页图 俄罗斯艺术家茱莉亚·瓦尔奇科娃在鲁帕尼厄普绘制的筒仓艺术之路壁画

对页图 《20:50》(1987)，理查德·威尔逊

新旧艺术博物馆（简称MONA）
澳大利亚塔斯马尼亚州贝里代尔半岛第655号干道，邮编：7011
Museum of Old and New Art (MONA)
655 Main Rd, Berriedale, Tasmania 7011, Australia
mona.net.au/museum/pharos

▲ 在塔斯马尼亚，为一些改变思想的艺术装置所倾倒

塔斯马尼亚的新旧艺术博物馆是当地的百万富翁大卫·沃尔什（David Walsh）在2011年构想出来的一个"极具颠覆性的成人迪士尼乐园"。它一直是一个很受欢迎的旅游景点，里面有一个古怪的空间，一系列不拘一格的展品看似很随意地陈列在建在悬崖上的博物馆里。随着名为"灯塔"（Pharos）的新侧厅的增建，它已成为南半球欣赏当代艺术装置的令人难忘的地方之一。只有在这儿，你才能看到理查德·威尔逊于1987年创作的、一直很引人注目的油画装置艺术作品《20:50》、动力艺术家让·丁格利创作的著名的1969年自毁式雕塑《纪念神圣的风或神风敢死队之墓》（Memorial to the Sacred Wind or The Tomb of a Kamikaze），以及詹姆斯·特瑞尔的四件作品等，其中最令人兴奋的是《黑洞视界》（Event Horizon，2017），它可能会让你感到万分惊奇。

特色线路：澳大利亚土著岩石艺术

澳大利亚是世界上一些古老的岩石艺术的故乡，那里有岩画和点画、版画、树皮画、雕刻和雕塑，它们组合在一起，充满了活力。从交叉影线和X射线下的艺术，到抽象艺术和模板涂鸦艺术，作品的风格都很吸引人，而其中最好的或许是旺吉纳（Wandjina）的绘画作品，这些作品即使放在纽约现代艺术博物馆里也不会显得格格不入。以下是这个国家最好的岩画景点，在那里你能欣赏到一些精彩的作品。

穆鲁朱加国家公园
西澳大利亚州布鲁普半岛
Murujuga National Park
Burrup Peninsula, Western Australia

这个令人惊叹的红色的岛屿是世界上最大的岩画集中地，藏品中除被认为是世界上最古老的人脸图像外，还有动物图像，比如塔斯马尼亚虎、肥尾袋鼠，以及其他各种鸟类、爬行动物、哺乳动物和海洋动物。

金伯利
西澳大利亚州
The Kimberley
Western Australia

这是一个专门为奇妙的旺吉纳而建的特殊场地。旺吉纳是澳大利亚土著神话中的云雨幽灵，它们头上都有光环般的头饰，长着一张张没有嘴巴的脸和一双双又大又圆的眼睛，这不禁会让人想起巴斯奎特和毕加索的作品。著名的圭央圭央（Gwion Gwion）或布拉德肖（Bradshaw）岩画也在这里，岩石上的人物形象身体细长，身上穿着精致的服饰，手里拿着回旋镖、长矛和一些装饰品。

卡卡杜国家公园
北领地
Kakadu National Park
Northern Territory

在卡卡杜国家公园的诺兰基（Nourlangie）、乌比尔（Ubirr）和南古鲁乌尔（Nanguluwurr）这三个艺术遗址中（见第270页），最引人注目的是一直展示骷髅的X射线艺术作品，尤其是在诺兰基的安邦邦（Anbangbang）画廊和岩棚里的纳马肯人（Namarrkon），以及乌比尔的塔斯马尼亚虎的骨骼，展示土著与外来文化之间联系的藏品也很重要，你可以到乌比尔去找找早年来这儿的"白小子"，从靴子、裤子、步枪和烟斗中把他们辨认出来。

博拉代尔山和阿纳姆地
北领地
Mount Borradaile and Arnhem Land
Northern Territory

博拉代尔山蜂巢状的悬崖陡壁是不计其数的岩画艺术作品的家园，这些作品被认为可追溯至5万年前。在任何时候都只有一小部分游客被允许进入参观，在精心策划的不会对环境造成任何负面影响的游览中，游客会看到像巨大的彩虹蛇、潜水鱼、帆船和许多更特别的图像。

上图 维多利亚州格兰屏国家公园的曼加洞窟（Manja Shelter）

昆坎村
昆士兰州
Quinkan Country
Queensland

这里最吸引人的是名为"昆坎"的神秘的澳大利亚土著，此外还有澳洲野犬、鳗鱼和其他野生动物，当然还有人为的岩画。岩画的颜色主要是红赭色，但也有白色、黄色、黑色和一种罕见的蓝色。要想从这个地方获得最好的体验，你可以让昆坎村和凯恩斯市（Cairns）西北方向209千米的劳拉（Laura）区域文化中心（Regional Cultural Centre）的土著导游带你一起散步游览。

库灵盖狩猎地国家公园
新南威尔士州
Ku-ring-gai Chase National Park
New South Wales

离悉尼最近的气势恢宏的岩石艺术作品，就在兰伯特半岛（Lambert Peninsula）的霍克斯伯里河（Hawkesbury River）河岸。从城市出发的一日游，会很有意义。沿一条风景优美的长4千米的环形步道——土著文化遗产步道（Aboriginal Heritage Walk），就可以到达那里，方便极了。

格兰屏国家公园
维多利亚州
Grampians National Park
Victoria

南澳大利亚州最重要的岩石艺术遗址就在这座国家公园里。在公园东部的加里维德（Gariwerd）地区，有四个遗址和班吉尔掩体洞穴（Bunjil Shelter），里面可以看到人类的手印、鸸鹋的足迹，还有抽象的水平条形图，这被认为是日历的原始形式。

普雷明哈纳
塔斯马尼亚岛
Preminghana
Tasmania

你需要获得许可才能去探索这片土著保护区，一旦进入，你就会发现在洞穴表面和岩石板块上覆盖着带有抽象图案和装饰的蚀刻版画，这些作品已有1500年的历史。保护区的位置靠近波涛汹涌的海滩，令人难忘。

下页跨页图 ▶
西澳大利亚州金伯利拉夫特岬角（Raft Point）的旺吉纳人像岩画

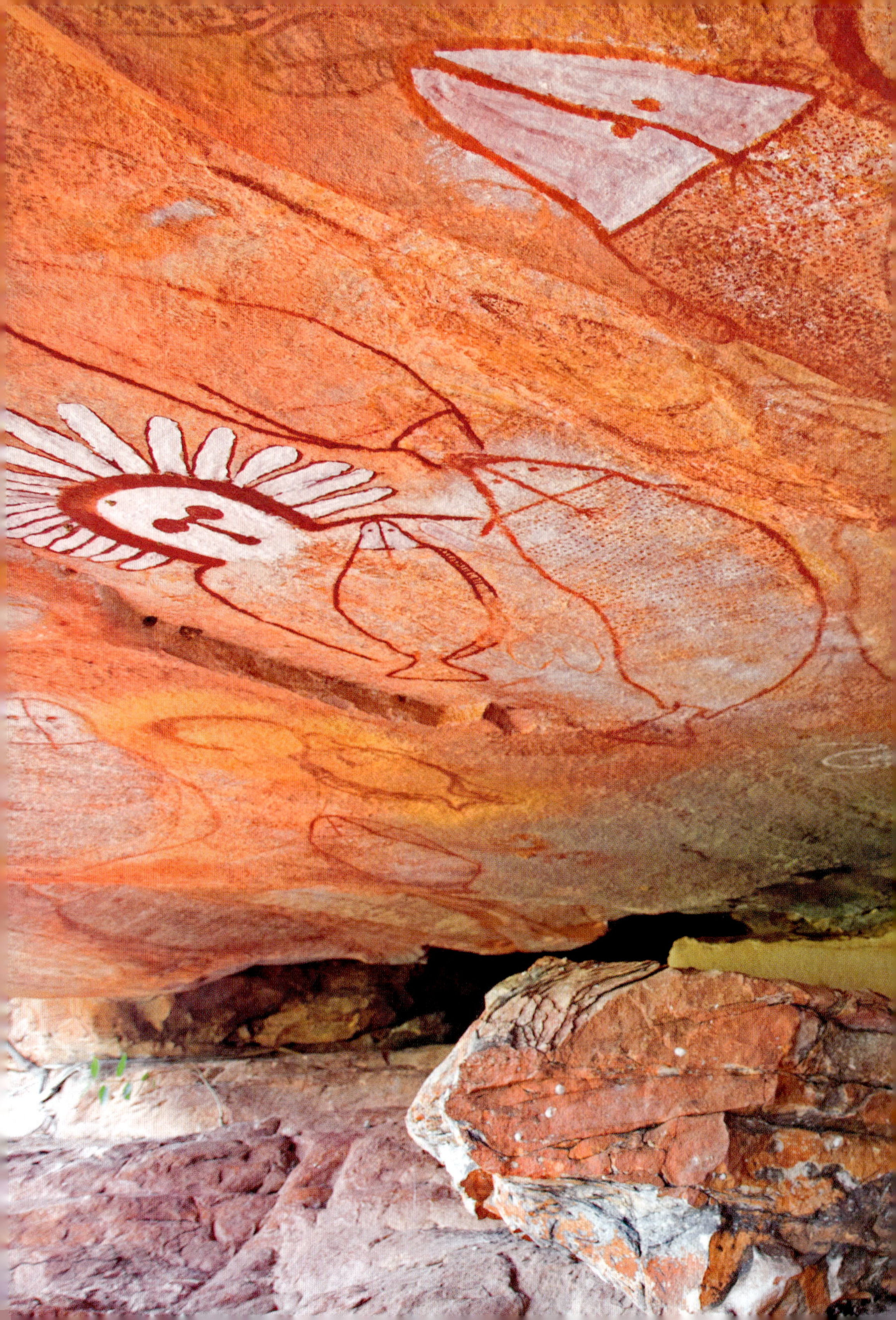

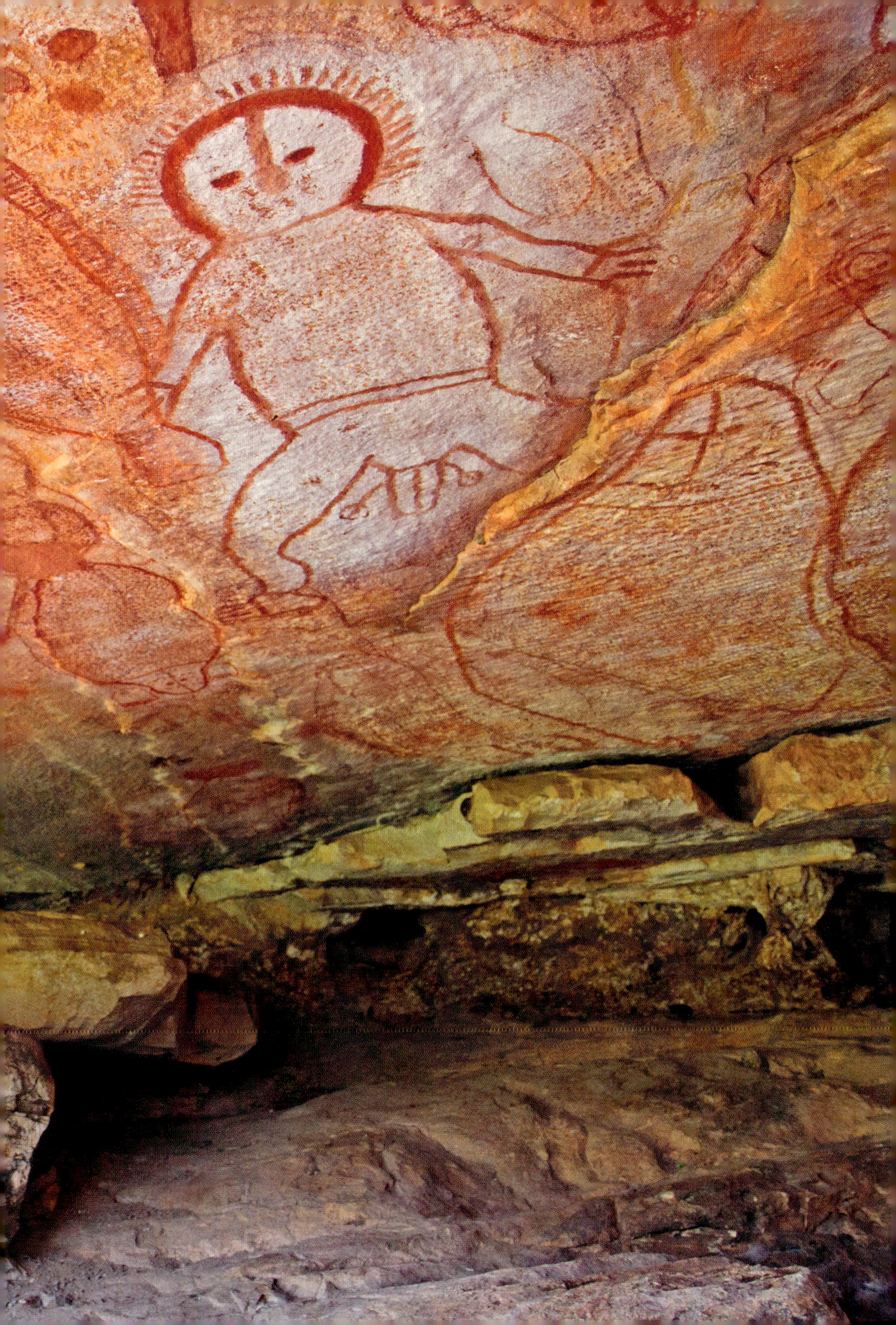

马丁·希尔工作室

新西兰中奥塔哥地区瓦纳卡镇哈里尔巷1号，邮编：9305

Martin Hill Studio
1 Harrier Lane, Wanaka 9305, Central Otago, New Zealand
martin-hill.com

在瓦纳卡看到神奇的手法和眼力

马丁·希尔（Martin Hill）的雕塑/大地艺术作品都充满了神奇迷幻的色彩，但其中没有任何一件作品能比他在2009年与他的合作伙伴菲利帕·琼斯（Philippa Jones）共同创作的雕塑《协同》（Synergy）更为神奇的了。这件作品看上去完全像是浮现在平静的瓦纳卡湖（Lake Wanaka）上的一圈精美的不可触碰的芦苇茎，它所呈现出来的那种空灵优雅和转瞬即逝之感是希尔作品的特点。这种转瞬即逝的感觉是大地艺术的共同特征，也就是说，你往往不能看到他的真实作品，但是在他瓦纳卡的工作室和画廊里，欣赏这些已经消失的作品的版画也会有乐趣，也可以获得对大地艺术的理解。

吉布斯农场

新西兰奥克兰北部北岛凯帕拉港

Gibbs Farm
Kaipara Harbour, North Island, North Auckland, New Zealand
gibbsfarm.org.nz

在一片引人注目的风景中探索更引人注目的大地艺术作品

奥克兰北部吉布斯农场的景观经常会受到广阔的凯帕拉港（Kaipara Harbour）的海风吹打，这对选择在这里创作的艺术家来说是一个挑战，但许多艺术家都已经接受了挑战，他们中有理查德·塞拉、丹尼尔·布伦（Daniel Buren）、安迪·高兹沃斯和林璎。从一些夸张的大型雕塑，如克里斯·布斯（Chris Booth）的《凯帕拉岩层》（Kaipara Strata，1992），到更宁静或虚幻的作品，如玛丽·德胡耶（Marijke de Goey）的《艺术品1》（Artwork One，1999），所有这些都令人惊叹，真是一个很有吸引力的作品组合。林璎创作的巨幅土方工程《田间折叠》（A Fold in the Field，2013）意义深远，作品反映了无情的天气锋面塑造的海岸线以及陆地向海洋不可避免的重力滑动。

新西兰蒂帕帕国家博物馆

新西兰惠灵顿市凯博街55号，邮编：6011

Museum of New Zealand Te Papa Tongarewa
55 Cable Street, Wellington 6011, New Zealand
tepapa.govt.nz

打开惠灵顿的藏宝盒

在惠灵顿，以美丽群山为背景的新西兰国家博物馆，相对来说，是这座城市的新博物馆，它于1998年正式对外开放，那时它被称为"蒂帕帕"（Te Papa）或"我们的地方"（Our Place）。它的蒂帕帕·东加雷瓦（Te Papa Tongarewa）[或称藏宝盒（Container of Treasures）]里确实装满了宝物，尽管不是珠宝或贵重金属，但都是极好的原创作品。从欧式风格的宽边帽和类似巫术中出现的羽毛那样令人毛骨悚然、不由会让人想起弗莱迪·克鲁格（Freddy Krueger）的迷人面具，到20世纪新西兰艺术家，如科林·麦卡洪（Colin McCahon）和帕拉特恩·马切特（Paratene Matchitt）的绘画作品，以及一些大胆的当代艺术作品，比如迈克尔·帕雷科瓦埃（Michael Parekowhai）的《阿塔兰吉》（Atarangi），都是试图扩大当代毛利（Maori）的藏品中的一部分，真可谓包罗万象。

▲ 在巴布亚新几内亚的19个省间穿行

巴布亚新几内亚国家博物馆和美术馆

巴布亚新几内亚莫尔兹比港博罗科邮政信箱5560号，邮编：121

Papua New Guinea National Museum and Art Gallery
Boroko Pob 5560, Port Moresby 121, Papua New Guinea
ncc.gov.pg

澳大利亚建筑师马丁·福勒（Martin Fowler）为自己设计的这座充满活力的美术馆感到高兴，1974年，他用十年时间完成的野兽派风格的混凝土砌块与色彩丰富的非洲艺术图案，终于在一个引人注目的弧形大门上完美地融合在一起。四十年后，澳大利亚的另一家事务所——建筑师事务所（Architectus）又对福勒的作品进行更新，他们在光线充足明亮的美术馆空间里设计了多功能壁挂墙，上面有400多件藏品。这些藏品，从大型木雕、雕像、盾牌和头饰，到纺织品、现代艺术作品和自然历史物品，全都来自巴布亚新几内亚的19个省份。其结果是游客们好评如潮，有的游客说它们是"绝好的原始艺术藏品，比纽约大都会艺术博物馆的还要好！"也有人说它们是"了不起的现代艺术"。对此我们完全赞同。

上图　巴布亚新几内亚国家博物馆和美术馆里展出的人物雕像

索引

Page numbers in italics refer to illustrations.

1–54 Contemporary African Art Fair 198, *198*
The 12 Decades Johannesburg Art Hotel 213
798 Art District 236, 239

A

Aboriginal rock art 276–7
Abuna Yemata Guh church 206, *206*
aha Shakaland Hotel & Zulu Cultural Village, Nkwalini 212
Ajanta caves 233, *233*
All Saints' Church 7, 105
Alte Nationalgalerie 142
Andersen, Hans Christian 182
Ando, Tadao 118, 245
Ann Bryant Art Gallery 216
Araluen Arts Centre 271
Archaeological Park of Siponto 162, *162–3*
Arnhem Land 276
Art Basel 147
Art Dubai 228
Art Gallery of Nova Scotia 11
The Art Institute of Chicago 30
Art Taipei 250
Art on theMART 25, *25*
Artangel 99
ArtScience Museum 265, *265*
Atelier des Lumières *120–1*, 121
Atelier sul Mare 212
Autograph Gallery 94
Ayacucho 70

B

Bacon, Francis 84, *84*, 89, 99, 130, 156
Bałka, Mirosław 100
The Barbara Hepworth Museum and Sculpture Garden 104
Barcelona 111
Bardo Museum 200, *200*
Barjeel Art Foundation 227
Basilica of St Francis of Assisi 161
The Basilica of San Francesco 161
Basilica of San Vitale 165
Basilica of Sant'Apollinare 165, *165*
Basilica of Santi Quattro Coronati 152
Basquiat, Jean-Michel 35, 252, 276
Bauhaus 144, 224
Bawa, Geoffrey 236
Bayer, Herbert 27
The Beaumont 213
The Beekman 240
Benin City National Museum 204
Bergöö, Karin 173, *173*
Berkshire 91, *91*
Berni, Antonio 77
Bernini, Gian Lorenzo 152, 153
Bete Giyorgis *208–9*, 209
Beyeler, Hildy and Ernst 147
Birmingham Museum & Art Gallery 93
Bjarke Ingels Group *96*
Black House (Baan Dam Museum) 259, *259*
Blanton Museum of Art 43
Blåvand Beach 172, *172*
Boezem, Marinus 138, *138*
Botero, Fernando *62–3*, 63
Bourgeois, Louise 100, 108, 115, 147, 170, 179
Bourse de Commerce–Pinault Collection 118
BRAFA 135
Brancacci Chapel 160, *160*
Bratislava 182, *182*
The Broad Museum 13, 35, *35*
The Broken Hill Sculptures & Living Desert Sanctuary *272–3*, 273
Brooklyn Museum 15
Bukchon Hanok Village 250, *250*
Bunjil Geoglyph 274
Burne-Jones, Edward 93
Burton Agnes Hall 90

C

California African Art Museum (CAAM) 34, *34*
Caravaggio 153, 156, 166
Carl Larsson-gården in Sundborn 173, *173*
Carr, Emily 10
Cartier 124
Casa das Historias Paula Rego 108
Casa de los Venados 53, *53*
Casa del Alabado Museum of Pre-Columbian Art 67
Cassatt, Mary 43
Cavallini, Pietro 152
Centre Pompidou 123, 146, 174, 222
Černý, David *180*, 180
Cézanne, Paul 18, 90, 103, 131, *131*, 147
Chadwick, Helen 150
Chagall, Marc 7, 105, 122, *122*, 147, 213
Chamberlain, John 24, 44
Chand Saini, Nek *234–5*, 234
Chapelle du Rosaire de Vence 135, 156
Chauvet cave paintings 7, 134, *134*
Chavín de Huántar 65
Chicago, Judy 15, 179
Chichester Cathedral 104
Chihuly, Dale 11, 12
Chihuly Garden and Glass 11
Chilean Museum of Pre-Columbian Art 66, *68–9*
Chillida, Eduardo 108, *108*
Chillida Leku 108, *108*
Chinati Foundation 14, 24, 44
Chinneck, Alex 95
Chora Museum 192, *192*
The Church of St Francis of Assisi 181
Church of Saint George *208–9*, 209
Cigar Band House 138
Cleveland Museum of Art (CMA) 31
Clos Lucé *132–3*, 133
Cocteau, Jean 97, *97*
Colaço, Jorge 106
Collection de l'art Brut 148, *148–9*
Cologne Cathedral 144
Colònia Güell 116, *116*
Convento e Iglesia de la Merced 57, *57*
Cookham 91, *91*
The Cosmopolitan 241
Courtauld Gallery 103
Creed, Martin 86, *86*
Crosby Beach 85
Crystal Bridges Museum of American Art 47, *47*
Čumil 182, *182*

D

Da Nang Museum of Cham Sculpture 262, *262*
Dalí, Salvador 114, 213, 239
Dali Theatre and Museum 114, *114*
Dar Al-Anda Art Gallery 223
D.A.ST. Arteam 201, *201*
David Černý Trail *180*, 180
d'Avigdor-Goldsmid, Sarah 105
de Finis, Giorgio 151
de la Cruz, Hernando 64
De Maria, Walter 14, 27, 37
Debre Berhan Selassie 207, *207*
deCaires Taylor, Jason 270
del Castagno, Andrea 150
della Francesca, Piero 161
Déri Museum 183
Desert Breath 201
Detroit Institute of Arts (DIA) 31
Dia:Beacon 14
Djenné terracotta sculpture 202
The Dolder Hotel 213
Dublin City Gallery 84, *84*
Dubuffet, Jean 141, 148, 172
Duchamp, Marcel 123
Duval-Carrié, Edouard 203, *203*

E

Eardley, Joan 88
Easter Island 80, *80–1*
El Dorado 60
El Greco 22, 111, 114, 115, 127
Enwonwu, Ben 206
Erawan Museum 260, *260–1*
Eyck, Hubert and Jan van 137, *137*

F

Fabre, Jan 136, *136*
Fabritius, Carel 140, *140*
Farleys House & Gallery 103
Fengxian Temple 248, *248*
Fexri Xiyaban Cemetery 221
Fife Arms 213
Finnish National Gallery 179
Flavin, Dan 14, 44, 143
FOMU – Fotomuseum Antwerpen 136
Fondation Beyeler 147, *147*
Fondation Cartier pour l'art contemporain 124

Fondation Vincent van Gogh Arles 130, *130*
Fontainebleau Miami Beach 240
Fowler, Martin 281
Fraser-Tytler, Mary 105
Frida Kahlo Museum (La Casa Azul) 49, *49*
Friedrich, Casper David 142, *142*
Frieze Sculpture/Art Fair 94
The Fruitmarket Gallery 86
Fundació Antoni Tàpies 117
Fushimi Inari-Taisha shrine 253, *253*

G

Galerie Klatovy Klenová 180
Gallacio, Anya 86
Gallery Yeh 252
Gamcheon Culture Village 251, *251*
Gangori Bazaar 232
The Garage Museum 187
The Garden of Cosmic Speculation 87, *87*
Gaudí, Antoni 116, 117, 258
Gehry, Frank 123, 226
Gentileschi, Artemisia 158
Geoffrey Bawa House 236
George Town, Penang 264, *264*
Georgia O'Keeffe Home and Studio 38
Georgia O'Keeffe Museum 37, 38
Ghent Altarpiece 137, *137*
Ghibli Museum 254, *254*
Ghost Ranch Conference Center 39
Gibbs Farm 280
Gilson, Randy 21
Giotto 161
Goldsworthy, Andy 16, 27, 86, 91, 280
Göreme Open Air Museum 220, *220*
Gormley, Antony 85, 95, 212
Goya, Francisco 22, 31, 103, 111, 114
Grampians National Park 277, *277*
Grand Egyptian Museum 201
The Green Cathedral 138, *138*
Grotte Chauvet 2 Ardèche 7, 134, *134*

Güell, Eusebi 116, 117
Guggenheim, Peggy 165
Guggenheim Museum Bilbao 115, *115*
Guggenheim Museum New York 15, 179
Gwacheon 175

H

Hakone Open-Air Museum 127
Hamburger Bahnhof 144
Hanover 175, *175*
Hawzen 206
He Art Museum (HEM) 245
Hein, Jeppe 46
Heizer, Michael 14, 26
Henry Moore House, Studios & Garden 92, *92*
Hepworth, Barbara 104
Hertervig, Lars 171
Herzog & de Meuron 249
Hill, Martin 280
Hill of Witches Sculpture Park 184, *184–5*
Hillwood Estate, Museum & Gardens 23, *23*
Hirst, Damien 98, *98*, 118, 180, 212, 240, 252
Hix, Mark 98
Ho Chi Minh City Museum of Fine Arts 263, *263*
Hockney, David 90, *90*, 94, 99, 130
Hokkaido Museum of Modern Art 252
Hokusai, Katsushika 254, 255, *255*
Hokusai-San Museum 254
Höller, Carsten 100, 100–1
Holocaust Memorial 167, *167*
Holt, Nancy 34
Homer 200, *200*, 221
Hopper, Edward 30, *30*
Horn, Roni 84, 99
Hotel Altstadt 212
Hotel Éclat 239
Hotel Refsnes Gods 212
hotels 212–13, 240–1
House of Eternal Return 42, *42*
Hume, Gary 95
Hundertwasser, Friedensreich 120–1

I

Idia, Queen 204, *204*

Iglesia de la Compañía de Jesús 64, *64*
Iglesia de Santo Tomé 115
Inhotim Art Museum 75, *75*
International Horticultural Exhibition 246–7
International Museum of Naïve Art (MIAN) 74
Irwin, Robert 14, 44
Isamu Noguchi Garden Museum 258
Israel Museum 222
Istanbul Museum of Modern Art 192
Itchiku Kubota Art Museum 258, *258*
Iwalewahaus 146

J

Jameel Arts Centre 227
James, Edward 55
James Turrell Museum 78
Jantar Mantar 232, *232*
Japan Folk Crafts Museum 257, *257*
Jencks, Charles 87
Jerusalem Festival of Light 223, *223*
Jigyo Central Park 175
Johnson, Philip 45
Judd, Donald 14, 44, 256
Judenplatz Holocaust Memorial 167, *167*
Jupiter Artland 86

K

Kahlo, Frida 49, 52, 77
Kahn, Louis 19, 108
Kakadu National Park 270, 276
Kandinsky, Wassily 190, *190*
Kapoor, Anish 24, *24*, 245, 252
Karakalpakstan Museum of Arts 230
A. Kasteyev State Museum of Arts of the Republic of Kazakhstan 230, *230*
Kelly, Ellsworth 43, *43*, 45, 123
Kelvingrove Art Gallery and Museum 88, *88*
Kerr, Bharti 240, *242–3*
The Kimberley 276, *278–9*
Kit Carson Park 175
Klimt, Gustav 121, 166, *166*
Kollwitz, Käthe 143, *143*
Koons, Jeff 115
Korin, Pavel 189

Kröller-Müller Museum 141, *141*
Ku-ring-gai Chase National Park 277
Kubota, Itchiku 258
The Kunstmuseum Den Haag 139, *139*
Kusama, Yayoi 21, *21*, 35, 168, *168*, 245, 256, *256*, 257

L

La Colombe d'Or 213
La Comuna 13 61, *61*
La Difunta Correa 78, *78*
The Lady and the Unicorn (La Dame à la Licorne) 119, *119*
Lambda 170
land art 26–7, 32–4, 37, 280
Larsson, Carl 173, *173*
Las Pozas *54–5*, 55
Laso, Francisco 70
Lawrence, Jacob 22
Lazraq, Alami 198
Le Corbusier 135, 179
Le Musée Public National des Beaux-Arts 200
Leonardo da Vinci 22, *132–3*, 133, 150, *150*, 152, 181, 265
Leopold Museum 168
Lewis, Maud 11, *11*
Lichttapete 223
The Line 95
Lintong District, Shanxxi 238, *238*
Lippi, Filippino 153, 160
Liss Ard Estate 85, *85*
Long, Richard 231, *231*
Louis Vuitton Foundation 123, *123*
Louisiana Museum of Modern Art 172
Louvre Abu Dhabi 226, *226*
Luolong District, Luoyang 248
Luyeyuan Stone Sculpture Art Museum 245

M

M+ 249
Mabel Dodge Luhan House 39
Mackintosh, Charles Rennie 89, *89*
McMichael Collection of Canadian Art 10
McNay Art Museum 43
Madrid 110
MaestraPeace 36, *36*

索引 **283**

Majlis Art Gallery 227
Malevich, Kazimir 187, *187*, 191
Mamayev Kurgan 186
Marclay, Christian 222
Marianne North Gallery 93, *93*
Marshall, Kerry James 13
Martin Hill Studio 280
Masaccio 160
Matisse, Henri 13, 18, 22, 31, 45, 135, 156, 213
The Mattress Factory 21
Mauger, Vincent *118*
Mauritshuis 140
Mausoleum of Moulay Ismail 196–7, *197*
Medici family 159
Menil, John de 45
Menil Collection 45
Meow Wolf 42
Metochites, Theodore 192
Metropolitan Museum of Art 18, *18*, 30, 202, 281
Metropoliz Museum of the Other and the Elsewhere (MaaM) 151, *151*
Michelangelo 152, 153, 156, 159, 160, 161
Mies van der Rohe, Ludwig 143
Millennium Park, Chicago 24
Miller, Lee 103
Minneapolis Institute of Art 13
Miró, Joan 15, 91, 103, 127, 172, 213
Moderna Museet 179
Mogao Caves 239, *239*
Mollenaar, Nico 138
Mondrian, Piet 139, *139*, 141, 165
Monet, Claude 125, *125*, 131, 141, 171, 200, 256
Moore, Henry 92, *92*, 213, 240
Morisot, Berthe 171
Morris, Robert 27
Moscow metro *188–9*, 189
Mount Borradaile 276
Munch, Edvard 170, 179
Muniz, Vik 94
Munro, Bruce 268, *268–9*
Murujuga National Park 276
Musée de Cluny (Musée national du Moyen Âge) 119
Musée de la Photographie de Saint-Louis 202
Musée de l'Orangerie 125, *125*
Musée d'Orsay 131, 144
Musée du Louvre 124, *124*

Musée Picasso 126, *128–9*
Museo Amparo 50
Museo a Cielo Abierto 79, *79*
Museo de Arte Contemporáneo Rosario (MACRo) 76, *76*
Museo de Arte de Lima (MALI) 70
Museo de Arte Latinoamericano de Buenos Aires (MALBA) 77, *77*
Museo de Filatelia de Oaxaca (MUFI) 52, *52*
Museo de Leyendas y Tradiciones 57
Museo de Textiles Andinos Bolivianos 71
Museo del Banco Central 67
Museo del Barro 76
Museo del Cenacolo Vinciano 150
Museo del Duomo 161
Museo del Oro 60, 67
Museo del Prado 110, *111*, 114
Museo e Real Bosco di Capodimonte 158
Museo Internacional del Barroco 51, *51*
Museo Larco 65, *65*, 67
Museo Nacional de Colombia 67
Museo Picasso Málaga 127
Museo Reina Sofía 126
Museu de Arte Contemporânea de Niterói (MAC) *72–3*, 73
Museu Picasso 127
Museum of African Contemporary Art Al Maaden (MACAAL) 198
Museum of Black Civilizations 203, *203*
Museum of Fine Arts Boston 20
Museum of Glass 11, 12, *12*
Museum of Graffiti 46, *46*
The Museum of International Folk Art 37
Museum of Islamic Art (MIA) 224, *224*, 225
Museum of Islamic Art Park 225
Museum Ludwig 127
Museum of Modern Art (MoMA) 14, 276
Museum of Montmartre 130
Museum of New Zealand Te Papa Tongarewa 280

Museum of Old and New Art 275, *275*
Museum Oscar Niemeyer 74, *74*
Museum of Pre-Columbian and Indigenous Art (MAPI) 66
Museum Sammlung Rosengart 127
Museum Tinguely 146
Museum of Underwater Art (MOUA) 270
Muzeum Susch 150

N

Nairobi 210, *210*
Nanguluwurr Art Site Walk 270
Nantes 118, *118*
Naoshima 256
Naples 158
National Autonomous University of Mexico (UNAM) 48
National Gallery, London 158
National Gallery of Art, Vilnius 183
National Gallery of Art, Washington 21, 22
National Gallery of Modern Art (NGMA) 233
National Museum of Anthropology 48, *48*, 67
National Museum of Archaeology, Anthropology and History 66
National Museum of Damascus 222
National Museum of Mali 202, *202*
National Picasso Museum 126
Nazca Lines 71, *71*
Neue Nationalgalerie 143
Neue Wache 143, *143*
New Orleans Museum of Art (NOMA) 46
New Sacred Art 205
Newman, Barnett 22, 45
Niemeyer, Oscar *72–3*, 73, 74, *74*, 96
No Limit *178*, 179
Noguchi, Isamu 258
North, Marianne 93, *93*
Notre Dame de France 97
Notre Dame du Haut 135
Nubuke Foundation 204

O

Odunpazarı Modern Museum *193*, 193
O'Gorman, Juan 48
O'Keeffe, Georgia 37, 38–41, 47
Omenka Gallery 206
Opéra Garnier 122, *122*
Ordrupgaard 171, *171*
Oriel y Parc 89
Orihuela 111
Osun-Osogbo Sacred Grove 205, *205*
The Other Place 241
Ouchhh Studios 25

P

Palace of Darius 228
Palmyra 124, *124*, 222
Papito's Arte Corte 56, *56*
Papua New Guinea National Museum and Art Gallery 281, *281*
Paris 174
Park Güell 117, *117*
Parmigianino 159
Peggy Guggenheim Collection 165
Pei, I.M. 124, 224, 225
Penrose, Roland 103
Peredvizhniki 191
Persepolis 228, *228*
Petrol station, Highway 84 38
Phillips Collection 22, *22*
Piano, Renzo 45, 123, 147, 192
Picasso, Pablo 14, 22, 30, 80, 110, 126–7, 141, 147, 165, 200, 213, 245, 276
Pinault, François 118
Pine, April 271
Plaza Botero, Medellín *62–3*, 63
Post, Marjorie Merriweather 23
Powers, Harriet 20, *20*
pre-Columbian art 66–7, 70
Pre-Columbian Art Museum 66
Precita Eyes Mural Arts and Visitor Center 36
Preminghana 277
Procter, Alice 96

Q

Queen Califia's Magical Circle 175
Quinkan Country 277
Quinn, Lorenzo 164, *164*

R

Rabinovich, Isaac 189
Ravenna 165
Red Brick Art Museum 236
Rego, Paula 108
Restaurant Eloisa 38
Richter, Gerhard 144
Rietveld, Gerrit 141, *141*
Rijksmuseum 140
Rivera, Diego 31, *31*, 48, 49, 50, 77
Rock Garden of Chandigarh 234, *234–5*
Rodin, Auguste 50, *50*
Rodina Mat 186, *186*
Rogers, Andrew 274
Rome 152–3
Rondinone, Ugo 27, *28–9*
Rosengart, Angela 127
The Rosewood Hong Kong 240, *241*, *242–3*
Ross, Charles 27
Rossetti, Dante Gabriel 93
Rothko, Mark 45, 103, 147
Rothko Chapel 45, *45*
The Royal Academy of Arts 94
Royal Palace of Brussels 136
Rubin, Reuven 224
The Rubin Museum 224

S

Sadberk Hanım Museum 191
St John's Co-Cathedral and Museum 166
Saint Phalle, Niki de 174–5, *176–7*, 179
San Agustin Archaeological Park 60, *60*
San Francesco a Ripa 152
San Lorenzo fuori le Mura 153
San Luigi dei Francesi 153, 156
San Pietro in Vincoli 152
Sant' Agostino 153
Santa Cecilia in Trastevere 153
Santa Maria del Popolo 153
Santa Maria della Vittoria 152
Santa Maria sopra Minerva 153
Santa Maria in Trastevere 152
Santa Prassede 153
Santo Stefano Rotondo 152, *154–5*
Sanxingdui Museum 244, *244*
São Bento train station 106, *106–7*
Sapporo Art Park and Sculpture Garden 252, *252*
Savitsky, Igor 230
Schiele, Egon 168
Scottish National Gallery of Modern Art 85
Sculpture by the Sea 271, *271*
The Sculpture Park at Madhavendra Palace 231
SculptX Fair 216
Secession 166
Semana Santa 70
Serpentine Pavilion 96
Serra, Richard 225, *225*, 280
Seville 110
SFER IK Museion 53
Shakaland Cultural Village 214–15
Sharjah Museum of Art 227
Sheshan National Tourist Resort 245
Shonibare, Yinka 216
Shrigley, David 102, *102*
Silo Art Trail 274, *274*
Sketch 102, *102*
Smart Museum of Art 24
Smithson, Robert 27, 32, *32–3*
Smithsonian American Art Museum 21
Soho House Mumbai 240
Solar, Xul 77
Sombroek Cas, Jan 138
Somerset House 103
Sorolla Museum 109, *109*
Soumaya Museum 50, *50*
Spencer, Stanley 91, *91*
Stanius, Jonas 184
Stanley Spencer Gallery 91
The State Hermitage Museum 190
The State and New Tretyakov Galleries 187, *187*, 191
The State Russian Museum 191
Stavanger Museum of Fine Arts 171
Steilneset Memorial 170
Stockholm 174, 179
Storm King Art Center 16
Streeter, Tal *16–17*
The Sumida Hokusai Museum 254, 255
Sutherland, Graham 89
Suzanne Deal Booth Centennial Pavilion 44
Swarovski Kristallwelten 168, *168*

T

Tagoe-Turkson, Patrick 204
Tai Kwun Centre for Heritage and Arts 249, *249*
Taipei Dangdai 250
Tákos Calvinist Church 182
Tàpies 117
Tarot Garden 174, *176–7*
Tassili n'Ajjer Cultural Park 199, *199*
Tate Britain 96, 99, *99*
Tate Modern 100, *100–1*, 103
teamLab Borderless Shanghai *246–7*, 247
Temple of Dendur 18, *18*
Temporary Bauhaus-Archiv/ Museum für Gestaltung 144
TEN Arquitectos 50
theMART 25
Thomas, Alma 21
Tiepolo, Giovanni Battista 145, *145*
Tinguely, Jean 146, 174, 179, 275
Titian 159, *159*
Toledo 111
Toledo Metro Station *158*
Tomimoto Kenkichi Memorial Museum 257
Tramshed 98, *98*
Tresoldi, Edoardo 162, *162–3*
Troy Museum 221, *221*
Tsodilo Hills 211
Turner, J.M.W. 99, *99*, 183
Turrell, James 26, 44, 78, 85, *85*, 240, 256, 275
Tuscany 174, *176–7*
Tutankhamun, King 201
Twombly, Cy 45

U

UCCA Dune Museum 7, *7*, 237, *237*
Uffizi Gallery 159
uKhahlamba Drakensberg Park 211, *211*
Uluru 268, *268–9*, 270
Uncomfortable Art Tours 96
The Unicorn Tapestries 18
University City 48

V

Valencia 110
Van Gogh, Vincent 13, 14, 18, 30, 31, 121, 130, *130*, 131, 140, 141, 147, 156, *156*, 179
Van Gogh Museum 141
Vancouver Art Gallery 10
Vank Cathedral 229, *229*
Vatican Museums 156
Velázquez, Diego 110–11, 110, *112–13*, 114, 127, 156
Venice Biennale 164, *164*, 183
Via Villa dei Misteri 157, *157*
Vietnamese Women's Museum 264
Vigeland, Gustav 169, *169*
Vigeland Sculpture Park 169, *169*
Volchkova, Julia 274, *274*
Vuchetich, Yevgeny 186

W

Walker, Kara 14, *14*
Walker Art Center 13
War Remnants Museum 263
Watts, George Frederic 105
Watts Gallery & Watts Chapel 105, *105*
Whiteread, Rachel 167, *167*, 209
The Wieliczka Salt Mine 181, *181*
Willow Tea Rooms 89, *89*
Wilson, Richard 275, *275*
Wölfli, Adolf *148–9*
Woodrow, Bill 172
Würzburg Residenz 145, *145*
Wyspianski, Stanisław 181

Y

Yale Center for British Art 19, *19*
Yayoi Kusama Museum 257
Yorkshire Sculpture Park 91
Yorkshire Wolds 90, *90*

Z

Zacharevic, Ernest 264
Zain al-Din, Sheikh 13, *13*
Zeid, Fahrelnissa 192
Zeitz Museum of Contemporary African Art 217, *217*
Zoma Contemporary Art Centre (ZCAC) 210
Zumthor, Peter 170

图片出处

2 Leonid Andronov/Alamy Stock Photo; 7 Xinhua/Alamy Stock Photo; 11 Randy Duchaine/Alamy Stock Photo; 12 robertharding/Alamy Stock Photo; 13 Pigsonthewing (public domain); 14 Charcoal on paper, Triptych, each panel differs, from left to right: 104 x 72 in, 103 x 72 in, 105 x 72 in, Artwork © Kara Walker, courtesy of Sikkema Jenkins & Co., New York; 16 Purchased with the aid of funds from the National Endowment for the Arts and gift of the Ralph E. Ogden Foundation. Storm King Art Center, Mountainville, NY. ©Estate of Tal Streeter. Photo by Wendy Stone/Corbis via Getty Images; 18 Metropolitan Museum of Art, New York; 19 Ian Dagnall/Alamy Stock Photo; 20 Bequest of Maxim Karolik. Museum of Fine Arts, Boston. All Rights Reserved; 21 © YAYOI KUSAMA; With kind permission from Mattress Factory Museum, Pittsburgh, PA. Photo: Randy Duchaine/Alamy Stock Photo; 22 Courtesy of The Phillips Collection, Washington, DC. Photo: Lee Stalsworth; 23 Ivan Vdovin/Alamy Stock Photo; 24 © Anish Kapoor. All Rights Reserved, DACS 2021. Photo: Michael Weber/imageBROKER/Shutterstock; 25 Courtesy of Art on theMART/Photography by Bob Grosse; 28 Photography by Matt Haase, Courtesy of studio rondinone; 30 Canoe 1967 (public domain); 31 © Banco de México Diego Rivera Frida Kahlo Museums Trust, Mexico, D.F./DACS 2021. Photo: Gift of Edsel B. Ford/Bridgeman Images; 32 © Holt-Smithson Foundation/VAGA at ARS, NY and DACS, London 2021. Photo: Cavan Images/Alamy Stock Photo; 34 Chon Kit Leong/Alamy Stock Photo; 35 David Litschel/Alamy Stock Photo; 36 Alan Gallery/Alamy Stock Photo; 39 © Georgia O'Keeffe Museum/DACS 2021. Photo: Albert Knapp/Alamy Stock Photo; 40 LizCoughlan/Shutterstock; 42 By Lindsay Kennedy, Courtesy of Meow Wolf; 43 © Ellsworth Kelly Foundation, Courtesy Matthew Marks Gallery. Photo: Blanton Museum of Art, The University of Texas at Austin, Gift of the artist and Jack Shear, with funding generously provided by Jeanne and Michael Klein, Judy and Charles Tate, the Scurlock Foundation, Suzanne Deal Booth and David G. Booth, and the Longhorn Network. Additional funding provided by The Brown Foundation, Inc. of Houston, Leslie and Jack S. Blanton, Jr., Elizabeth and Peter Wareing, Sally and Tom Dunning, the Lowe Foundation, The Eugene McDermott Foundation, Stedman West Foundation, and the Walton Family Foundation, with further support provided by Sarah and Ernest Butler, Buena Vista Foundation, The Ronald and Jo Carole Lauder Foundation, Emily Rauh Pulitzer, Janet and Wilson Allen, Judy and David Beck, Kelli and Eddy S. Blanton, Charles Butt, Mrs. Donald G. Fisher, Amanda and Glenn Fuhrman, Glenstone/Emily and Mitch Rales, Stephanie and David Goodman, Agnes Gund, Stacy and Joel Hock, Lora Reynolds and Quincy Lee, Helen and Chuck Schwab, Ellen and Steve Susman, and other donors; 45 © 1998 Kate Rothko Prizel & Christopher Rothko ARS, NY and DACS, London 2021. Photo © Christian Heeb; 46 mauritius images GmbH/Alamy Stock Photo; 47 picturelibrary/Alamy Stock Photo; 48 MJ Photography/Alamy Stock Photo; 49 Andrew Hasson/Getty Images; 50 Cathyrose Melloan/Alamy Stock Photo; 51 Benedicte Desrus/Alamy Stock Photo; 52 Courtesy Museo de Filatelia de Oaxaca; 53 Robert Rosenblum/Alamy Stock Photo; 54 Brian Overcast/Alamy Stock Photo; 56 Peter Schickert/Alamy Stock Photo; 57 Richard Maschmeyer/Alamy Stock Photo; 60 Ilyshev Dmitry/Shutterstock; 61 Lucas Vallecillos/Alamy Stock Photo; 62 Antoine Barthelemy/Shutterstock; 64 Diego Delso, delso.photo, License CC-BY-SA; 65 Ian Dagnall/Alamy Stock Photo; 68 Lucas Vallecillos/Alamy Stock Photo; 71 SL-Photography/Shutterstock; 72 © NIEMEYER, Oscar/DACS 2021. Photo: GM Photo Images/Alamy Stock Photo; 74 © NIEMEYER, Oscar/DACS 2021. Photo: Ricardo Ribas/Alamy Stock Photo; 75 robertharding/Alamy Stock Photo; 76 buteo/Shutterstock; 77 Wim Wiskerke/Alamy Stock Photo; 78 Design Pics Inc/Alamy Stock Photo; 79 Sueddeutsche Zeitung Photo/Alamy Stock Photo; 80 Chakarin Wattanamongkol/Getty Images; 84 Lucas Vallecillos/Alamy Stock Photo; 85 © Paul Collins/Liss Ard Estate; 86 © Martin Creed. All Rights Reserved, DACS 2021. Photo: imageBROKER/Alamy Stock Photo ; 87 gardenpics/Alamy Stock Photo; 88 Michael D Beckwith (CC BY 3.0); 89 Unlisted Images, Inc./Alamy Stock Photo; 90 Oil on canvas, 60 x 76", © David Hockney, Photo Credit: Prudence Cuming Associates Collection Museum of Fine Arts, Boston; 91 Nature Photographers Ltd/Alamy Stock Photo; 92 Photo: Jonty Wilde. Reproduced by permission of the Henry Moore Foundation; 93 George Hall/Alamy Stock Photo; 95 © Gary Hume. All Rights Reserved, DACS 2021. Photo: Adam Kaleta; 96 Designed by Bjarke Ingels Group (BIG)/Photo © Iwan Baan; 97 © ADAGP/DACS/Comité Cocteau, Paris 2021. Photo: Raf Makda-VIEW/Alamy Stock Photo; 98 © Damien Hirst and Science Ltd. All rights reserved, DACS 2021. Photo: Arcaid Images/Alamy Stock Photo; 99 Dan Kitwood/Getty Images; 100 © DACS 2021. Photo © Tate (Marcus Leith and Andrew Dunkley); 102 Courtesy sketch London; 105 AC Manley/Shutterstock; 106 agsaz/Alamy Stock Photo; 108 © Zabalaga-Leku, DACS, London 2021. Photo: agefotostock/Alamy Stock Photo; 109 MyLoupe/Universal Images Group via Getty Images; 111 Bernat Armangue/AP/Shutterstock; 112 Dcoetzee (public domain); 114 © Salvador Dali, Fundació Gala-Salvador Dalí, DACS 2021. Photo: Luca Quadrio/Alamy Stock Photo; 115 Courtesy Guggenheim Bilbao Museoa; 116 photoshooter2015/Shutterstock; 117 iStock/Getty Images Plus; 118 © ADAGP, Paris and DACS, London 2021. Photo: Photononstop/Alamy Stock Photo; 119 Leemage/Corbis via Getty Images; 120 © Culturespaces/E. Spiller; 122 © ADAGP, Paris and DACS, London 2021. Photo: JOHN KELLERMAN/Alamy Stock Photo; 123 meunierd/Shutterstock; 124 Christophel Fine Art/Universal Images Group via Getty Images; 125 Hubert Fanthomme/Paris Match via Getty Images; 128 Arthur R./Alamy Stock Photo; 130 Stefan Altenburger Photography Zürich; 131 Marianika~commonswiki (public domain); 132 Abaca Press/Alamy Stock Photo; 134 © Patrick Aventurier; 136 Copyright Angelos. Photo by Dirk Braeckman;

137 Zen3500 (public domain); 138 Courtesy of the artist Marinus Boezemp. Photo: Claire Slingerland/Shutterstock; 139 © 2021 Mondrian/Holtzman Trust. Photo: Sailko (CC BY 3.0); 140 Ekenaes (public domain); 141 Bildarchiv Monheim GmbH/Alamy Stock Photo; 142 Dcoetzee (public domain); 143 Eden Breitz/Alamy Stock Photo; 145 Bildarchiv Monheim GmbH/Alamy Stock Photo; 147 Sérgio Nogueira/Alamy Stock Photo; 148 Marie Humair, Atelier de numérisation/Collection de l'Art Brut, Lausanne; 150 Binarystring (public domain); 151 ZUMA Press, Inc./Alamy Stock Photo; 154 Stefano Ravera/Alamy Stock Photo; 156 Peter Barritt/Alamy Stock Photo; 157 Francesco Bonino/Alamy Stock Photo; 158 Guido Schiefer/Alamy Stock Photo; 159 Alonso de Mendoza (public domain); 160 Isogood_patrick/Shutterstock; 162 © Edoardo Tresoldi. Photo: Giuma/Shutterstock; 164 © Lorenzo Quinn @lorenzoquinnartist. Photo: avphotosales/Alamy Stock Photo; 165 Danita Delimont/Alamy Stock Photo; 166 BotMultichillT (CC BY-SA 4.0); 167 © Rachel Whiteread. Photo: Bernard Barroso/Shutterstock; 168 © YAYOI KUSAMA. Photo © Swarovski Kristallwelten; 169 Ian Dagnall/Alamy Stock Photo; 171 Ramblersen (CC BY 2.0); 172 © Bill Woodrow. Photo: jean Schweitzer/Alamy Stock Photo; 173 Berndt-Joel Gunnarsson/Alamy Stock Photo; 175 © Niki de Saint Phalle Charitable Art Foundation/ADAGP, Paris and DACS, London 2021. Photo: Imagebroker/Alamy Stock Photo; 176 © Niki de Saint Phalle Charitable Art Foundation/ADAGP, Paris and DACS, London 2021. Photo: Valerio Mei/Alamy Stock Photo; 178 Nick Stephens/Alamy Stock Photo; 180 © David Černý. Photo: MICHAL CIZEK/AFP via Getty Images; 181 Beautiful landscape/Shutterstock; 182 NiglayNik/Shutterstock; 184 Yevgen Belich/Shutterstock; 186 karovka/Shutterstock; 187 ITAR-TASS News Agency/Alamy Stock Photo; 188 David Burdeny/Shutterstock; 190 Bridgeman Images; 191 The Picture Art Collection/Alamy Stock Photo; 192 Eric Lafforgue/Art In All Of Us/Corbis via Getty Images; 193 ali caliskan; 196 saiko3p/Shutterstock; 198 Courtesy of 1–54 © Nicolas Brasseur, Say Who; 199 DPK-Photo/Alamy Stock Photo; 200 Konrad Zelazowski/Alamy Stock Photo; 201 Gato Desaparecido/Alamy Stock Photo; 202 Marco Destefanis/Alamy Stock Photo; 203 © Oumy Diaw/MCN; 204 Werner Forman/Universal Images Group/Getty Images; 205 Yeniajayiii (CC BY-SA 4.0); 206 GFC Collection/Alamy Stock Photo; 207 imageBROKER/Shutterstock; 208 WitR/Shutterstock; 210 SIMON MAINA/AFP via Getty Images; 211 Kobus Peche/Alamy Stock Photo; 214 Gary Blake/Alamy Stock Photo; 217 ilyas Ayub/Alamy Stock Photo; 220 Aivar Mikko/Alamy Stock Photo; 221 IV. Andromeda/Shutterstock; 223 Eddie Gerald/Alamy Stock Photo; 224 robertharding/Alamy Stock Photo; 225 © ARS, NY and DACS, London 2021. Photo: ben bryant/Shutterstock; 226 agefotostock/Alamy Stock Photo; 228 Tuul and Bruno Morandi/Alamy Stock Photo; 229 Diego Delso, delso.photo, License CC-BY-SA; 230 Davide Mauro (CC BY-SA 4.0); 231 © Richard Long. All Rights Reserved, DACS 2021. Photo: Amlan Mathur/Alamy Stock Photo; 232 saiko3p/Shutterstock; 233 robertharding/Alamy Stock Photo; 234 DestinationImages/Alamy Stock Photo; 237 Xinhua/Alamy Stock Photo; 238 Jan Wlodarczyk/Alamy Stock Photo; 239 HONGCHAI.S/Shutterstock; 241 Wpcpey (CC BY-SA 4.0); 242 Wpcpey (CC BY-SA 4.0); 244 China Photos/Getty Images; 246 Interactive Digital Installation, Endless, Sound: Hideaki Takahashi ©teamLab; 248 Giuseppe Spartà/Alamy Stock Photo; 249 Ulana Switucha/Alamy Stock Photo; 250 Joshua Davenport/Alamy Stock Photo; 251 jiGGoTravel/Alamy Stock Photo; 252 Ulana Switucha/Alamy Stock Photo; 253 Sean Pavone/Alamy Stock Photo; 254 coward_lion/Alamy Stock Photo; 255 Laitche (public domain); 256 © YAYOI KUSAMA. Photo: Anthony Shaw/Alamy Stock Photo; 257 EDU Vision/Alamy Stock Photo; 258 Jui-Chi Chan/Alamy Stock Photo; 259 Jon Arnold Images Ltd/Alamy Stock Photo; 260 Manjik photography/Alamy Stock Photo; 262 Gerhard Zwerger-Schoner/imageBROKER/Shutterstock; 263 EQRoy/Shutterstock; 264 FAI ZU/Shutterstock; 265 Wei Leng Tay/Bloomberg via Getty Images; 268 Copyright © 2020 Bruce Munro. All rights reserved; 271 Artist: April Pine. Photo: katacarix/Shutterstock; 272 Genevieve Vallee/Alamy Stock Photo; 274 James Talalay/Alamy Stock Photo; 275 © Artist: Richard Wilson. Photo: becauz gao/Shutterstock; 277 agefotostock/Alamy Stock Photo; 278 Andrew Bain/Alamy Stock Photo; 281 Hemis/Alamy Stock Photo.

作者简介

约兰达·扎帕特拉（Yolanda Zappaterra），伦敦作家、编辑和研究员，创作过30多本以艺术、设计和旅游为主题的著作。她从事建筑、艺术和旅游方面的写作已有20多年，并定期为《闲暇》（Time Out）、《交流艺术》（Communication Arts）和《文化之旅》（Culture Trip）等休闲和生活杂志，以及专业艺术和设计类杂志和网站撰稿。

詹姆斯·佩恩（James Payne）、露丝·贾维斯（Ruth Jarvis）、萨拉·盖伊（Sarah Guy）、凯西·菲利普斯（Cath Phillips）和保罗·墨菲（Paul Murphy）也为本书撰稿。

作者致谢

《400个环球艺术之旅》一书是在朋友和同事的大力支持下完成的，是他们的激情和热情塑造了本书的内容。我要特别感谢史蒂夫·米勒（Steve Miller）、凯茜·洛马克斯（Cathy Lomax）、希拉里·克罗斯（Hilary Cross）、安迪·斯瓦尼（Andy Swani）、贾恩·福斯克（Jan Fuscoe）、马克·克罗斯福德（Mark Croxford）和理查德·法里亚斯（Richard Farias）给出的建议，而本书内容所达到的广度是许多人数百条建议的成果。

本书撰稿人詹姆斯·佩恩、露丝·贾维斯、萨拉·盖伊、凯西·菲利普斯和保罗·墨菲也特别值得感谢和赞扬，是他们帮助我确定了最后的目录名单，并帮助我撰写本书，也是他们使本书各部分结合起来显得更有深度和价值。同样需要感谢的还有在夸尔托（Quarto）的出色团队——我的高级组稿编辑尼基·戴维斯（Nicki Davis）、高级编辑劳拉·布尔贝克（Laura Bulbeck）以及文字编辑拉蒙娜·兰伯特（Ramona Lamport），他们努力工作，以确保最后的出版物看起来能给读者留下深刻的印象，读起来也能过目难忘。

最后，我要感谢我的父母。他们在20世纪50年代冒险从意大利移民到威尔士，为我树立了榜样，塑造了我的人生观，让我一生都对周围的世界充满了好奇，也让我尝试着想通过历史、艺术和文化去了解世界各地的不同之处。为此，我会永远感激他们。

400个环球艺术之旅
400 GE HUAN QIU YI SHU ZHI LÜ

出版统筹：冯　波
项目统筹：谢　赫
责任编辑：郭　倩
营销编辑：李迪斐　陈　芳
责任技编：王增元
封面设计：林　林

Original title: Amazing Art Adventures
© 2021 Quarto Publishing plc
First published in 2021 by Frances Lincoln Publishing,
an imprint of The Quarto Group.
Text © 2021 Yolanda Zappaterra
All rights reserved.

著作权合同登记号桂图登字：20-2023-231号

图书在版编目（CIP）数据

400个环球艺术之旅 /（英）约兰达·扎帕特拉编著；秦文译. -- 桂林：广西师范大学出版社，2024.5
　　书名原文: Amazing Art Experiences
　　ISBN 978-7-5598-6739-1

Ⅰ.①4… Ⅱ.①约… ②秦… Ⅲ.①文化艺术－介绍－世界 Ⅳ.①G11

中国国家版本馆 CIP 数据核字（2023）第246446号

广西师范大学出版社出版发行
(广西桂林市五里店路9号　邮政编码：541004)
　网址：http://www.bbtpress.com
出版人：黄轩庄
全国新华书店经销
中华商务联合印刷(广东)有限公司印刷
（深圳市龙岗区平湖镇春湖工业区10栋　邮政编码：518111）
开本：720 mm × 940 mm　1/16
印张：18.25　　　　字数：179千
2024年5月第1版　　2024年5月第1次印刷
审图号：GS（2023）4538号
定价：138.00元

如发现印装质量问题，影响阅读，请与出版社发行部门联系调换。